Barwise & Etchemendy
Sprache, Beweis und Logik II

Jon Barwise | John Etchemendy

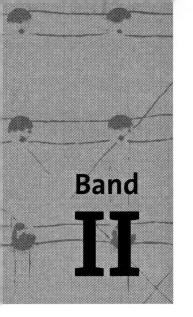

Band **II**

Sprache, Beweis und Logik

Anwendungen und Metatheorie

In Zusammenarbeit mit

Gerard Allwein
Dave Barker-Plummer
Albert Liu

Übersetzt und für das
Deutsche bearbeitet von

Joachim Bromand
Thomas Müller
Giovanni Sommaruga

Zweite, unveränderte Auflage

mentis
Paderborn

Titel der Originalausgabe: Language, Proof and Logic
© by CSLI Publications, Leland Stanford Junior University.
Translated and published by arrangement with CSLI Publications.

Bibliografische Information der Deutschen Nationalbibliothek

Die Deutsche Nationalbibliothek verzeichnet diese Publikation
in der Deutschen Nationalbibliografie; detaillierte bibliografische
Daten sind im Internet über http://dnb.d-nb.de abrufbar.

Gedruckt auf umweltfreundlichem, chlorfrei gebleichtem
und alterungsbeständigem Papier ISO 9706

© 2006, 2009 mentis Verlag GmbH
Schulze-Delitzsch-Str. 19 · D-33100 Paderborn
www.mentis.de

Printed in Germany
Einbandgestaltung: Anne Nitsche, Dülmen, www.junit-netzwerk.de
Druck: AZ Druck und Datentechnik, Kempten
ISBN 978-3-89785-441-3

VORWORT

Den größten Dank schulden wir unseren drei hauptsächlichen Mitarbeitern in diesem Projekt: Gerry Allwein, Dave Barker-Plummer und Albert Liu. Sie haben uns geholfen, das gesamte Buch- und Software-Paket zu entwerfen — die Software zu entwickeln und zu implementieren und den Text im Unterricht einzusetzen und zu verbessern. Ohne ihre Klugheit, ihren Einsatz und ihre harte Arbeit gäbe es das Paket *Sprache, Beweis und Logik* nicht, und die meisten seiner anderen guten Eigenschaften hätte es auch nicht.

Außer uns fünf haben viele weitere Personen direkt oder indirekt dazu beigetragen, dass dieses Paket entstanden ist. Zum einen haben über zwei Dutzend Programmiererinnen und Programmierer an Vorläufern der Software gearbeitet, sowohl an früheren Versionen von Tarski's World als auch an dem Programm Hyperproof, von dessen Code viel in Fitch eingeflossen ist. Besonders möchten wir Christopher Fuselier, Mark Greaves, Mike Lenz, Eric Ly und Rick Wong hervorheben, deren hervorragende Arbeit an den Vorläufer-Programmen den Grundstock für die neue Software gelegt hat. Zum anderen danken wir denjenigen, die zu der Entwicklung der neuen Software entscheidend beigetragen haben: Rick Sanders, Rachel Farber, Jon Russell Barwise, Alex Lau, Brad Dolin, Thomas Robertson, Larry Lemmon und Daniel Chai. Sie haben auf viele Weisen dazu beigetragen, die Software zu verbessern.

An einer Reihe von Colleges und Universitäten wurden Vorabversionen von *Sprache, Beweis und Logik* getestet. Andere Einrichtungen haben uns mit exzellenten Ratschlägen geholfen, die wir versucht haben aufzugreifen. Wir danken Selmer Bringsjord, Renssalaer Polytechnic Institute; Tom Burke, University of South Carolina; Robin Cooper, Gothenburg University; James Derden, Humboldt State University; Josh Dever, SUNY Albany; Avrom Faderman, University of Rochester; James Garson, University of Houston; Christopher Gauker, University of Cincinnati; Ted Hodgson, Montana State University; John Justice, Randolph-Macon Women's College; Ralph Kennedy, Wake Forest University; Michael O'Rourke, University of Idaho; Greg Ray, University of Florida; Cindy Stern, California State University, Northridge; Richard Tieszen, San Jose State University; Saul Traiger, Occidental College und Lyle Zynda, Indiana University at South Bend. Besonders dankbar sind wir John Justice, Ralph Kennedy und ihren Studierenden (und den Studierenden in Stanford und an der Indiana University) für ihre Geduld mit Vorabversionen der Software und für ihre umfassenden Kommentare und Vorschläge. Wir möchten uns auch bei den vielen Dozierenden und Studierenden bedanken, die uns seit der Erstveröffentlichung von *Sprache, Beweis und Logik* nützliche Hinweise gegeben haben.

Wir bedanken uns auch beim Center for the Study of Language and Information in Stanford und beim College of Arts and Sciences der Indiana University für die finanzielle Unterstützung des Projektes. Schließlich gilt unser Dank unserem Verlag: Wir danken Dikran Karagueuzian und seinem Team von CSLI Publications für ihr Können und ihre Begeisterung für das Projekt und Lauri Kanerva für seinen Einsatz und seine Kunstfertigkeit beim Herstellen der Druckfassung.

VORWORT DER ÜBERSETZER

Mit *Sprache, Beweis und Logik. Band II* liegt nun die auf zwei Bände angelegte deutsche Übersetzung des erfolgreichen Lehrbuchs *Language, Proof, and Logic* vollständig vor. Eine Übersetzung dieses Buchs schien uns aus verschiedenen Gründen dringend erforderlich zu sein. Zwar hat sich Englisch als Wissenschaftssprache mittlerweile fest etabliert, so dass niemand, der ernsthaft ein Studium wie das der Philosophie absolvieren möchte, sich dem entziehen kann. Dennoch möchte man es Studienanfängern ermöglichen, sich auf das Wesentliche zu konzentrieren — und Studienanfänger machen den wohl größten Anteil derjenigen aus, die dieses Buch zum Zwecke einer Einführung in die Logik oder einer weiterführenden Veranstaltung verwenden werden.

Im Rahmen dieser Übersetzung wurde das Original in zwei Bände aufgeteilt. Dabei umfasst der erste Band das Material, das üblicherweise im Rahmen eines Einführungskurses in die Logik behandelt wird. Der erste Band enthält somit die ursprünglichen Teile *I Propositional Logic* und *II Quantifiers*, bis auf Kapitel 14, in dem es zu einem großen Teil um generalisierte Quantoren geht. Da derart fortgeschrittene Themen zumeist nicht in Logik-Einführungen behandelt werden und besser für einen fortgeschrittenen Kurs geeignet sind, passte dieses Kapitel inhaltlich besser in Band II. Zudem enthält Band II alle Kapitel des ursprünglichen Teils *III Applications and Metatheory*. Zu den in diesem Band behandelten Themenbereichen zählen: Theorie der generalisierten Quantoren, numerische Aussagen, Russells Kennzeichnungstheorie vs. Präsuppositionen, naive Mengentheorie und ZFC, mathematische Induktion, induktive Korrektheitsbeweise von Programmen, Hornformeln, Resolutionsverfahren, Skolemisierung, Unifikation, Beweise von Korrektheit, Vollständigkeit und Kompaktheit für Aussagen- und Prädikatenlogik, das Theorem von Löwenheim und Skolem, Skolems ‚Paradox‘, Nichtstandardmodelle der Arithmetik, Gödels Unvollständigkeitstheorem.

Wie auch schon der erste Band, zeichnet sich auch der vorliegende Text durch zahlreiche inhaltliche Vorzüge aus:

1. Bei diesem Text handelt es sich um ein *vielerprobtes Standardwerk* im angelsächsischen Sprachraum. Dies ist nicht zuletzt in Hinblick auf die Kompatibilität von Studiengängen von Interesse. Die Liste der Universitäten, die dieses Buch einsetzen, ist beeindruckend.

2. Der Text übertrifft andere Logik-Einführungen an *Ausführlichkeit* bei weitem: Viele Einzelheiten werden explizit erklärt, die in anderen Werken — wenn überhaupt — nur *en passant* erwähnt werden.

3. Der zweite Band knüpft sowohl inhaltlich als auch methodisch nahtlos an den ersten an und führt weit über die üblichen Einführungen hinaus. Band II eignet sich daher insbesondere als *Textgrundlage für einen Fortsetzungskurs* zur üblichen Logik-Einführung. Zusammen mit Band I ergibt sich so eine homogene Einführung in die Logik, für die bislang Texte verschiedener Autoren erforderlich waren.

4. Der Text zeigt *zahlreiche interdisziplinäre Anknüpfungspunkte* zur Sprachwissenschaft, zur Philosophie, zur Mathematik sowie zur Informatik auf.

5. Der Text ist *didaktisch hervorragend aufbereitet.* Dies konnte im Rahmen zahlreicher Probeläufe an den Universitäten Bonn und Fribourg unter Beweis gestellt werden. Durch die didaktisch vorbildliche Aufarbeitung bietet sich der Text sogar für den Einsatz in der gymnasialen Oberstufe an und wird dort auch bereits erprobt.

6. Der Kalkül des natürlichen Schließens ist viel *praxisnäher* als der Baumtest, der in Einführungstexten häufig Verwendung findet. Der Kalkül des natürlichen Schließens ist als Technik ausgelegt, Schlüsse zu erstellen, und leitet somit die Studierenden zum eigenen Schließen an. Der Kalkül wird aufbauend auf *informelle Argumentationsmuster* eingeführt, die den Studierenden implizit bereits vertraut sind, was das Erlernen zusätzlich erleichtert. Der Baumtest dient demgegenüber lediglich als Technik, bereits gegebene Schlüsse zu überprüfen.

7. Der Text besitzt eine *umfangreiche Software-Unterstützung,* die sehr zur Veranschaulichung des Stoffes beiträgt (in einer Rezension des Textes heißt es so auch: „It's as if the teaching of logic moved from black-and-white to Technicolor" (Tom Burke, University of South Carolina); weitere Stimmen zum Text unter: *http://www-csli.stanford.edu/LPL/Info/reviews.html*). Durch diese Software-Unterstützung ist es insbesondere auch viel eher möglich, sich den Stoff im Rahmen eines Selbststudiums anzueignen, als dies bei anderen Einführungen in die Logik der Fall ist.

Der hervorstechendste Vorzug des Textes besteht sicherlich in der Software-Unterstützung. Allerdings kann der Text auch ohne Software mit Gewinn verwendet werden, und die übrigen Vorteile bleiben natürlich bestehen. Und selbstverständlich verfügt auch *Sprache, Beweis und Logik* über Aufgaben, die in ‚klassischer' Weise mit Papier und Bleistift zu lösen sind. Es überrascht daher nicht, dass Seminarteilnehmer, auch ohne die Software zu verwenden, zumindest so gut abschnitten wie im Rahmen von Kursen mit herkömmlichen Logik-Einführungen. Ohne Zweifel ist die Software aber ein riesiger Pluspunkt. Dies liegt unter anderem daran, dass das Erlernen von logischen Techniken nicht nur der Theorie, sondern auch der praktischen Einübung bedarf. Wie beim Schachspielen reicht das bloße Erlernen der Regeln nicht aus, um ein guter Schachspieler oder Logiker zu werden: Es ist eben auch sehr viel Praxis erforderlich. *Sprache, Beweis und Logik* lässt es nicht bei dieser Einsicht bewenden, sondern setzt sie praktisch um: Zum einen verfügt der Text über deutlich mehr Übungsaufgaben, als in Einführungen sonst üblich sind (Lösungshinweise zu ausgesuchten Aufgaben finden sich im Übrigen unter *http://www-csli.stanford.edu/LPL/Students/solutions.html*). Zum anderen verfügt der Text aber auch über Abschnitte, die mit *Sie sind dran!* überschrieben sind und welche die Leser bei der praktischen Umsetzung des in der Theorie Gelernten an die Hand nehmen. Dabei liegen die Vorzüge der Software-Unterstützung auf der Hand:

1. Die Software ermöglicht es den Studierenden, mit den Beweistechniken *selbständig zu experimentieren*. Sie können so eigenen Fragen unabhängig vom Buch nachgehen und erhalten sofort die entsprechenden Antworten.

2. Ebenso erhalten die Studierenden für viele Aufgaben *unmittelbares Feedback*, ob die von ihnen eingereichten Lösungen korrekt waren, und müssen nicht die nächste Seminarsitzung oder Übungsgruppe abwarten. Eine solche Betreuung der Übungsaufgaben bedurfte bislang aufwändiger Korrekturen durch den Seminarleiter und/oder Hilfskräfte.

Aus technischen Gründen konnte die im Text eingeführte so genannte ‚Klötzchensprache‘ nicht auch ins Deutsche übersetzt werden. Wir halten dies aber nicht für einen Nachteil: Es unterstreicht noch einmal, dass die Prädikate der Klötzchensprache wie Cube, Adjoins und Between *nur annähernd* dasselbe bedeuten wie ihre umgangssprachlichen Pendants *Würfel*, *benachbart* und *zwischen*. Synonymie liegt jedenfalls nicht vor (vgl. hierzu Band I, Abschnitt 1.2). Ebenfalls aus technischen Gründen mussten einige (wenige) Aufgaben, die ursprünglich für die elektronische Bearbeitung vorgesehen waren, in Aufgaben umgewandelt werden, die mit Papier und Bleistift zu lösen sind. Aufgrund der Vielzahl der verbleibenden elektronisch zu bearbeitenden Aufgaben hat diese Modifikation aber so gut wie keine praktischen Auswirkungen auf das Lehren oder Lernen.

Der hier abgedruckte Text wurde in zahlreichen Seminaren an den Universitäten Bonn und Fribourg getestet. Wir danken den Seminarteilnehmern und vielen Hilfskräften, vor allem Nadine Dietzler und Marius Thomann, für wertvolle Hinweise. Unser Dank gilt insbesondere auch Saskia Thiele und Michael Kienecker vom mentis Verlag und Dikran Karagueuzian von CSLI Publications, ohne die eine Umsetzung dieses in vielen Hinsichten aufwändigen Projekts nicht möglich gewesen wäre.

Bonn und Fribourg, im Februar 2006

Joachim Bromand, Thomas Müller & Giovanni Sommaruga

INHALTSVERZEICHNIS

Für Sol Feferman und Pat Suppes,
Lehrer, Kollegen und Freunde.

KAPITEL 14

MEHR ZUR QUANTIFIKATION

Viele deutsche Sätze sind von der Form

$$QAB$$

wobei Q ein *Determinator*-Ausdruck ist wie beispielsweise *jedes, einige, der, die, das, mehr als die Hälfte aller, wenigstens drei, kein, viele, Claires*, etc. A ist hierbei eine Nominalphrase der Art *Würfel, Logikstudierender, Ding* usw., und B ist eine Verbalphrase der Art *sitzt in der Ecke* oder *ist klein.*

Derartige Sätze werden gebraucht, um quantitative Beziehungen auszudrücken zwischen der Menge der Gegenstände, welche die Nominalphrase erfüllen, und der Menge der Gegenstände, welche die Verbalphrase erfüllen. Hier sind einige Beispiele, in welchen der Determinator fettgedruckt ist:

> **Jeder** *Würfel ist klein.*
> **Einige** *Würfel sind klein.*
> **Mehr als die Hälfte aller** *Würfel sind klein.*
> **Wenigstens drei** *Würfel sind klein.*
> **Kein** *Würfel ist klein.*
> **Viele** *Würfel sind klein.*
> **Claires** *Würfel ist klein.*

Diese Sätze sagen bezüglich der Menge A der Würfel im Gegenstandsbereich und der Menge B der kleinen Dinge im Gegenstandsbereich, dass

> jedes A ein B ist,
> einige As Bs sind,
> mehr als die Hälfte aller As Bs sind,
> wenigstens drei As Bs sind,
> kein A ein B ist,
> viele As Bs sind, und dass
> Claires A ein B ist.

Jeder dieser Sätze kann so aufgefasst werden, dass er eine Art von zweistelliger Beziehung zwischen A und B ausdrückt.

In der Linguistik sind diese Wörter und Phrasen als *Determinatoren* bekannt. Die durch einen Determinator ausgedrückte Beziehung ist in der Regel, wenn auch nicht immer, eine *quantitative* Beziehung zwischen A und B. Manchmal kann diese quantitative Beziehung mittels der Quantoren $\forall$ und $\exists$ der PL1-Sprache erfasst

Determinatoren und Quantoren

1

werden, manchmal ist dies jedoch nicht möglich. Will man etwa *mehr als die Hälfte aller As sind Bs* ausrücken, so muss PL1 um neue Ausdrücke ergänzt werden, die sich in etwa wie $\forall$ und $\exists$ verhalten. Werden derartige Ausdrücke zur formalen Sprache hinzugefügt, dann nennen wir sie *generalisierte Quantoren*, da sie die Arten der Quantifikation erweitern, welche wir in der genannten Sprache ausdrücken können.

generalisierte Quantoren

In diesem Kapitel werden wir die Logik einiger deutscher Determinatoren betrachten, die über *einige* und *alle* hinausgehen. Wir werden nicht nur Determinatoren betrachten, die mit Hilfe der üblichen Quantoren der PL1-Sprache ausgedrückt werden können, sondern auch Determinatoren, deren Bedeutungen nur erfasst werden können, wenn neue Quantoren zu PL1 hinzugefügt werden.

Im Deutschen gibt es auch Arten der Quantifikation, die nicht durch Determinatoren ausgedrückt werden. Zum Beispiel drückt jeder der Sätze

*Max isst **immer** Pizza.*
*Max isst **gewöhnlicherweise** Pizza.*
*Max isst **oft** Pizza.*
*Max isst **selten** Pizza.*
*Max isst **manchmal** Pizza.*
*Max isst **nie** Pizza.*

eine quantitative Beziehung aus zwischen der Menge der Zeiten, zu welchen Max etwas isst, und der Menge der Zeiten, zu welchen er Pizza isst. Aber in diesen Sätzen ist es das Adverb und nicht ein Determinator, welcher die Quantifikation ausdrückt. Während wir nur die Logik der Determinatoren diskutieren, lässt sich vieles von dem, was wir sagen werden, auch auf andere Formen der Quantifikation übertragen, einschließlich dieser Art von adverbialer Quantifikation.

adverbiale Quantifikation

In einem Satz der Form *Q A B* drücken verschiedene Determinatoren ganz verschiedene Beziehungen zwischen *A* und *B* aus und besitzen deshalb ganz verschiedene logische Eigenschaften. Ein gültiges Argument verwandelt sich typischerweise in ein ungültiges, wenn ein Determinator ausgewechselt wird. Zwar ist zum Beispiel

Kein Würfel ist klein
d ist ein Würfel

d ist nicht klein

ein gültiges Argument, aber es würde ungültig, wenn wir *kein* durch irgendeinen anderen der oben genannten Determinatoren ersetzen würden. Andererseits bleibt das gültige Argument

Viele Würfel sind klein
Jedes kleine Klötzchen steht links von *d*

Viele Würfel stehen links von *d*

gültig, wenn *viele* durch irgendeinen der oben genannten Determinatoren außer durch *kein* ersetzt wird. Dies sind natürlich logische Fakten, die wir gern auf einer theoretischen Ebene besser verstehen möchten. So werden wir zum Beispiel bald sehen, dass diejenigen Determinatoren, welche im zweiten Argument *viele* ersetzen können und dabei immer noch ein gültiges Argument ergeben, die *monoton zunehmenden* Determinatoren sind.

Es gibt zwei recht unterschiedliche Ansätze in der Untersuchung der Quantoren. Der eine Ansatz untersucht Determinatoren, die mit Hilfe der vorhandenen Ressourcen der PL1-Sprache ausgedrückt werden können. In den ersten drei Abschnitten werden wir uns mehrere wichtige deutsche Determinatoren ansehen, die mittels $\forall$, $\exists$, $=$ und den wahrheitsfunktionalen Junktoren definiert werden können, und dann ausgehend von diesen Definitionen deren logische Eigenschaften analysieren. Der zweite Ansatz besteht darin, die PL1-Sprache zu verstärken, indem eine umfassendere Menge von Quantoren hinzugezogen wird, mit der Quantifikationen erfasst werden können, die bislang in PL1 nicht ausdrückbar sind. In den letzten drei Abschnitten betrachten wir kurz diesen zweiten Ansatz und die sich daraus ergebende Logik.

theoretische Ansätze der Quantifikation

ABSCHNITT 14.1

NUMERISCHE QUANTIFIKATION

Wir haben bereits gesehen, dass viele komplexe Nominalphrasen mittels der Quantoren $\forall$ (welcher eigentlich „jedes Ding" und nicht bloß „jedes" bedeutet) und $\exists$ (welcher „einige Dinge" und nicht nur „einige" bedeutet) ausgedrückt werden können. So kann zum Beispiel *Jeder Würfel links von b ist klein* durch den Satz *Jedes Ding, das ein Würfel ist und links von b liegt, ist klein* umschrieben werden. Der letzte Satz kann leicht mit Hilfe von $\forall$, $\wedge$ und $\rightarrow$ in die PL1-Sprache übersetzt werden. Ganz ähnlich kann *Kein Würfel ist klein* im Deutschen durch *Jedes Ding ist derart, dass es nicht klein ist, wenn es ein Würfel ist* umschrieben werden, was wiederum leicht in die PL1-Sprache übertragen werden kann.

Andere wichtige Beispiele der Quantifikation, welche in der PL1-Sprache indirekt ausgedrückt werden können, sind numerische Aussagen. Unter „numerischer Aussage" verstehen wir eine Aussage, die ausdrücklich die Zahlen $1, 2, 3, \ldots$ verwendet, um etwas über die Beziehung zwischen den *As* und den *Bs* auszusagen. Drei verschiedene Arten von numerischen Aussagen sind die folgenden:

numerische Aussagen

> **Wenigstens zwei** *Bücher trafen diese Woche ein.*
> **Höchstens zwei** *Bücher fehlen im Bücherregal.*
> **Genau zwei** *Bücher liegen auf dem Tisch.*

Sprachen erster Stufe erlauben es uns im Allgemeinen nicht, direkt über Zahlen zu sprechen, sondern nur über Elemente unseres Gegenstandsbereichs. So spricht die Klötzchensprache zum Beispiel nur über Klötzchen, nicht über Zahlen. Dennoch ist es möglich, diese drei Arten von numerischen Aussagen in der PL1-Sprache auszudrücken.

Sie werden sich daran erinnern, dass verschiedene Namen in PL1 nicht notwendigerweise verschiedene Gegenstände bezeichnen. Dementsprechend müssen verschiedene Variablen sich nicht auf verschiedene Gegenstände beziehen. So können zum Beispiel die folgenden beiden Sätze in einer Welt mit nur einem Gegenstand wahr gemacht werden:

$$\text{Cube}(a) \land \text{Small}(a) \land \text{Cube}(b)$$

$$\exists x \exists y\,[\text{Cube}(x) \land \text{Small}(x) \land \text{Cube}(y)]$$

wenigstens zwei Um auszudrücken, dass es wenigstens zwei Würfel gibt, müssen wir sicherstellen, dass sie verschieden sind. Die beiden folgenden Sätze leisten dies:

$$\text{Cube}(a) \land \text{Small}(a) \land \text{Cube}(b) \land \text{Large}(b)$$

$$\exists x \exists y\,[\text{Cube}(x) \land \text{Small}(x) \land \text{Cube}(y) \land \text{LeftOf}(x,y)]$$

Der direkteste Weg ist jedoch einfach festzustellen, dass sie verschieden sind:

$$\exists x \exists y\,[\text{Cube}(x) \land \text{Cube}(y) \land x \neq y]$$

Dieser Satz behauptet, dass es wenigstens zwei Würfel gibt. Um auszudrücken, dass es wenigstens drei Würfel gibt, sollten wir ein weiteres „∃" und ein paar weitere Ungleichheiten hinzufügen:

$$\exists x \exists y \exists z\,[\text{Cube}(x) \land \text{Cube}(y) \land \text{Cube}(z) \land x \neq y \land x \neq z \land y \neq z]$$

Im **Sie sind dran**-Abschnitt weiter unten werden Sie sehen, dass alle diese drei Ungleichheiten wirklich benötigt werden. Um auszudrücken, dass es wenigstens vier Gegenstände gibt, sind vier ∃ und sechs ($= 3 + 2 + 1$) Ungleichheiten erforderlich; um auszudrücken, dass es wenigstens fünf Gegenstände gibt, sind fünf ∃ und 10 ($= 4 + 3 + 2 + 1$) Ungleichheiten erforderlich, und so weiter.

höchstens zwei Wir kommen nun zur zweiten Art von numerischer Quantifikation. Wie können wir ausdrücken, dass es *höchstens* zwei Würfel gibt? Nun, eine Art dies zu tun, besteht darin zu sagen, dass es nicht wenigstens drei Würfel gibt:

$$\neg \exists x \exists y \exists z\,[\text{Cube}(x) \land \text{Cube}(y) \land \text{Cube}(z) \land x \neq y \land x \neq z \land y \neq z]$$

Die Anwendung einiger (mittlerweile vertrauter) Quantoräquivalenzen, ausgehend von de Morgans Gesetzen, liefert uns den folgenden äquivalenten Satz:

$$\forall x \forall y \forall z\,[(\text{Cube}(x) \land \text{Cube}(y) \land \text{Cube}(z)) \to (x = y \lor x = z \lor y = z)]$$

Dies wird unsere offizielle Art sein, *höchstens zwei* auszudrücken.

Beachten Sie, dass zwar nur zwei Existenzquantoren erforderlich waren, um *es gibt wenigstens zwei Würfel* auszudrücken, dass wir jedoch drei Allquantoren benötigen um auszudrücken, dass es *höchstens* zwei Würfel gibt. Allgemein gilt: Um den Determinator *wenigstens n* in die PL1-Sprache zu übersetzen, benötigen wir n Existenzquantoren, während wir für die Übersetzung von *höchstens n* mehr, nämlich $n + 1$ Allquantoren benötigen.

Um den Satz *es gibt genau zwei Würfel* auszudrücken, könnten wir ihn folgendermaßen umformulieren: *Es gibt wenigstens zwei Würfel und es gibt höchstens zwei Würfel.* Wenn wir jedes Konjunkt übersetzen, erhalten wir einen ziemlich langen Satz, der fünf Quantoren verwendet:

genau zwei

$$\exists x\, \exists y\, [\text{Cube}(x) \land \text{Cube}(y) \land x \neq y] \land$$

$$\forall x\, \forall y\, \forall z\, [(\text{Cube}(x) \land \text{Cube}(y) \land \text{Cube}(z)) \rightarrow (x = y \lor x = z \lor y = z)]$$

Freilich kann dieselbe Aussage kürzer wie folgt ausgedrückt werden:

$$\exists x\, \exists y\, [\text{Cube}(x) \land \text{Cube}(y) \land x \neq y \land \forall z\, (\text{Cube}(z) \rightarrow (z = x \lor z = y))]$$

Übersetzen wir diesen Satz ins Deutsche, dann sehen wir, dass er besagt, dass es zwei verschiedene Gegenstände gibt, beide Würfel, und dass jeder Würfel einer dieser beiden Würfel ist. Dies ist eine andere Art zu sagen, dass es genau zwei Würfel gibt. (In den Übungen 14.12 und 14.13 werden wir Sie auf——fordern, deren Äquivalenz formal zu beweisen.) Beachten Sie, dass dieser Satz zwei Existenzquantoren und einen Allquantor verwendet. Eine äquivalente Art, dasselbe zu sagen, ist die folgende:

$$\exists x\, \exists y\, [x \neq y \land \forall z\, (\text{Cube}(z) \leftrightarrow (z = x \lor z = y))]$$

In Pränexform umgewandelt sieht dieser Satz folgendermaßen aus:

$$\exists x\, \exists y\, \forall z\, [x \neq y \land (\text{Cube}(z) \leftrightarrow (z = x \lor z = y))]$$

Alle drei Ausdrücke enthalten zwei Existenzquantoren, gefolgt von einem Allquantor. Allgemeiner gilt: Um auszudrücken, dass es genau n Gegenstände gibt, die eine Bedingung erfüllen, werden $n + 1$ Quantoren benötigt, und zwar n Existenzquantoren gefolgt von einem Allquantor.

Sie sind dran
. . . .

1. In diesem **Sie sind dran**-Abschnitt werden Sie sich damit befassen, einige der obigen Behauptungen detaillierter zu prüfen. Öffnen Sie Whitehead's Sentences.

◀

▶ 2. Der erste Satz besagt, dass es wenigstens zwei Gegenstände gibt, und der zweite, dass es höchstens zwei Gegenstände gibt. (Ist Ihnen klar, wie die Sätze dies bewerkstelligen?) Konstruieren Sie eine Welt, in welcher die ersten beiden Sätze wahr sind.

▶ 3. Satz 3 ist die Konjunktion der ersten beiden Sätze. Deshalb drückt er aus, dass es genau zwei Gegenstände gibt. Prüfen Sie nach, ob er in der von Ihnen eben konstruierten Welt wahr ist.

▶ 4. Der vierte Satz ist mit dem dritten äquivalent. Er sagt auf kürzere Weise, dass es genau zwei Gegenstände gibt. Spielen Sie drei Mal das Spiel mit diesem Satz, indem Sie sich jedes Mal auf dessen Wahrheit verpflichten. Spielen sie zuerst in einer Welt mit einem Gegenstand, dann in einer Welt mit zwei Gegenständen, dann in einer Welt mit drei Gegenständen. Sie werden es nur in der zweiten Welt gewinnen können.

▶ 5. Auf den ersten Blick scheint Satz 5 zu behaupten, dass es wenigstens drei Gegenstände gibt, weshalb er in einer Welt mit zwei Gegenständen falsch sein sollte. Prüfen Sie nach, ob er in einer solchen Welt tatsächlich falsch ist. Weshalb ist er es nicht? Spielen Sie das Spiel, um Ihren Verdacht zu erhärten.

▶ 6. Der sechste Satz drückt demgegenüber aus, dass es wenigstens drei Gegenstände gibt. Sehen Sie, worin er sich vom fünften Satz unterscheidet? Vergewissern Sie sich davon, dass er in der vorliegenden Welt falsch ist und dass er wahr wird, wenn Sie zu dieser Welt einen dritten Gegenstand hinzufügen.

▶ 7. Der siebte Satz besagt, dass es genau drei Gegenstände in der Welt gibt. Vergewissern Sie sich davon, dass er in der Welt mit den drei Gegenständen wahr ist, aber falsch wird, wenn Sie entweder einen Gegenstand entfernen oder einen anderen Gegenstand hinzufügen.

▶ 8. Satz 8 behauptet, dass a ein großer Gegenstand ist undsogar der *einzige* große Gegenstand. Um sich klar zu machen, wie der Satz dies bewerkstelligt, beginnen Sie mit einer Welt mit drei kleinen Gegenständen und nennen Sie einen davon „a". Spielen Sie das Spiel und legen Sie sich auf die Wahrheit des Satzes fest um zu sehen, warum der Satz falsch ist. Machen Sie nun a groß. Spielen Sie das Spiel, indem Sie sich wiederum auf die Wahrheit des Satzes festlegen. Machen Sie sich klar, warum Sie es jetzt gewinnen können (spielt es eine Rolle, welches Klötzchen Tarski auswählt?). Machen Sie schließlich auch eines der anderen Klötzchen groß und spielen Sie das Spiel wiederum, indem Sie sich auf die Wahrheit des Satzes festlegen, um zu sehen, warum der Satz nun falsch ist.

9. Satz 8 behauptet, dass *a* der einzige große Gegenstand ist. Wie können wir ◄ ausdrücken, dass es genau einen großen Gegenstand gibt, ohne dass wir für den Gegenstand einen Eigennamen verwenden? Vergleichen Sie Satz 8 mit Satz 9. Der letztere behauptet, dass es etwas gibt, das der einzige große Gegenstand ist. Prüfen Sie nach, dass er nur in Welten wahr ist, in welchen es genau einen großen Gegenstand gibt.

10. Wenn Sie Satz 9 verstanden haben, sollten Sie auch Satz 10 verstehen können. ◄ Konstruieren Sie eine Welt, in welcher Satz 10 wahr ist. Speichern Sie diese Welt als World Numerical 1.

11. Satz 11 besagt, dass es genau ein mittelgroßes Dodekaeder gibt, während Satz ◄ 12 besagt, dass es wenigstens zwei Dodekaeder gibt. Es gibt nichts Unvereinbares zwischen diesen Aussagen. Machen Sie die Sätze 11 und 12 in einer einzigen Welt wahr. Speichern Sie die Welt als World Numerical 2.

12. Satz 13 besagt auf andere Art, dass es genau ein einziges Dodekaeder gibt. Das ◄ heißt, Satz 13 ist zu Satz 10 äquivalent. Sehen Sie weshalb? Prüfen Sie drei Welten um sich klar zu machen, dass die beiden Sätze in denselben Welten wahr sind, und zwar in denjenigen, in welchen es ein genau ein Dodekaeder gibt.

13. Satz 14 besagt, dass es genau zwei Tetraeder gibt. Vergewissern Sie sich davon, ◄ dass er in derartigen Welten wahr ist, aber falsch in Welten, in welchen es weniger oder mehr als zwei Tetraeder gibt.

. . . . *Geschafft!*

Da die numerische Quantifikation wegen all der Ungleichheiten und insbesondere bei Zahlen, die 3 oder 4 übersteigen, schwer zu lesen ist, wenn sie in der PL1-Sprache voll ausgeschrieben wird, hat sich eine Spezialnotation ziemlich weit durchgesetzt:

Abkürzungen für numerische Aussagen

- $\exists^{\geq n} x\, P(x)$ für den Satz der PL1-Sprache, der besagt „Es gibt wenigstens *n* Gegenstände, die $P(x)$ erfüllen."

- $\exists^{\leq n} x\, P(x)$ für den Satz der PL1-Sprache, der besagt „Es gibt höchstens *n* Gegenstände, die $P(x)$ erfüllen."

- $\exists^{!n} x\, P(x)$ für den Satz der PL1-Sprache, der besagt „Es gibt genau *n* Gegenstände, die $P(x)$ erfüllen."

Es ist wichtig daran zu denken, dass diese Notation *nicht* Teil der offiziellen PL1-Sprache ist, sondern eine Abkürzung für einen viel längeren Ausdruck von PL1.

genau ein

Der Sonderfall für $n = 1$ ist hinreichend wichtig, um ihm einen besonderen Kommentar zukommen zu lassen. Die Behauptung, dass es genau einen Gegenstand gibt, der eine Bedingung $P(x)$ erfüllt, kann in der PL1-Sprache wie folgt ausgedrückt werden:

$$\exists x \, [P(x) \land \forall y \, (P(y) \to y = x)]$$

sofern y nicht schon in der Wff $P(x)$ vorkommt. Gemäß den schon festgesetzten Konventionen sollte dieser Satz durch $\exists^{!1} x \, P(x)$ abgekürzt werden. In der Praxis jedoch wird er so oft verwendet, dass er noch weiter verkürzt wird zu $\exists! x \, P(x)$. Er wird gelesen als „es gibt ein einziges *x*, so dass *P(x)*." Wiederum handelt es sich auch hier nicht um einen neuen Quantor; Wffs, in welchen er vorkommt, sind bloß Abkürzungen für längere Wffs, welche die alten Quantoren enthalten.

Unsere Ausgangsintention war, uns klar zu machen, wie Aussagen der Form $Q \, A \, B$ auszudrücken sind, wobei *Q* ein numerischer Determinator und *A* ein Nomen ist. Bisher haben wir aber nur erfahren, wie Aussagen der Form *es gibt wenigstens/höchstens/genau n Dinge, die P erfüllen* auszudrücken sind. Nachdem wir dies gelernt haben, ist es allerdings leicht, Aussagen der gewünschten Form auszudrücken. Um zum Beispiel zu sagen *Wenigstens n Würfel sind klein*, sagen wir *Es gibt wenigstens n Dinge, die kleine Würfel sind*. Analog sagen wir *Es gibt höchstens n Dinge, die kleine Würfel sind*, um zu sagen: *Es gibt höchstens n Würfel, die klein sind*. Und schließlich sagen wir *Es gibt genau n Dinge, die kleine Würfel sind*, um zu sagen: *Es gibt genau n Würfel, die klein sind*. Diese Beobachtungen sind wahrscheinlich so selbstverständlich, dass sie kaum erwähnt zu werden brauchen. Aber wir werden bald sehen, dass für einige Determinatoren nichts Ähnliches gilt, und dass die Folgerungen daraus für die allgemeine Theorie der Quantifikation sehr bedeutend sind.

Zur Erinnerung

Die Bezeichnungen $\exists^{\geq n}$, $\exists^{\leq n}$, und $\exists^{!n}$ sind Abkürzungen für komplexe Ausdrücke der PL1-Sprache, welche „es gibt wenigstens/höchstens/genau *n* Dinge so, dass ..." bedeuten.

Übungen

14.1 Sollten Sie den Abschnitt **Sie sind dran** übersprungen haben, gehen Sie zurück und bearbeiten Sie ihn jetzt. Schicken Sie die Dateien World Numerical 1 und World Numerical 2 ab.

14.2 Geben Sie klare deutsche Übersetzungen der folgenden Sätze der PL1-Sprache. Welche der folgenden Sätze sind logisch äquivalent und welche sind es nicht? Begründen Sie Ihre Antworten.

1. $\exists! x\, \mathrm{Tove}(x)$
   [Denken Sie daran, dass $\exists!$ wie oben erklärt eine Abkürzung ist.]
2. $\exists x \forall y\, [\mathrm{Tove}(y) \rightarrow y = x]$
3. $\exists x \forall y\, [\mathrm{Tove}(y) \leftrightarrow y = x]$
4. $\forall x \forall y\, [(\mathrm{Tove}(x) \wedge \mathrm{Tove}(y)) \rightarrow x = y]$
5. $\forall x \forall y\, [(\mathrm{Tove}(x) \wedge \mathrm{Tove}(y)) \leftrightarrow x = y]$

14.3 (Übersetzung numerischer Aussagen) In dieser Übung werden wir uns an die Übersetzung deutscher Sätze machen, welche numerische Aussagen enthalten.

o Übersetzen Sie die folgenden deutschen Sätze unter Verwendung von Tarski's World.

1. *Es gibt wenigstens zwei Dodekaeder.*
2. *Es gibt höchstens zwei Tetraeder.*
3. *Es gibt genau zwei Würfel.*
4. *Es gibt nur drei Dinge, die nicht klein sind.*
5. *Es gibt einen einzigen großen Würfel. Kein Dodekaeder liegt dahinter.*

o Öffnen Sie Peano's World. Beachten Sie, dass in dieser Welt alle deutschen Sätze wahr sind. Stellen Sie sicher, dass dasselbe auch für Ihre Übersetzungen gilt.

o Öffnen Sie Bolzano's World. Hier sind nur die Sätze 1, 3 und 5 wahr. Verifizieren Sie, dass Ihre Übersetzungen in dieser Welt die richtigen Wahrheitswerte haben.

o Öffnen Sie Skolem's World. Nur Satz 5 ist in dieser Welt wahr. Überprüfen Sie Ihre Übersetzungen.

o Öffnen Sie schließlich Montague's World. In dieser Welt sind nur die Sätze 2, 3 und 5 wahr. Überprüfen Sie Ihre Übersetzungen.

14.4 (Kompliziertere Dinge ausdrücken) Öffnen Sie Skolem's World. Erstellen Sie eine neue Datei, die Sie Sentences 14.4 nennen, und beschreiben Sie die folgenden Merkmale von Skolem's World.

1. Sagen Sie mit Ihrem ersten Satz, dass es nur Würfel und Tetraeder gibt.
2. Als Nächstes drücken Sie aus, dass es genau drei Würfel gibt.
3. Drücken Sie die Tatsache aus, dass rechts von, nicht aber vor oder hinter jedem Würfel ein Tetraeder liegt.

4. Drücken Sie die Tatsache aus, dass wenigstens eines der Tetraeder zwischen zwei anderen Tetraedern liegt.

5. Beachten Sie, dass etwas desto größer ist, je weiter hinten es liegt. Drücken Sie dies aus.

6. Beachten Sie, dass keiner der Würfel rechts von einem der anderen Würfel liegt. Versuchen Sie dies zu auszudrücken.

7. Beachten Sie, dass es ein einziges kleines Tetraeder gibt und dass dies vor, aber auf keiner Seite aller anderen Tetraeder liegt. Formulieren Sie dies.

Wenn Sie sich richtig ausgedrückt haben, können Sie an Skolem's World nur ganz wenig ändern, ohne wenigstens einen Ihrer Sätze falsch zu machen. Im Grunde genommen ist das einzige, was Sie tun können, die Dinge „auszudehnen", d.h., sie so auseinander zu bewegen, dass die Verhältnisse, in denen sie zueinander stehen, erhalten bleiben. Versuchen Sie, um sich dies klar zu machen, die folgenden Änderungen auszuführen. (Sie brauchen Ihre Antworten nicht einzureichen, aber probieren Sie die Änderungen aus.)

1. Fügen Sie zur Welt ein neues Tetraeder hinzu. Suchen Sie einen Ihrer Sätze, der nun falsch wird. Bewegen Sie Ihr neues Tetraeder so, dass ein anderer Satz falsch wird.

2. Verändern Sie die Größe von einem Ihrer Gegenstände. Welcher Satz wird nun falsch?

3. Verändern Sie die Gestalt von einem Ihrer Gegenstände. Welcher Satz wird falsch?

4. Verschieben Sie einen der Würfel nach links. Welcher Satz wird falsch?

5. Ordnen Sie die drei Würfel um. Was geht nun schief?

14.5 (Mehrdeutigkeit und numerische Quantifikation) In der **Sie sind dran**-Übung in Abschnitt 11.5 (Band I) sahen wir, dass der Satz

> *Wenigstens vier mittlere Dodekaeder liegen unmittelbar neben einem mittleren Würfel.*

mehrdeutig ist, weil er sowohl eine starke als auch eine schwache Lesart besitzt. Öffnen Sie mittels Tarski's World eine neue Satz-Datei und übersetzen Sie die starke und schwache Lesart dieses Satzes als Sätze (1) und (2) in die PL1-Sprache. Denken Sie daran, dass Tarski's World unsere Abkürzung von „wenigstens vier" nicht versteht, so dass Sie dies voll ausschreiben sollten. Prüfen Sie nach, dass der erste Satz in Anderson's First World, nicht aber in Anderson's Second World wahr ist, während der zweite Satz in beiden Welten wahr ist. Nehmen Sie einige Änderungen an den Welten vor um nachzuprüfen, dass Ihre Übersetzungen das ausdrücken, was Sie mit ihnen ausdrücken wollen. Schicken Sie Ihre Satz-Datei ab.

14.6 (Spiele mit unvollständiger Information) Wie Sie sich erinnern, können Sie manchmal wissen, dass ein Satz in einer Welt wahr ist, ohne zu wissen, wie Sie das Spiel spielen und gewinnen können. Öffnen Sie Mostowski's World. Übersetzen Sie das Folgende in die Logik erster Stufe. Speichern Sie Ihre Sätze als Sentences 14.6. Raten Sie nun so gut wie möglich, ohne die 2-D Ansicht zu verwenden, ob die Sätze in der Welt wahr sind oder nicht. Nachdem Sie einen gegebenen Satz beurteilt haben, verwenden Sie **Verify** um zu sehen, ob Sie recht haben. Schauen Sie dann, nachdem Sie die richtigen Wahrheitswerte ermittelt haben, wie weit Sie beim Spielen des Spiels gelangen. Wann immer Sie nicht weiterkommen, steigen Sie aus, und fangen Sie das Spiel von neuem an. Können Sie vorhersagen, wann Sie imstande sind zu gewinnen? Schauen Sie die 2-D Ansicht nicht an, bis Sie die ganze Übung beendet haben.

1. *Es gibt wenigstens zwei Tetraeder.*
2. *Es gibt wenigstens drei Tetraeder.*
3. *Es gibt wenigstens zwei Dodekaeder.*
4. *Es gibt wenigstens drei Dodekaeder.*
5. *Es gibt ein kleines Tetraeder hinter einem kleinen Würfel oder nicht.*
6. *Jeder große Würfel steht vor etwas.*
7. *Jedes Tetraeder steht hinter etwas.*
8. *Jeder kleine Würfel steht hinter etwas.*
9. *Hinter jedem Würfel steht etwas.*
10. *Jedes Dodekaeder ist klein, mittel oder groß.*
11. *Wenn e links von jedem Dodekaeder steht, dann ist es kein Dodekaeder.*

Ändern Sie nun die Welt so, dass die wahren Sätze wahr bleiben, dass aber klar ist, wie das Spiel zu spielen und zu gewinnen ist. Wenn Sie fertig sind, schicken sie Ihre Satz-Datei ab.

14.7 (Erfüllbarkeit) Erinnern Sie sich daran, dass eine Menge von Sätzen erfüllbar ist, wenn es eine Welt gibt, in welcher sie gemeinsam wahr sind. Stellen Sie fest, ob die folgende Menge von Sätzen erfüllbar ist. Ist sie es, dann konstruieren Sie eine entsprechende Welt. Ist sie es nicht, dann verwenden Sie informelle Beweismethoden, um aus der Menge einen Widerspruch herzuleiten.

1. *Jeder Würfel ist links von jedem Tetraeder.*
2. *Es gibt keine Dodekaeder.*
3. *Es gibt genau vier Würfel.*
4. *Es gibt genau vier Tetraeder.*
5. *Kein Tetraeder ist groß.*
6. *Nichts ist größer als irgendetwas zu seiner Rechten.*
7. *Etwas ist links von etwas anderem dann, wenn das letztere hinter dem ersteren steht.*

14.8   (Anzahl von Variablen) Tarski's World stellt Ihnen nur sechs Variablen zur Verfügung. Wir
✔|✎***   wollen erkunden, welche Art von Beschränkung dies für unsere Sprache bedeutet.

1. Übersetzen Sie den Satz *Es gibt wenigstens zwei Gegenstände*, indem Sie als einziges Prädikat das Zeichen = verwenden. Wie viele Variablen benötigen Sie?

2. Übersetzen Sie *Es gibt wenigstens drei Gegenstände*. Wie viele Variablen benötigen Sie?

3. Es ist unmöglich, den Satz *Es gibt wenigstens sieben Gegenstände* auszudrücken, wenn Sie nur = und die sechs in Tarski's World verfügbaren Variablen verwenden, egal wie viele Quantoren Sie verwenden. Versuchen Sie dies zu beweisen. [Eine Warnung: Die Behauptung ist wahr, aber ihr Beweis ist wirklich schwierig. Vergleichen Sie dieses Problem mit dem unten stehenden.] Schicken Sie Ihre zwei Sätze ab und reichen Sie Ihren Beweis ein.

14.9   (Variablen wiederverwenden) Trotz der vorhergehenden Übung gibt es tatsächlich Sätze,
✔*   die wir mit den sechs verfügbaren Variablen ausdrücken können und die dennoch nur in Welten mit wenigstens sieben Gegenständen wahr sein können. In Robinson's Sentences findet sich als Beispiel ein derartiger Satz, und zwar einer, der nur die Variablen x und y verwendet.

1. Öffnen Sie diese Datei. Konstruieren Sie eine Welt, in welcher sechs kleine Würfel in der vordersten Zeile angeordnet sind, und testen Sie, ob der Satz wahr ist. Fügen Sie nun einen weiteren kleinen Würfel zur vordersten Zeile hinzu, und testen Sie erneut, ob der Satz wahr ist. Spielen Sie sodann das Spiel, indem Sie sich (fälschlicherweise) auf dessen Falschheit verpflichten. Können Sie das Muster in Tarski's Worlds Wahl der Gegenstände erkennen? Muss es einen Gegenstand für die Variable x auswählen, wählt es den am weitesten links stehenden Gegenstand aus, der rechts von allen früher gewählten Gegenständen steht. Wenn es dann einen Gegenstand für die Variable y auswählen soll, dann wählt es den letzten ausgewählten Gegenstand aus. Verstehen Sie nun, wie die wiederverwendeten Variablen funktionieren?

2. Beseitigen Sie nun einen der Würfel und spielen Sie das Spiel, indem Sie sich (fälschlicherweise) auf die Wahrheit des Satzes verpflichten. Sehen Sie, warum Sie außerstande sind zu gewinnen?

3. Geben Sie nun einen Satz an, der besagt, dass es wenigstens vier Gegenstände gibt, jeweils einer vor dem nächsten. Benutzen Sie nur die Variablen x und y. Konstruieren Sie einige Welten um zu prüfen, ob Ihr Satz unter den richtigen Bedingungen wahr ist. Schicken Sie Ihre Satz-Datei ab.

WIE BEWEIST MAN NUMERISCHE AUSSAGEN?

Da numerische Aussagen in der PL1-Sprache formuliert werden können, können wir die in früheren Kapiteln entwickelten Beweismethoden anwenden, um numerische Aussagen zu beweisen. Wie Sie allerdings beim Lösen der Übungen bemerkt haben werden, sind numerische Aussagen in PL1 nicht gerade übersichtlich. Will man numerische Aussagen in PL1 ausdrücken und dann das Ergebnis beweisen, führt dies fast immer ins Unglück. Es ist zu leicht, die Kontrolle darüber zu verlieren, was bewiesen werden soll.

Nehmen wir an, man teilt Ihnen zum Beispiel mit, es gebe genau zwei Klassenzimmer für Logik und jedes dieser Klassenzimmer sei mit genau drei Computern bestückt. Angenommen, Sie wissen auch, dass sich jeder Computer in genau einem Klassenzimmer befindet. Ausgehend von diesen Annahmen ist es natürlich relativ leicht zu beweisen, dass es genau sechs Computer gibt. Wie sieht der Beweis aus?

> **Beweis:** Um zu beweisen, dass es genau sechs Computer gibt, reicht es zu beweisen, dass es davon mindestens sechs und höchstens sechs gibt. Um zu beweisen, dass es höchstens sechs Computer gibt, bemerken wir einfach, dass jeder Computer in einem der beiden Klassenzimmer stehen muss und dass jedes Klassenzimmer höchstens drei enthält, so dass es zusammen höchstens sechs Computer gibt, weil $2 \times 3 = 6$. Um zu beweisen, dass es mindestens sechs gibt, bemerken wir dass jedes Klassenzimmer wenigstens drei enthält. Nun jedoch benötigen wir ein weitere Annahme, welche in der Übung nicht explizit genannt wurde. Wir müssen nämlich wissen, dass kein Computer in zwei Klassenzimmern stehen kann. Wenn wir davon ausgehen, sehen wir, dass es mindestens sechs Computer gibt und somit genau sechs.

Dies mag so aussehen, als machten wir viel Lärm um eine offensichtliche Tatsache, aber das Beispiel veranschaulicht zwei Dinge. Erstens: Um eine numerische Aussage der Form *es gibt genau n Gegenstände x, so dass P(x)* zu beweisen, welche wir wie bemerkt durch $\exists^{!n} x\, P(x)$ abkürzen, sind zwei Dinge zu beweisen: dass es *mindestens n* solche Gegenstände und dass es *höchstens n* solche Gegenstände gibt.

Der Beweis illustriert zweitens auch eine Eigenheit der PL1-Sprache. Würden wir unsere Prämisse und die gewünschte Konklusion in die PL1-Sprache übersetzen, würden die Dinge recht kompliziert werden. Sobald wir dann versuchen, unsere PL1-Konklusion mittels der früher dargelegten Regeln ausgehend von der PL1-Prämisse zu beweisen, würden wir die grundlegende Tatsache, aufgrund derer der Beweis funktioniert, nämlich dass $2 \times 3 = 6$, vollständig aus dem Auge verlieren. Statt diese Tatsache ausdrücklich zu formulieren und zu verwenden, wie

formale Beweise von numerischen Aussagen

wir dies oben taten, müssten wir uns in den kombinatorischen Details des Beweises auf versteckte Weise darauf stützen. Obwohl es möglich ist, einen derartigen Beweis zu führen, würde niemand wirklich so vorgehen wollen.

Das Problem liegt in einer syntaktischen Schwäche der PL1-Sprache. Da sie über keine Quantoren verfügt, welche numerische Aussagen direkt mittels Zahlen ausdrücken, müssen solche Aussagen unter ausschließlicher Verwendung der Quantoren $\forall$ und $\exists$ übersetzt werden. Würden wir zur PL1-Sprache numerische Quantoren hinzufügen, könnten wir Beweise liefern, die intuitiven Beweisen viel näher kommen. Die theoretische Ausdruckskraft der Sprache bliebe dabei jedoch gleich.

eine neue Beweismethode

Wir können den oben stehenden Beweis als Veranschaulichung einer neuen Beweismethode verstehen. Wenn Sie $\exists^{!n} x\, P(x)$ zu beweisen versuchen, müssen Sie zwei Dinge beweisen: dass es wenigstens n Gegenstände gibt, die $P(x)$ erfüllen, und dass es höchstens n solche Gegenstände gibt.

Ein besonders wichtiger Sonderfall dieser Methode betrifft Behauptungen der Einzigkeit, also Aussagen der Form $\exists! x\, P(x)$, die besagen, dass es genau einen Gegenstand mit einer Eigenschaft gibt. Um eine derartige Aussage zu beweisen, müssen zwei Dinge bewiesen werden, nämlich Existenz und Einzigkeit. Die Existenz beweisen wir, indem wir beweisen, dass es wenigstens einen Gegenstand gibt, der $P(x)$ erfüllt. Wenn wir hiervon ausgehen, dann können wir die Einzigkeit dadurch nachweisen, dass wir zeigen, dass es höchstens einen solchen Gegenstand gibt. Um ein Beispiel hierfür zu geben, beweisen wir $\exists! x\,[\mathsf{Even}(x) \wedge \mathsf{Prime}(x)]$.

> **Beweis:** Zuerst beweisen wir die Existenz, d.h., dass es eine gerade Primzahl gibt. Dazu bemerken wir einfach, dass 2 gerade und eine Primzahl ist. Dann beweisen wir die Einzigkeit, indem wir mittels generalisierten konditionalen Beweises für jede Zahl x zeigen: Wenn x eine gerade Primzahl ist, dann ist $x = 2$. Angenommen also, x sei eine gerade Primzahl. Da x gerade ist, muss es durch 2 teilbar sein. Da x aber auch eine Primzahl ist, ist es nur durch sich selbst und durch 1 teilbar. Also gilt $x = 2$. Damit ist der Beweis der Einzigkeit abgeschlossen.

Von einer wichtigen Ausnahme abgesehen (der Induktion, die wir in Kapitel 16 behandeln werden), haben wir nun alle wichtigen Beweismethoden eingeführt. Wenn man diese Methoden in mathematischen Beweisen benutzt, lässt man üblicherweise viele Details weg und nennt die Beweismethoden nicht einmal. Zu einem gewissen Grad haben wir das schon in unseren Beweisen praktiziert. Von nun an werden wir Beweise noch verkürzter darstellen und erwarten von Ihnen, dass Sie die Details selbst einfügen können. Hier ist beispielsweise eine knappere Version des Beweises, dass es genau eine gerade Primzahl gibt. Vergewissern Sie sich davon, dass Sie die Details selbst hätten einfügen können.

Beweis: Zuerst beweisen wir die Existenz, d.h., dass eine gerade Primzahl existiert. Wir tun dies einfach dadurch, dass wir bemerken, dass 2 gerade und eine Primzahl ist. Dann beweisen wir die Einzigkeit, indem wir beweisen, dass jede gerade Primzahl 2 sein muss. Zunächst einmal gilt, dass sie durch 2 teilbar sein muss, weil sie gerade ist. Aber da die Zahl eine Primzahl ist, ist sie gleich 2, wenn sie durch 2 teilbar ist.

Da die numerischen Quantoren eigentlich Abkürzungen für komplizierte Ausdrücke unserer Sprache sind, besteht kein wirklicher Bedarf an Regeln, die spezifisch auf sie anwendbar sind. Natürlich hätte dasselbe auch für $\rightarrow$ gesagt werden können, aber wie wir sahen, ist es viel nützlicher, Beweisregeln für $\rightarrow$ zu haben, als die Dinge auf $\vee$ und $\neg$ zu reduzieren und deren Beweisregeln zu verwenden. Die Situation der numerischen Quantoren ist davon verschieden. In der Praxis werden in einer PL1-Sprache ausgedrückte numerische Aussagen nur selten formal bewiesen, denn diese Beweise werden mit oder ohne Spezialregeln für numerische Quantoren sehr schnell zu komplex. In der Regel werden numerische Aussagen ganz einfach informell bewiesen.

Zur Erinnerung

Um $\exists^{!n} x P(x)$ zu beweisen, beweisen Sie zwei Dinge:

○ dass es mindestens n Gegenstände gibt, die $P(x)$ erfüllen, und

○ dass es höchstens n Gegenstände gibt, die $P(x)$ erfüllen.

Übungen

Verwenden Sie Fitch, um die folgenden Argumente formal zu beweisen. Wann immer es von Nutzen ist, können Sie **Taut Con** *verwenden. Wir halten Sie dazu an, rückwarts zu arbeiten, insbesondere in der letzten Übung, deren Beweis zwar konzeptionell einfach, aber komplex auszuführen ist.*

14.10

> $\exists x (\text{Cube}(x) \wedge \forall y (\text{Cube}(y) \rightarrow y = x))$
>
> $\exists x \forall y (\text{Cube}(y) \leftrightarrow y = x)$

14.11

> $\exists x \forall y (\text{Cube}(y) \leftrightarrow y = x)$
>
> $\exists x (\text{Cube}(x) \wedge \forall y (\text{Cube}(y) \rightarrow y = x))$

14.12

> $\exists x \exists y (\text{Cube}(x) \wedge \text{Cube}(y) \wedge x \neq y)$
>
> $\forall x \forall y \forall z ((\text{Cube}(x) \wedge \text{Cube}(y) \wedge \text{Cube}(z)) \rightarrow (x = y \vee x = z \vee y = z))$
>
> $\exists x \exists y (\text{Cube}(x) \wedge \text{Cube}(y) \wedge x \neq y \wedge \forall z (\text{Cube}(z) \rightarrow (z = x \vee z = y)))$

14.13
✦*

$\exists x\,\exists y\,(\mathsf{Cube}(x) \wedge \mathsf{Cube}(y) \wedge x \neq y \wedge \forall z\,(\mathsf{Cube}(z) \rightarrow (z = x \vee z = y)))$

$\exists x\,\exists y\,(\mathsf{Cube}(x) \wedge \mathsf{Cube}(y) \wedge x \neq y) \wedge \forall x \forall y \forall z\,((\mathsf{Cube}(x) \wedge \mathsf{Cube}(y) \wedge \mathsf{Cube}(z))$
$\rightarrow (x = y \vee x = z \vee y = z))$

Die folgenden beiden Übungen enthalten Argumente mit ähnlichen Prämissen und derselben Konklusion. Ist das Argument gültig, reichen Sie einen informellen Beweis ein. Ist es nicht gültig, dann geben Sie eine Welt an, in welcher die Prämissen wahr sind, die Konklussion jedoch falsch ist.

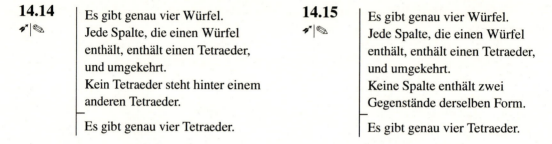

14.14
✦|✎

Es gibt genau vier Würfel.
Jede Spalte, die einen Würfel
enthält, enthält einen Tetraeder,
und umgekehrt.
Kein Tetraeder steht hinter einem
anderen Tetraeder.

Es gibt genau vier Tetraeder.

14.15
✦|✎

Es gibt genau vier Würfel.
Jede Spalte, die einen Würfel
enthält, enthält einen Tetraeder,
und umgekehrt.
Keine Spalte enthält zwei
Gegenstände derselben Form.

Es gibt genau vier Tetraeder.

Die folgenden Übungen halten einige logische Wahrheiten oder gültige Argumente fest, welche numerische Quantoren enthalten. Beweisen Sie sie alle informell. Denken Sie darüber nach, wie es wäre, sie formal zu beweisen (für spezifische Werte von n und m), und seien Sie dankbar, dass wir Sie nicht darum gebeten haben!

14.16
✎

$\exists^{\leq 0} x\, S(x) \leftrightarrow \forall x\, \neg S(x)$

[Der einzige schwierige Teil dieser Übung besteht darin, herauszufinden, was durch $\exists^{\leq 0} x\, S(x)$ abgekürzt wird.]

14.17
✎

$\neg \exists^{\geq n+1} x\, S(x) \leftrightarrow \exists^{\leq n} x\, S(x)$

14.18
✎

$\exists^{\leq n} x\, A(x)$
$\exists^{\leq m} x\, B(x)$

$\exists^{\leq n+m} x\, (A(x) \vee B(x))$

14.19
✎

$\exists^{\geq n} x\, A(x)$
$\exists^{\geq m} x\, B(x)$
$\neg \exists x\, (A(x) \wedge B(x))$

$\exists^{\geq n+m} x\, (A(x) \vee B(x))$

14.20
✎*

$\forall x\,[A(x) \rightarrow \exists! y\, R(x,y)]$
$\exists^{\leq n} y\, \exists x\,[A(x) \wedge R(x,y)]$

$\exists^{\leq n} x\, A(x)$

14.21
✎*

Wir haben gesehen, dass $\exists x\,\exists y\, R(x,y)$ mit $\exists y\,\exists x\, R(x,y)$ logisch äquivalent ist, und Entsprechendes gilt für $\forall$. Was geschieht, wenn wir beide Quantoren durch irgendwelche numerischen Quantoren ersetzen? Ist zum Beispiel das folgende Argument gültig?

$$\exists!x\,\exists!y\,R(x,y)$$

$$\exists!y\,\exists!x\,R(x,y)$$

Wenn ja, geben Sie einen informellen Beweis dafür. Wenn nicht, beschreiben Sie ein Gegenbeispiel.

Die folgenden Übungen enthalten wahre Behauptungen über den Bereich der natürlichen Zahlen 0, 1, ... Beweisen Sie diese Aussagen informell.

14.22 $\exists!x\,[x^2 - 2x + 1 = 0]$

14.23 $\exists^{!2}y\,[y + y = y \times y]$

14.24 $\exists^{!2}x\,[x^2 - 4x + 3 = 0]$

14.25 $\exists!x\,[(x^2 - 5x + 6 = 0) \wedge (x > 2)]$

ABSCHNITT 14.3

Der, die, das, beide UND *keines von beiden*

Die deutschen Determinatoren *der, die, das, beide* und *keines von beiden* sind extrem gebräuchlich. Der bestimmte Artikel gehört zu den am häufigsten gebrauchten Wörtern der deutschen Sprache. (Im vorhergehenden Satz benutzten wir ihn gleich drei Mal.) Trotz ihrer Vertrautheit besitzen diese Determinatoren recht subtile logische Eigenschaften und werden deshalb immer noch kontrovers diskutiert.

Um den Grund dafür einzusehen, nehmen wir an, ich sagte „Der Elefant in meinem Kleiderschrank zerknittert meine Kleider nicht." Was machen Sie daraus, da sich, wie Sie vermutlich errieten, kein Elefant in meinem Kleiderschrank befindet? Ist der Satz einfach falsch? Oder stimmt etwas anderes nicht damit? Wenn er falsch ist, dann sollte, so scheint es, seine Negation wahr sein. Aber seine Negation scheint die Aussage zu sein, dass der Elefant in meinem Kleiderschrank meine Kleider tatsächlich zerknittert. Ähnliche Rätsel entstehen mit *beide* und *keines von beiden*:

> *Beide Elefanten in meinem Kleiderschrank zerknittern meine Kleider.*
> *Keiner der beiden Elefanten in meinem Kleiderschrank zerknittert meine Kleider.*

Was fangen wir mit diesen Sätzen an, wenn es in meinem Kleiderschrank gar keine Elefanten gibt oder wenn es sogar deren drei sind?

Zu Beginn des 20. Jahrhunderts schlug der Logiker Bertrand Russell eine Analyse solcher Sätze vor. Er schlug vor, dass ein Satz wie *Der Würfel ist klein* so analysiert werden sollte, dass er behauptet, es gebe genau einen Würfel und dieser

der, die, das

sei klein. Dieser Analyse zufolge ist der Satz falsch, wenn es keinen Würfel oder mehr als einen Würfel gibt oder wenn es genau einen Würfel gibt, der jedoch nicht klein ist. Ist Russells Analyse korrekt, dann können solche Sätze leicht wie folgt in der Logik erster Stufe ausgedrückt werden:

$$\exists x\,[\mathsf{Cube}(x) \land \forall y\,(\mathsf{Cube}(y) \to y = x) \land \mathsf{Small}(x)]$$

Allgemeiner ließe sich ein Satz der Form *Das A ist ein B* im Rahmen einer Russellschen Analyse wie folgt übersetzen:

$$\exists x\,[A(x) \land \forall y\,(A(y) \to x = y) \land B(x)]$$

definite Kenn-zeichnungen

beide, keines von beiden

Nominalphrasen der Form *das A* heißen *definite Kennzeichnungen*, und die oben stehende Analyse wird als *Russells Kennzeichnungstheorie* bezeichnet.

Russell befasste sich zwar nicht ausdrücklich mit *beide* oder *keines von beiden*, aber im Geiste seiner Analyse können auch diese Determinatoren in natürlicher Weise behandelt werden. Wir könnten den Satz *Beide Würfel sind klein* so verstehen, dass er besagt, es gebe genau zwei Würfel und jeder von ihnen sei klein:

$$\exists^{!2} x\, \mathsf{Cube}(x) \land \forall x\,[\mathsf{Cube}(x) \to \mathsf{Small}(x)]$$

Analog dazu würde man die Aussage *Keiner der beiden Würfel ist klein* so konstruieren, dass sie besagt, es gebe genau zwei Würfel und jeder von diesen ist nicht klein:

$$\exists^{!2} x\, \mathsf{Cube}(x) \land \forall x\,[\mathsf{Cube}(x) \to \neg\mathsf{Small}(x)]$$

Allgemeiner würde man *Beide As sind Bs* übersetzen durch:

$$\exists^{!2} x\, A(x) \land \forall x\,[A(x) \to B(x)]$$

und *Keines der beiden As ist ein B* würde übersetzt durch:

$$\exists^{!2} x\, A(x) \land \forall x\,[A(x) \to \neg B(x)]$$

Beachten Sie, dass der Satz *Der Würfel ist nicht klein* im Rahmen einer Russellschen Analyse der Kennzeichnungen übersetzt würde durch:

$$\exists x\,[\mathsf{Cube}(x) \land \forall y\,(\mathsf{Cube}(y) \to y = x) \land \neg\mathsf{Small}(x)]$$

Kennzeichnungen und Negation

Logisch gesehen ist dies nicht die Negation von *Der Würfel ist klein*. In Wirklichkeit können beide Sätze falsch sein, nämlich wenn es keine Würfel oder wenn es zu viele Würfel gibt. Die Oberflächenform der beiden deutschen Sätze lässt sie als Negationen voneinander erscheinen, aber Russell zufolge ist die Negation von *Der Würfel ist klein* etwas wie *Es gibt nicht genau einen Würfel oder er ist nicht klein*. Oder etwas klarer ausgedrückt, *Wenn es genau einen Würfel gibt, dann ist er nicht klein*. Analog dazu wäre die Negation von *Beide Würfel sind klein* nicht

Beide Würfel sind nicht klein, sondern *Wenn es genau zwei Würfel gibt, dann sind sie nicht beide klein.*

Russells Analyse blieb nicht unwidersprochen. Der Philosoph P. F. Strawson zum Beispiel argumentierte, dass Russells Analyse ein wichtiges Merkmal unseres Gebrauchs der Determinatoren *der, die, das* vermissen lässt. Kehren wir zu unserem Elefantenbeispiel zurück. Betrachten Sie diese drei Sätze:

> *Der Elefant in meinem Kleiderschrank zerknittert meine Kleider.*
> *Der Elefant in meinem Kleiderschrank zerknittert meine Kleider nicht.*
> *Es ist nicht der Fall, dass der Elefant in meinem Kleiderschrank meine Kleider zerknittert.*

Es scheint, als ob keiner dieser Sätze angemessen ist, wenn kein Elefant in meinem Kleiderschrank ist. D.h., dass sie alle vorauszusetzen scheinen, dass es einen einzigen Elefanten in meinem Kleiderschrank gibt. Strawson zufolge setzen dies alle Sätze tatsächlich voraus, ohne es jedoch zu behaupten.

Strawsons allgemeines Bild ist das folgende. Einige Sätze enthalten gewisse *Voraussetzungen* bzw. sog. *Präsuppositionen*. Sie können nur dann verwendet werden, um eine Behauptung zu machen, wenn jene Präsuppositionen erfüllt sind. Ebenso, wie Sie kein Auto fahren können, wenn keines vorhanden ist, können Sie keine erfolgreiche Aussage machen, wenn die Präsuppositionen Ihrer Aussage nicht erfüllt sind. In unserem Elefantenbeispiel kann der Satz nur dann verwendet werden, um eine Aussage zu machen, wenn es einen und nur einen Elefanten im Kleiderschrank des Sprechenden gibt. Andernfalls geht der Satz einfach ins Leere und hat somit überhaupt keinen Wahrheitswert. Es ist, als ob ein Satz der PL1-Sprache, welcher einen Namen b enthält, verwendet würde, um eine Welt zu beschreiben, in der durch b kein Gegenstand benannt wird. Analog dazu geht Strawsons Ansatz zufolge eine Behauptung einfach ins Leere, wenn sie die Ausdrücke *Beide Elefanten in meinem Kleiderschrank* oder *Keiner der beiden Elefanten in meinem Kleiderschrank* enthält und sich nicht genau zwei Elefanten in meinem Kleiderschrank befinden.

Wenn Strawsons Einwand richtig ist, gibt es keine allgemeine Methode, um *der, die, das, beide* oder *keines von beiden* in die PL1-Sprache zu übersetzen, da Sätze der PL1-Sprache (wenigstens jene, die keine Namen enthalten) immer Wahrheitswerte haben. Natürlich hält uns nichts davon ab, die PL1-Sprache um Ausdrücke zu bereichern, die derart funktionieren. Dies wurde tatsächlich vorgeschlagen und untersucht, aber das Ergebnis ist eine von der PL1-Sprache verschiedene und reichere Sprache.

Andererseits gab es Erwiderungen auf Strawsons Einwand. So wurde zum Beispiel vorgeschlagen, die Andeutung, es gäbe einen Elefanten in meinem Kleiderschrank, welche die Äußerung *Der Elefant in meinem Kleiderschrank zerknittert meine Kleider nicht* nach sich zieht, als konversationale Implikatur zu verstehen. Um zu sehen, ob dies plausibel ist, führen wir den Aufhebungstest durch. Erscheint

*Präsuppo-
sitionen*

*konversationale
Implikatur*

das Folgende kohärent oder nicht? „Der Elefant in meinem Kleiderschrank zerknittert meine Kleider nicht. Tatsächlich gibt es keinen Elefanten in meinem Kleiderschrank." Einige Leute glauben, dass dies vollkommen sinnvoll ist, wenn es mit der richtigen Betonung gelesen wird. Andere sind damit nicht einverstanden.

Wie wir zu Beginn dieses Abschnitts bemerkten, sind dies subtile Probleme und es gibt noch immer keine universell akzeptierte Theorie darüber, wie diese Determinatoren im Deutschen funktionieren. Was wir sagen können ist, dass die Russellsche Analyse dem so nahe kommt, wie dies innerhalb von PL1 möglich ist, dass Russells Analyse wichtig ist und dass sie wenigstens einige Gebrauchsweisen dieser Determinatoren erfasst. Daher werden wir uns in den folgenden Übungen mit ihr beschäftigen.

Zur Erinnerung

1. Die Russellsche Analyse von *Das A ist ein B* ist die Übersetzung von *Es gibt genau ein A und dies ist ein B* in die PL1-Sprache.

2. Die Russellsche Analyse von *Beide As sind Bs* ist die Übersetzung von *Es gibt genau zwei As und jedes davon ist ein B* in die PL1-Sprache.

3. Die Russellsche Analyse von *Keines der beiden As ist ein B* ist die Übersetzung von *Es gibt genau zwei As und jedes davon ist kein B* in die PL1-Sprache.

4. Die rivalisierende Strawsonsche Analyse dieser Determinatoren geht davon aus, dass sie Präsuppositionen nach sich ziehen und dass mit ihnen nur dann Aussagen gemacht werden können, wenn diese Präsuppositionen erfüllt sind. Folgt man der Strawsonschen Analyse, können diese Determinatoren nicht angemessen in die PL1-Sprache übersetzt werden.

Übungen

14.26 (Russells Analyse der Kennzeichnungen)

✗
1. Öffnen Sie Russell's Sentences. Mit Satz 1 wird auf die zweite der beiden Weisen, die wir im **Sie sind dran**-Abschnitt auf S. 5 kennengelernt haben, ausgedrückt, dass es genau einen Würfel gibt. Vergleichen Sie Satz 1 mit Satz 2. Satz 2 ist die Russellsche Analyse unseres Satzes *Der Würfel ist klein*. Konstruieren Sie eine Welt, in welcher Satz 2 wahr ist.
2. Konstruieren Sie eine Welt, in welcher die Sätze 2–7 alle wahr sind. (Satz 7 ist die Russellsche Analyse von *Das kleine Dodekaeder steht links vom mittelgroßen Dodekaeder*.)

Schicken Sie Ihre Welt ab.

14.27 (Strawsons Analyse von Kennzeichnungen) Öffnen Sie unter Verwendung von Tarski's World eine Satz-Datei und geben Sie die Russellsche Analyse der folgenden zwei Sätze an:

1. *b steht links vom Würfel.*
2. *b steht nicht links vom Würfel.*

Konstruieren Sie eine Welt, welche ein Dodekaeder namens b und ein anderes Klötzchen enthält, und in welcher keine Ihrer beiden Übersetzungen wahr ist. Um dies zu tun, müssen Sie dasjenige verletzen, was Strawson die gemeinsame Präsupposition dieser beiden Sätze nennen würde. Schicken sie sowohl die Satz- als auch die Welt-Datei ab.

14.28 (Russells Analyse von *beide* und *keines von beiden*) Öffnen Sie Russell's World. Beachten Sie, dass die folgenden Sätze alle wahr sind:

1. *Beide Würfel sind mittelgroß.*
2. *Keines der beiden Dodekaeder ist klein.*
3. *Beide Würfel stehen vor dem Tetraeder.*
4. *Beide Würfel stehen links von beiden Dodekaedern.*
5. *Keiner der beiden Würfel steht hinter einem der beiden Dodekaeder.*

Erstellen Sie eine neue Satz-Datei und geben Sie die Russellsche Analyse dieser fünf Sätze an. Da Tarski's World Ihnen den Gebrauch der Notation $\exists^{!2}$ nicht gestattet, dürfte es Ihnen leichter fallen, die Sätze zuerst auf Papier zu schreiben, wobei Sie diese Notation verwenden, und sie erst nachher in die eigentliche PL1-Sprache übersetzen. Vergewissern Sie sich davon, dass Ihre Übersetzungen in Russell's World wahr sind. Ändern Sie sodann die Größe und Position einiger Klötzchen und stellen Sie wiederum sicher, dass Ihre Übersetzungen dieselben Wahrheitswerte haben wie die deutschen Sätze.

14.29 Diskutieren Sie die Bedeutung des Determinators *Claires*. Beachten Sie, dass Sie sagen können, *Claires Haustier ist glücklich*, aber auch *Claires Haustiere sind glücklich*. Geben Sie eine Russellsche und eine Strawsonsche Analyse dieses Determinators an. Welche Analyse halten Sie für besser?

ABSCHNITT 14.4

WEITERE DETERMINATOREN ZU PL1 HINZUFÜGEN

Wir haben gesehen, dass in PL1 viele deutsche Determinatoren erfasst werden können, und sei es auch durch ziemlich gewundene Umschreibungen. Aber es gibt auch viele Determinatoren, die in PL1 nicht ausgedrückt werden können. Ein einfaches Beispiel ist der Determinator *Die meisten* wie zum Beispiel in *Die meisten Würfel sind groß*. Es gibt zwei Schwierigkeiten. Die eine besteht darin, dass die

die meisten, mehr als die Hälfte

Bedeutung von *die meisten* ein wenig unbestimmt ist. *Die meisten Würfel sind groß* impliziert klar *Mehr als die Hälfte aller Würfel sind groß*, aber impliziert der letztere Satz auch den ersteren? Die Intuitionen dazu gehen auseinander. Aber selbst wenn wir annehmen, *Die meisten* bedeute dasselbe wie *Mehr als die Hälfte*, kann dies nicht in PL1 ausgedrückt werden, da der Determinator *Mehr als die Hälfte* in PL1 nicht ausgedrückt werden kann.

Diese Tatsache kann mathematisch bewiesen werden. Betrachten wir zum Beispiel den Satz:

Mehr als die Hälfte aller Dodekaeder sind klein.

Um das Problem zu sehen, beachten Sie, dass der deutsche Satz eine Aussage über die relativen Größen der Menge A der kleinen Dodekaeder und die Menge B der Dodekaeder macht, welche nicht klein sind. Er besagt, dass die Menge A größer ist als die Menge B, und zwar ohne etwas darüber auszusagen, wie viele Gegenstände in diesen Mengen oder im Gegenstandsbereich vorhanden sind. Um den gewünschten Satz auszudrücken, könnten wir vielleicht das Folgende versuchen (wobei wir $A(x)$ als Abkürzung für $Dodec(x) \wedge Small(x)$, und $B(x)$ als Abkürzung für $Dodec(x) \wedge \neg Small(x)$ benutzen):

$$[\exists x A(x) \wedge \forall x \neg B(x)] \vee [\exists^{\geq 2} x A(x) \wedge \exists^{\leq 1} x B(x)] \vee [\exists^{\geq 3} x A(x) \wedge \exists^{\leq 2} x B(x)] \vee \ldots$$

Das Problem ist, dass diese Disjunktion an keiner Stelle abgebrochen werden kann! Ohne eine feste endliche obere Schranke für die Gesamtzahl der Gegenstände im Gegenstandsbereich benötigen wir alle Disjunkte, so dass die Übersetzung des deutschen Satzes ein unendlich langer Satz würde, was PL1 jedoch nicht zulässt. Wenn wir wüssten, dass es höchstens zwölf Gegenstände in der Welt gibt, wie zum Beispiel in Tarski's World, dann könnten wir einen Satz angeben, der besagen würde, was wir sagen wollen; aber ohne diese Einschränkung müsste der Satz unendlich lang sein.

Dies allein ist noch kein Beweis, dass der deutsche Satz nicht in PL1 ausgedrückt werden kann. Aber es zeigt das Problem genau auf, und mit Hilfe dieser *unausdrückbar in PL1* Idee lässt sich ein entsprechender Beweis führen. Insbesondere lässt sich zeigen, dass für jeden PL1-Satz S der Klötzchensprache gilt: Wenn S in jeder Welt wahr ist, in welcher mehr als die Hälfte der Dodekaeder klein sind, dann ist S auch in einer Welt wahr, in welcher weniger als die Hälfte der Dodekaeder klein sind. Leider ist uns ein Beweis dieser Tatsache im Rahmen dieses Buches nicht möglich.

Die Tatsache, dass wir *mehr als die Hälfte* nicht in PL1 ausdrücken können, bedeutet nicht, dass etwas hinsichtlich dieses Determinators verdächtig wäre. Sie weist lediglich darauf hin, dass er die Ausdrucksmöglichkeiten der Kunstsprache PL1 überschreitet. Nichts hindert uns daran, PL1 um ein neues Quantorsymbol, sagen wir Diemeisten, zu erweitern. Dieser Idee wollen wir kurz nachgehen, da sie Licht auf einige Themen aus früheren Teilen dieser Einführung werfen wird.

Wie man einen Determinator nicht hinzufügen sollte

Zunächst wollen wir Ihnen erklären, wie man den Determinator Diemeisten der Sprache *nicht* hinzufügen sollte. Indem wir dem Beispiel von $\forall$ und $\exists$ folgen, könnten wir damit anfangen, die folgende Klausel zu unseren grammatikalischen Regeln von Abschnitt 9.3 (Band I, S. 238) hinzuzufügen:

> Wenn S eine Wff und v eine Variable ist, dann ist Diemeisten v S eine Wff, und jedes Vorkommen von v in Diemeisten v S wird gebunden genannt.

Wir könnten dann sagen, dass der Satz Diemeisten x S(x) in einer Welt gerade dann wahr ist, wenn mehr Gegenstände im Gegenstandsbereich S(x) erfüllen als nicht.[1] So besagt der Satz Diemeisten x Cube(x), dass die meisten Dinge Würfel sind.

 Wie können wir unsere neue Sprache benutzen, um unseren Satz *Die meisten Dodekaeder sind klein* auszudrücken? Die Antwort lautet: gar nicht. Schauen wir auf $\forall$, $\exists$ und die numerischen Quantoren zurück, stoßen wir auf etwas Interessantes: Wir können die Sätze *Jeder Würfel ist klein* und *Einige Würfel sind klein* unter Verwendung von *jedes Ding* und *ein Ding* umschreiben; nämlich durch *Jedes Ding ist derart, dass es klein ist, wenn es ein Würfel ist* und *Ein Ding ist ein Würfel und es ist klein*. Am Ende des Abschnitts über die numerische Quantifikation haben wir eine ähnliche Beobachtung gemacht. Es gibt jedoch einfach keine Möglichkeit, den Satz *Die meisten Dodekaeder sind klein* zu paraphrasieren unter Verwendung von *Die meisten Dinge* und Ausdrücken, die sich in PL1 übersetzen lassen. Es ist schließlich möglich, dass die meisten Würfel klein sind, selbst wenn es in unserem Gegenstandsbereich nur drei oder vier Würfel und Millionen von Dodekaedern und Tetraedern gibt. Wenn wir über die meisten Dinge sprechen, werden wir nicht viel Interessantes über die vereinzelten Würfel zu sagen haben.

 Diese Beobachtungen weisen auf einen interessanten Umstand hinsichtlich der Quantifikation und der Art ihrer Darstellung in PL1 hin. Wir verstehen für jeden Determinator unter dessen *allgemeiner Form* jede beliebige Verwendung der Form $Q\,A\,B$, so wie sie zu Beginn dieses Kapitels beschrieben wurde. Im Gegensatz dazu verstehen wir unter dessen *besonderer Form* eine Verwendung der Form $Q\,Ding(e)$ B. Die Tabelle von Beispielen auf Seite 24 erläutert dies.

 Viele Determinatoren haben die Eigenschaft, dass die allgemeine Form durch einen geeigneten Gebrauch wahrheitsfunktionaler Junktoren auf die besondere Form reduziert werden kann. Nennen wir einen solchen Determinator *reduzierbar*. Wir haben gesehen, dass *jedes, einige, kein* und die numerischen Determinatoren in diesem Sinne reduzierbar sind. Einige der Reduktionen sind:

Reduzierbarkeit

> *Jedes A B* $\Leftrightarrow$ *Jedes Ding ist derart, dass es ein B ist, wenn es ein A ist*
> *Genau zwei A B* $\Leftrightarrow$ *Genau zwei Dinge erfüllen A und B*

---

[1] Für den mit Mengentheorie Vertrauten sei angemerkt, dass diese Definition selbst für unendliche Gegenstandsbereiche sinnvoll ist.

Determinator	Besondere Form	Allgemeine Form
jede(r,s)	*jedes Ding*	*jeder Würfel, jeder Logikstudierende, …*
einige	*ein Ding*	*ein Würfel, ein Logikstudierender, …*
kein	*kein Ding*	*kein Würfel, kein Logikstudierender, …*
genau zwei	*genau zwei Dinge*	*genau zwei Würfel, genau zwei Logikstudierende, …*
die meisten	*die meisten Dinge*	*die meisten Würfel, die meisten Logikstudierenden, …*

Aber einige Determinatoren, einschließlich *die meisten, viele, wenige* und *der, die, das*, sind nicht reduzierbar. Im Falle eines nicht-reduzierbaren Determinators *Q* können wir *Q* nicht zu PL1 hinzufügen, indem wir nur die besondere Form hinzufügen, wie wir das eben versuchten. Wir werden gleich sehen, wie wir solche Determinatoren hinzufügen können.

Es war eine gute Portion Glück dabei, als Logiker ∀ und ∃ so hinzufügten, wie sie es taten. Da *jedes* und *einige* reduzierbar sind, kommt die Definition von PL1 allein mit den besonderen Formen aus, was die Sprache besonders einfach macht. Andererseits sorgt die Tatsache, dass PL1 die besondere Form als grundlegend annimmt, für viele Schwierigkeiten, die wir bei der Übersetzung vom Deutschen in PL1 bemerkt haben. So verursacht insbesondere die Tatsache, dass die Reduktion von *Jedes A* den Junktor → verwendet, während diejenige von *Einige A* den Junktor ∧ verwendet, bei Studienanfängern große Verwirrung.

Wie man einen Determinator hinzufügen sollte

Die obigen Beobachtungen zeigen, dass wir die allgemeine und nicht bloß die besondere Form zu unserer Sprache hinzufügen müssen, wenn wir einen Quantor wie Diemeisten in unserer Sprache ausdrücken wollen. Deshalb sollte die Bildungsregel Bezug auf *zwei* Wffs und eine Variable nehmen, um eine neue Wff zu bilden:

eine neue grammatikalische Form

Wenn A und B Wffs sind und *v* eine Variable ist, dann ist der Ausdruck Diemeisten *v* (A, B) eine Wff, und jedes Vorkommen von *v* in Diemeisten *v* (A, B) wird gebunden genannt.

Die Wff Diemeisten x (A, B) wird gelesen als „Die meisten x, die A erfüllen, erfüllen auch B." Beachten Sie, dass die syntaktische Form dieser Wff der Tatsache Rechnung trägt, dass Diemeisten x (A, B) eine zweistellige Relation ausdrückt zwischen der Menge *A* von Dingen, die A erfüllen, und der Menge *B* von Dingen, die B erfüllen. Wir können Diemeisten x (S) verwenden, um Diemeisten x (x = x, S) abzukürzen; dies wird gelesen als „Die meisten Dinge x erfüllen S." Dabei handelt es sich natürlich um die besondere Form des Determinators — die allgemeine Form verknüpft zwei Wffs.

Wir müssen noch sicherstellen, dass unser neues Symbol Diemeisten gerade das bedeutet, was wir ausdrücken wollen. Zu diesem Zweck legen wir fest, dass der Satz Diemeisten x (A, B) genau in dem Fall in einer Welt wahr ist, in welchem die meisten Gegenstände, die A(x) erfüllen, auch B(x) erfüllen (damit meinen wir, dass mehr Gegenstände A(x) und B(x) erfüllen als A(x) und ¬B(x)). Gemäß dieser Konvention übersetzen wir unseren deutschen Satz durch:

$$\text{Diemeisten} \, x \, (\text{Dodec}(x), \text{Small}(x))$$

Hier ist die Reihenfolge wichtig. Während der oben stehende Satz besagt, dass die meisten Dodekaeder klein sind, besagt der Satz

$$\text{Diemeisten} \, x \, (\text{Small}(x), \text{Dodec}(x))$$

dass die meisten kleinen Dinge Dodekaeder sind. Diese Sätze sind unter ganz verschiedenen Bedingungen wahr. Wir werden die logischen Eigenschaften von Diemeisten und anderen Determinatoren im nächsten Abschnitt genauer unter die Lupe nehmen.

Wenn wir erst einmal das allgemeine Muster sehen, dann erkennen wir, dass jeder sinnvolle Determinator Q des Deutschen auf ähnliche Weise zu PL1 hinzugefügt werden kann.

Wenn A und B Wffs sind und v ist eine Variable, dann ist Q v (A, B) eine Wff, und jedes Vorkommen von v in Q v (A, B) wird gebunden genannt.

Die Wff Q x (A, B) wird gelesen als „Q x, die A erfüllen, erfüllen B," oder einfacher, „Q As sind B." So wird zum Beispiel

$$\text{Wenige} \, x \, (\text{Cube}(x), \text{Small}(x))$$

gelesen als „Wenige Würfel sind klein."

Was die besondere Form angeht, verwenden wir wiederum die Abkürzung

$$Q \, x \, (S)$$

für Q x ($x = x$, S); dieser Satz wird gelesen als „Q Dinge x erfüllen S." So ist zum Beispiel die Wff Viele x (Cube(x)) eine Kurzform von Viele x ($x = x$, Cube(x)) und wird gelesen als „Viele Dinge sind Würfel."

Wie steht es um die Wahrheitsbedingungen solcher Wffs? Unsere Lesart dieser Wffs legt die folgende Definition ihrer Wahrheitsbedingungen nahe. Wir sagen, dass ein Satz Q x (A, B) genau in dem Fall in einer Welt wahr ist, in welchem Q der Gegenstände, die A(x) erfüllen, auch B(x) erfüllen. Hier sind einige Beispiele für diese Definition:

neue semantische Regeln

1. Wenigstens ein Viertel aller x (Cube(x), Small(x)) ist wahr in einer Welt gdw. wenigstens ein Viertel aller Würfel in jener Welt klein sind.

2. Wenigstens zwei x (Cube(x), Small(x)) ist wahr in einer Welt gdw. wenigstens zwei Würfel in jener Welt klein sind.

3. Endlich viele x (Cube(x), Small(x)) ist wahr in einer Welt gdw. endlich viele Würfel in jener Welt klein sind.

4. Viele x (Cube(x), Small(x)) ist wahr in einer Welt gdw. viele Würfel in jener Welt klein sind.

Das erste dieser Beispiele veranschaulicht eine Art von Determinator, welche wir bisher gar nicht erwähnten. Das zweite Beispiel zeigt, dass wir die numerischen Quantoren des vorhergehenden Abschnitts auch auf andere Weise behandeln können, und zwar indem wir sie als neue primitive Ausdrücke zu einer Erweiterung von PL1 hinzufügen. Im dritten Beispiel geht es um einen weiteren Determinator, der nicht in PL1 ausgedrückt werden kann.

Aber einen Moment bitte. Das vierte Beispiel hat etwas Beunruhigendes. Das Problem ist, dass der deutsche Determinator *viele* im Gegensatz zu den anderen Beispielen kontextabhängig ist; was gerade als „viele" zählt, variiert von Kontext zu Kontext. Sprechen wir über eine Klasse von 20, wären 18 oder 19 viele. Sprechen wir über die Atome im Universum, wären 18 oder 19 sehr wenige, gewiss nicht viele.

Diese Kontextabhängigkeit überträgt sich auf unsere Definition der Wahrheitsbedingungen für Viele x (Cube(x), Small(x)). Was für einen Zweck oder für einen Sprecher viele Würfel wären, wären für einen anderen Zweck oder einen anderen Sprecher nicht viele. Logik gilt als die *Wissenschaft* des Argumentierens. Aber wenn wir versuchen wissenschaftlich zu sein, ist Kontextabhängigkeit in die Theorie höchst unwillkommen.

der Umgang mit Kontextabhängigkeit

Zu dieser Kontextabhängigkeit sind zwei Dinge zu sagen. Erstens, selbst bei kontextabhängigen Determinatoren gibt es gewisse klare logische Prinzipien, welche aufgedeckt und erklärt werden können. Wir werden einige davon im nächsten Abschnitt aufgreifen. Zweitens gilt, dass es für das Problem der Kontextabhängigkeit eine Lösung gibt. Es ist möglich, die Bedeutung kontextabhängiger Determinatoren auf eine vollkommen exakte, mathematisch strikte Weise zu modellieren. Leider erfordert das Modellieren Stoff aus der Mengentheorie, welche wir noch nicht behandelt haben. Die grundlegende Idee, die für Sie erst nach dem nächsten Kapitel verständlich werden wird, besteht darin, die Bedeutung jedes Determinators als zweistellige Relation über Teilmengen des Gegenstandsbereichs zu modellieren. Welche Relation im Falle eines Determinators wie Viele das beste Modell liefern wird, wird von den Intentionen derjenigen Person abhängen, welche den Determinator gebraucht. Aber alle derartigen Relationen werden sich gewisse Merkmale teilen, und diese Merkmale werden die logischen Eigenschaften von Determinatoren erklären helfen, von denen eben die Rede war. Für weitere Einzelheiten siehe Übungen 18.5 und 18.6.

> **Zur Erinnerung**
>
> Ist ein deutscher Determinator Q gegeben, so können wir zu PL1 einen entsprechenden Quantor Q hinzufügen. In dieser erweiterten Sprache ist der Satz Qx(A,B) genau in dem Fall in einer Welt wahr, in welchem Q der Gegenstände, die A(x) erfüllen, auch B(x) erfüllen.

Übungen

14.30 Einige der folgenden deutschen Determinatoren sind reduzierbar, andere sind es nicht. Wenn sie reduzierbar sind, erklären Sie, wie die allgemeine auf die besondere Form reduziert werden kann. Scheinen sie nicht reduzierbar zu sein, dann sagen Sie dies einfach.

1. *Wenigstens drei*
2. *Beide*
3. *Endlich viele*
4. *Wenigstens ein Drittel*
5. *Alle bis auf eins*

14.31 Öffnen Sie Cooper's World. Angenommen, wir erweitern PL1, indem wir die folgenden Ausdrücke hinzufügen:

$\forall^{b1}$, mit der Bedeutung „alle bis auf eins",

Wenige, mit der Bedeutung „höchstens 10%", und

Diemeisten, mit der Bedeutung „mehr als die Hälfte".

Übersetzen Sie die folgenden Sätze in diese erweiterte Sprache. Stellen Sie sodann fest, welche in Cooper's World wahr sind. (Sie werden Ihre Übersetzungen auf Papier festhalten müssen, da Tarski's World diese Quantoren nicht versteht. Ist ein Satz zweideutig — wie zum Beispiel Satz 5 —, dann geben Sie beide Übersetzungen und sagen Sie für jede von ihnen, ob sie wahr ist.)

1. *Wenige Würfel sind klein.*
2. *Wenige Würfel sind groß.*
3. *Alle Würfel bis auf einen sind nicht groß.*
4. *Wenige Klötzchen sind in derselben Spalte wie **b**.*
5. *Die meisten Dinge liegen unmittelbar neben einem Würfel.*
6. *Ein Würfel liegt unmittelbar neben den meisten Tetraedern.*

7. *Nichts liegt unmittelbar neben den meisten Dingen.*

8. *Etwas liegt unmittelbar neben etwas, aber nur neben wenigen Dingen.*

9. *Alle Tetraeder bis auf eines liegen unmittelbar neben einem Würfel.*

14.32 Öffnen Sie nochmals Cooper's World. Übersetzen Sie dieses Mal die folgenden Sätze ins Deutsche und sagen Sie, welche in Cooper's World wahr sind. Stellen Sie sicher, dass Ihre deutschen Übersetzungen klar und eindeutig sind.

1. $\text{Diemeisten}\,y\,(\text{Tet}(y), \text{Small}(y))$
2. $\text{Diemeisten}\,z\,(\text{Cube}(z), \text{LeftOf}(z, b))$
3. $\text{Diemeisten}\,y\,\text{Cube}(y)$
4. $\text{Diemeisten}\,x\,(\text{Tet}(x), \exists y\,\text{Adjoins}(x, y))$
5. $\exists y\,\text{Diemeisten}\,x\,(\text{Tet}(x), \text{Adjoins}(x, y))$
6. $\text{Diemeisten}\,x\,(\text{Cube}(x), \exists y\,\text{Adjoins}(x, y))$
7. $\exists y\,\text{Diemeisten}\,x\,(\text{Cube}(x), \text{Adjoins}(x, y))$
8. $\text{Diemeisten}\,y\,(y \neq b)$
9. $\forall x\,(\text{Diemeisten}\,y\,(y \neq x))$
10. $\text{Diemeisten}\,x\,(\text{Cube}(x), \text{Diemeisten}\,y\,(\text{Tet}(y), \text{FrontOf}(x, y)))$

ABSCHNITT 14.5

DIE LOGIK DER GENERALISIERTEN QUANTOREN

In diesem Abschnitt betrachten wir kurz einige der logischen Eigenschaften von Determinatoren. Da verschiedene Determinatoren üblicherweise verschiedene Bedeutungen haben, erwarten wir, dass sie auch verschiedene logische Eigenschaften haben. Insbesondere erwarten wir, dass logische Wahrheiten und gültige Argumente, welche Determinatoren enthalten, sehr stark von den involvierten Determinatoren abhängen. Einige der logischen Eigenschaften von Determinatoren lassen sich jedoch hübsch gruppieren, was uns erlaubt, Determinatoren auf logisch bedeutende Weise zu klassifizieren.

Wir nehmen an, dass Q ein Determinator des Deutschen ist und dass wir ein formales Gegenstück Q derart in PL1 eingeführt haben, wie wir dies am Ende des letzten Abschnitts beschrieben haben.

Konservativität

Wie sich zeigt, gibt es eine logische Eigenschaft, die praktisch allen Einwort-Determinatoren aller natürlichen Sprachen zukommt. Und zwar sind für beliebige Prädikate A und B die folgenden Ausdrücke logisch äquivalent:

$$Q\,x\,(A(x), B(x)) \Leftrightarrow Q\,x\,(A(x), (A(x) \wedge B(x)))$$

Diese Eigenschaft von Determinatoren bezeichnet man als *Konservativität*. Im Folgenden finden sich zwei Beispiele der „⇐"-Hälfte der Konservativität, gefolgt von zwei Beispielen der „⇒"-Hälfte:

Konservativität

> Wenn **kein** Arzt Arzt und Jurist ist, dann ist **kein** Arzt Jurist.
> Wenn **genau drei** Würfel kleine Würfel sind, dann sind **genau drei** Würfel klein.

> Wenn **wenige** Schauspieler reich sind, dann sind **wenige** Schauspieler reich und Schauspieler.
> Wenn **alle** guten Schauspieler reich sind, dann sind **alle** guten Schauspieler reiche und gute Schauspieler.

Es ist interessant darüber zu spekulieren, weshalb dieses Prinzip für Einwort-Determinatoren in menschlichen Sprachen gilt. Es gibt keinen logischen Grund, weshalb es keine Determinatoren geben sollte, welche diese Eigenschaft nicht besitzen. (Siehe zum Beispiel Übung 14.52.) Es könnte mit der Schwierigkeit zu tun haben, eine Art der Quantifikation zu verstehen, welche diese Eigenschaft nicht besitzt, aber wenn dem so wäre, wäre der genaue Grund dafür immer noch ein Rätsel.

Es gibt ein Wort, welches oberflächlich wie ein Determinator aussieht, der nicht konservativ ist, und zwar das Wort *nur*. So ist es zum Beispiel wahr, dass nur Schauspieler reiche Schauspieler sind, aber daraus folgt nicht, dass nur Schauspieler reich sind, was allerdings folgen müsste, wenn *nur* konservativ wäre. Es gibt unabhängige linguistische Gründe für die Annahme, dass *nur* in Wahrheit kein Determinator ist. Einer der Belege dafür ist die Tatsache, dass Determinatoren nicht an ganze Nominalphrasen gehängt werden können. So können Sie nicht sagen *Viele einige Bücher sind auf dem Tisch* oder *Wenige Claire isst Pizza*. Aber Sie können sagen *Nur einige Bücher sind auf dem Tisch* und *Nur Claire isst Pizza*, was nahe legt, dass das Wort nicht als Determinator fungiert. Außerdem ist *nur* weitaus vielseitiger als die Determinatoren, wie die Sätze *Claire isst nur Pizza* (im Sinne von ausschließlich) und *Claire isst nur (gerade) eine Pizza* belegen. Sie können *nur* in diesen Sätzen nicht durch einen Determinator ersetzen, ohne einen ungrammatischen Satz erhalten. Wenn *nur* kein Determinator ist, ist das Wort auch kein Gegenbeispiel zum Prinzip der Konservativität.

Monotonie

Die *Monotonie* eines Determinators hängt damit zusammen, was geschieht, wenn wir die Menge B von Dingen, welche die Verbalphrase eines Satzes der Form QAB erfüllen, vergrößern oder verkleinern. Der Determinator Q wird als *monoton zunehmend* bezeichnet, sofern für alle A, B und B' das folgende Argument gültig ist:

monoton zunehmend

$$Qx(A(x), B(x))$$
$$\forall x(B(x) \rightarrow B'(x))$$
$$Qx(A(x), B'(x))$$

In Worten, wenn $Q(A, B)$ und Sie erweitern B zu einer größeren Menge B', dann gilt auch $Q(A, B')$. Es gibt einen einfachen Test um zu bestimmen, ob ein Determinator monoton zunehmend ist:

Test für monoton zunehmende Determinatoren: Q ist monoton zunehmend genau dann, wenn das folgende Argument gültig ist:

> Q Würfel ist (sind) klein und in derselben Zeile wie c.
>
> Q Würfel ist (sind) klein.

Der Grund, weshalb dieser Test funktioniert, liegt darin, dass die zweite Prämisse in der Definition von *monoton zunehmend*, nämlich $\forall x(B(x) \rightarrow B'(x))$, automatisch wahr ist. Probieren wir den Test mit einigen Determinatoren aus, dann sehen wir zum Beispiel, dass *einige, jeder* und *die meisten* monoton zunehmend sind, während *wenige* es nicht ist.

monoton
abnehmend
    Andererseits wird Q *monoton abnehmend* genannt, wenn die Dinge in die entgegengesetzte Richtung funktionieren, wobei wir von einer größeren Menge B' zu einer kleineren Menge B übergehen:

$$Qx(A(x), B'(x))$$
$$\forall x(B(x) \rightarrow B'(x))$$
$$Qx(A(x), B(x))$$

Der Test für monoton abnehmende Determinatoren ist zu demjenigen für monoton zunehmende Determinatoren dual:

Test für monoton abnehmende Determinatoren: Q ist monoton abnehmend genau dann, wenn das folgende Argument gültig ist:

> Q Würfel ist (sind) klein.
>
> Q Würfel ist (sind) klein und in derselben Zeile wie c.

Viele Determinatoren sind monoton zunehmend, einige sind monoton abnehmend und einige sind weder das eine noch das andere. Indem Sie unsere Testverfahren anwenden, können Sie die in Tabelle 14.1 dargelegten Klassifikationen leicht selbst verifizieren. Um unseren Test auf die erste Spalte der Tabelle anzuwenden, beachten Sie, dass das folgende Argument gültig ist und gültig bleibt, selbst wenn *die meisten* durch irgendeinen Determinator dieser Spalte ersetzt wird:

Tabelle 14.1: Monoton zunehmende und abnehmende Determinatoren.

Monoton zunehmend	Monoton abnehmend	Weder noch
jede(r,s)	*kein*	*alle außer eine(r,s)*
einige		
der, die, das		
beide	*weder das eine noch das andere*	
viele	*wenige*	
mehrere		
die meisten		
wenigstens zwei	*höchstens zwei*	*genau zwei*
unendlich viele	*endlich viele*	
Claires		

> **Die meisten** Würfel sind klein und in derselben Zeile wie *c*.
>
> **Die meisten** Würfel sind klein.

Ersetzen wir hingegen *die meisten* durch irgendeinen Determinator aus den anderen Spalten, dann ist das resultierende Argument offensichtlich ungültig.

Um den Test auf die Liste der monton abnehmenden Determinatoren anzuwenden, halten wir fest, dass das folgende Argument gültig ist und auch gültig bleibt, wenn *kein* durch irgendeinen der Determinatoren der zweiten Spalte ersetzt wird:

> **Kein** Würfel ist klein.
>
> **Kein** Würfel ist klein und in derselben Zeile wie *c*.

Ersetzen wir andererseits *kein* durch Determinatoren der anderen Spalten, dann ist das resultierende Argument nicht länger gültig.

Wenn Sie sich die Tabelle 14.1 ansehen, werden Sie bemerken, dass es in der dritten Spalte keine einfachen Einwort-Determinatoren gibt. Es ist gerade so, dass alle Einwort-Determinatoren entweder monoton zunehmend oder monoton abnehmend sind, wobei nur wenige in die Kategorie der abnehmenden fallen. Dies könnte wiederum mit der relativen Einfachheit der montonen im Gegensatz zur nicht-monotonen Quantifikation zusammenhängen.

Persistenz

Persistenz ist eine der Monotonie sehr ähnliche Eigenschaft von Determinatoren, aber Persistenz hat mit dem zu tun, was geschieht, wenn wir die Menge der Dinge vergrößern oder verkleinern, auf welche das Nomen zutrifft: die *As* in einem Satz

Persistenz

der Form QAB. Der Determinator Q wird *persistent* genannt, wenn für alle A, A' und B das folgende Argument gültig ist: [2]

$$
\begin{array}{|l}
Q\times (A(x), B(x)) \\
\forall x\,(A(x) \rightarrow A'(x)) \\
\hline
Q\times (A'(x), B(x))
\end{array}
$$

Antipersistenz

In Worten, wenn QAB und Sie A zu einem größeren A' vergrößern, dann gilt auch $QA'B$. Andererseits wird Q *antipersistent* genannt, wenn die Dinge umgekehrt liegen:

$$
\begin{array}{|l}
Q\times (A'(x), B(x)) \\
\forall x\,(A(x) \rightarrow A'(x)) \\
\hline
Q\times (A(x), B(x))
\end{array}
$$

Um einen Determinator auf Persistenz oder Antipersistenz zu testen, probieren Sie die beiden unten stehenden Argumentformen aus und schauen Sie, ob das Ergebnis gültig ist:

Test auf Persistenz: Der Determinator Q ist persistent genau dann, wenn das folgende Argument gültig ist:

$$
\begin{array}{|l}
Q \text{ kleine Würfel ist (sind) links von } b. \\
\hline
Q \text{ Würfel ist (sind) links von } b.
\end{array}
$$

Test auf Antipersistenz: Der Determinator Q ist antipersistent genau dann, wenn das folgende Argument gültig ist:

$$
\begin{array}{|l}
Q \text{ Würfel ist (sind) links von } b. \\
\hline
Q \text{ kleine Würfel ist (sind) links von } b.
\end{array}
$$

Eine Anwendung dieser Tests liefert uns die in Tabelle 14.2 enthaltenen Ergebnisse. Testen Sie einige oder alle der Einträge der Tabelle um sicherzustellen, dass Sie verstehen, wie die Tests funktionieren. Die Tabelle wird für die Übungen nützlich sein.

Die Eigenschaften der Monotonie und Persistenz spielen im gewöhnlichen Argumentieren mit Determinatoren eine große Rolle. Nehmen wir zum Beispiel an, Ihr Vater versucht Sie davon zu überzeugen, auf dem Bauernhof der Familie zu bleiben, statt Schauspieler zu werden. Er könnte wie folgt argumentieren:

---

[2]Einige Autoren bezeichnen die Persistenz als *linke Monotonie*, und das, was wir Monotonie nannten, als *rechte Monotonie*, da sie je mit den linken und rechten Argumenten zu tun haben, wenn wir QAB als zweistellige Relation $Q(A,B)$ auffassen.

Tabelle 14.2: Persistente und antipersistente Determinatoren.

Persistent	Antipersistent	Weder noch
einige	*jede(r,s)*	*alle außer eine(r,s)*
mehrere	*wenige*	*die meisten*
wenigstens zwei	*höchstens zwei*	*genau zwei*
unendlich viele	*endlich viele*	*viele*
Claires	*keine*	*der, die, das*
		beide
		keines von beiden

Nicht wahr, du möchtest gerne reich sein? Nun, diesem Bericht zufolge haben wenige Schauspieler ein Einkommen über der nationalen Armutsschwelle. Deshalb sind nur wenige Schauspieler reich.

Das Argument Ihres Vaters hängt von der Tatsache ab, dass *wenige* monoton abnehmend ist. Die Menge der reichen Leute ist eine Teilmenge der Menge der Personen mit Einkommen über der Armutsschwelle. Wenn wenige Schauspieler in der zweiten Menge sind, dann sind auch wenige in der ersten Menge. Beachten Sie, dass wir die Gültigkeit dieses Schlusses sogleich erkennen, ohne auch nur ein einziges Mal darüber nachzudenken.

Angenommen, Sie würden die Diskussion fortsetzen, indem Sie darauf hinweisen, dass der Schauspieler Brad Pitt extrem reich ist. Dann könnte Ihr Vater wie folgt darauf antworten:

Mehrere Biobauern, die ich kenne, sind reicher als Brad Pitt. Deshalb sind selbst einige Bauern außerordentlich reich.

Das mag Ihnen als eine unplausible Prämisse erscheinen, aber Sie wissen, wie Väter sind. Das Argument ist auf alle Fälle gültig, wenn auch vielleicht nicht schlüssig. Seine Gültigkeit beruht auf der Tatsache, dass *Mehrere* zugleich persistent und monoton zunehmend ist. Aufgrund der Persistenz können wir darauf schließen, dass mehrere Bauern reicher sind als Brad Pitt (da die Biobauern eine Teilmenge der Menge der Bauern bilden), und aufgrund der Monotonie, dass mehrere Bauern außerordentlich reich sind (da dies natürlich für jeden gilt, der reicher ist als Brad Pitt). Schließlich folgt aus der Tatsache, dass mehrere Bauern außerordentlich reich sind, offensichtlich, dass einige Bauern es sind (siehe Übung 14.51).

Es gibt noch viele weitere interessante Themen, die mit dem Studium der Determinatoren verbunden sind. Diese Einführung sollte Ihnen einen Eindruck vermittelt haben sowohl von den Arten von Dingen, die wir hinsichtlich der Determinatoren entdecken können, als auch von der großen Rolle, welche sie im täglichen Denken spielen.

Zur Erinnerung

1. Es gibt drei Eigenschaften von Determinatoren, welche für deren logisches Verhalten bestimmend sind: *die Konservativität, die Monotonie* und *die Persistenz*.

2. Alle deutschen Determinatoren sind konservativ (mit Ausnahme von *nur*, welches in der Regel nicht als Determinator erachtet wird).

3. Monotonie hat mit dem Verhalten des zweiten Arguments des Determinators zu tun. Alle *grundlegenden* Determinatoren im Deutschen sind monoton zunehmend oder abnehmend, wobei die meisten monoton zunehmend sind.

4. Persistenz hat mit dem Verhalten des ersten Arguments des Determinators zu tun. Sie ist weniger üblich als die Monotonie.

Übungen

Entscheiden Sie für jedes der folgenden Argumente, ob es gültig ist. Ist es gültig, dann erklären Sie weshalb. Diese Erklärung könnte aus einem Hinweis auf eine der Eigenschaften des Determinators bestehen, welche in diesem Abschnitt erwähnt wurden, oder aus einem informellen Beweis. Geben Sie eine Gegenbeispiel an, falls das Argument ungültig ist.

14.33
| Wenige Würfel sind groß. |
| Wenige Würfel sind große Würfel. |

14.34
| Wenige Würfel sind groß. |
| Wenige große Dinge sind Würfel. |

14.35
| Viele Würfel sind groß. |
| Viele Würfel sind nicht klein. |

14.36
| Wenige Würfel sind groß. |
| Wenige Würfel sind nicht klein. |

14.37
| Wenige Würfel sind nicht klein. |
| Wenige Würfel sind groß. |

14.38
| Die meisten Würfel befinden sich links von *b*. |
| Die meisten kleinen Würfel befinden sich links von *b*. |

14.39
✎

Höchstens drei Würfel
befinden sich links von *b*.

Höchstens drei kleine Würfel
befinden sich links von *b*.

14.40
✎

Die meisten Würfel sind
nicht klein.

Die meisten Würfel sind groß.

14.41
✎

$\exists x\,[Dodec(x) \wedge$
    $Diemeisten\,y\,(Dodec(y), y = x))]$

$\exists!x\,Dodec(x)$

14.42
✎

Wenigstens drei kleine Würfel
befinden sich links von *b*.

Wenigstens drei Würfel
befinden sich links von *b*.

14.43
✎

Die meisten kleinen Würfel
befinden sich links von *b*.

Die meisten Würfel
befinden sich links von *b*.

14.44
✎

Die meisten Tetraeder
befinden sich links von *b*.
a ist ein Tetraeder
in derselben Spalte wie *b*.
a ist nicht rechts von etwas,
das in derselben Zeile ist wie *b*.

Die meisten Tetraeder sind nicht
in derselben Zeile wie *b*.

14.45
✎

Nur Würfel sind groß.

Nur Würfel sind große Würfel.

14.46
✎

Nur Tetraeder sind große Tetraeder.

Nur Tetraeder sind groß.

14.47
✎

Die meisten Studierenden brachten etwas zu essen mit ins Klassenzimmer.
Die meisten Studierenden kamen zu spät.

Die meisten Studierenden kamen zu spät und brachten etwas zu essen mit.

14.48
✎

Die meisten Studierenden brachten etwas zu essen mit ins Klassenzimmer.
Die meisten Studierenden kamen zu spät.

Wenigstens ein Studierender kam zu spät und brachte etwas zu essen mit.

14.49
✎*

Die meisten früheren britischen Kolonien sind Demokratien.
Alle englischsprachigen Länder waren früher britische Kolonien.

Die meisten englischsprachigen Länder sind Demokratien.

14.50

✎*

> Viele werden gerufen.
> Wenige werden gewählt.
>
> Die meisten werden zurückgewiesen.

14.51

✎*

In einem unserer Beispielargumente bemerkten wir, dass *Mehrere A B* die Aussage *Einige A B* impliziert. Im Allgemeinen wird von einem Determinator Q gesagt, er habe *existenzielles Gewicht*, wenn $Q A B$ logisch *Einige A B* impliziert. Klassifizieren Sie jeden der in Tabelle 14.2 aufgelisteten Determinatoren danach, ob er existenzielles Gewicht besitzt oder nicht. Geben Sie für diejenigen, auf dies das nicht zutrifft, informelle Gegenbeispiele an. Diskutieren Sie alle Fälle, die Ihnen problematisch erscheinen.

14.52

✎

Betrachten Sie einen mutmaßlichen deutschen Determinator „allebis". Wir könnten zum Beispiel sagen *Allebis Würfel sind klein* um auszudrücken, dass alle Klötzchen bis auf die Würfel klein sind. Geben Sie ein Beispiel, das zeigen soll, dass „allebis" nicht konservativ ist. Ist es monoton zunehmend oder abnehmend? Persistent oder antipersistent? Veranschaulichen Sie Ihre Antworten durch Argumente in der Sprache Deutsch plus „allebis".

14.53

✎*

(Nur) Unabhängig davon, ob *nur* ein Determinator ist oder nicht, könnte der Ausdruck gleichwohl zu PL1 hinzugefügt werden, wodurch Ausdrücke der Form Nur x(A, B) möglich würden, welche wahr wären genau dann, wenn nur *As Bs* sind.
1. Obwohl *nur* nicht konservativ ist, besitzt es eine sehr ähnliche Eigenschaft. Um welche handelt es sich?
2. Diskutieren Sie Monotonie und Persistenz im Hinblick auf *nur*. Veranschaulichen Sie Ihre Ergebnisse durch deutschsprachige Argumente.

14.54

✎*

(Adverbien der temporalen Quantifikation) Es ist interessant, die oben stehende Diskussion der Quantifikation von Determinatoren auf so genannte Adverbien der temporalen Quantifikation wie zum Beispiel *immer*, *oft*, *gewöhnlich*, *selten*, *manchmal* und *nie* auszuweiten. Um einen Hinweis zu erhalten, wie dies aussehen könnte, untersuchen wir die Mehrdeutigkeiten im deutschen Satz *Max füttert gewöhnlich Carl um 14:00 Uhr.*

Früher fassten wir Ausdrücke wie 14:00 als Namen von Uhrzeiten an einem bestimmten Tag auf. Um diesen Satz auf vernünftige Weise zu interpretieren, sollten wir jedoch solche Ausdrücke als Prädikate von Uhrzeiten behandeln. Somit müssen wir zu unserer Sprache ein Prädikat 14U(t) hinzufügen, welches auf diejenigen Zeitpunkte t zutrifft, welche auf 14 Uhr fallen, unabhängig davon, an welchem Tag. Nehmen wir an, dass *gewöhnlich* soviel bedeutet wie „zu den meisten Zeitpunkten". Somit bedeutet

$$\text{Gewöhnlich } t (A(t), B(t))$$

dass die meisten Zeitpunkte, die A(t) erfüllen, auch B(t) erfüllen.

1. Eine Interpretation von *Max füttert gewöhnlich Carl um 14 Uhr* wird durch

$$\text{Gewöhnlich } t\,(14U(t), \text{Füttert}(\text{max}, \text{carl}, t))$$

ausgedrückt. Drücken Sie diese Aussage durch einen eindeutigen deutschen Satz aus.

2. Eine andere Interpretation dieses Satzes wird durch

$$\text{Gewöhnlich } t\,(\text{Füttert}(\text{max}, \text{carl}, t), 14U(t))$$

wiedergegeben. Drücken Sie diese Aussage durch einen eindeutigen deutschen Satz aus. Klären Sie sodann den Unterschied zwischen dieser und der ersten Aussage, indem Sie Situationen beschreiben, in welchen je die eine wahr und die andere falsch ist.

3. Ist dieselbe Zweideutigkeit auch im Satz *Claire füttert Folly selten um 14.00 Uhr* vorzufinden? Und wie steht es um die anderen Adverbien der obigen Liste?

4. Fällt Ihnen sogar eine dritte Interpretation von *Max füttert gewöhnlich Carl um 14 Uhr* ein, und zwar eine, welche durch keine der beiden PL1-Übersetzungen wiedergegeben wird? Wenn ja, versuchen Sie, diese Interpretation in unserer Sprache oder einer Erweiterung davon auszudrücken.

ABSCHNITT 14.6

ANDERE GRENZEN DER AUSDRUCKSKRAFT DER LOGIK ERSTER STUFE

Das Studium der generalisierten Quantoren ist eine Reaktion auf eine Grenze der Ausdruckskraft von PL1 und damit auch auf deren Unvermögen, die gesamte Logik, die in natürlichen Sprachen wie im Deutschen enthalten ist, zu erhellen. Die in den vorhergehenden Abschnitten untersuchten Determinatoren bilden tatsächlich nur einige der Arten, die Quantifikation auszudrücken, welche wir in natürlichen Sprachen vorfinden. Betrachten Sie zum Beispiel die Sätze

In derselben Zeile wie e liegen **mehr** *Würfel* **als** *Tetraeder*.
In derselben Spalte wie f liegen **doppelt so viele** *Würfel* **wie** *Tetraeder*.
Nicht so viele *Tetraeder* **wie** *Dodekaeder sind groß.*

Die in Fettdruck gesetzten Ausdrücke verbinden zwei Ausdrücke für Gattungsnamen mit einem Ausdruck für ein Verb zu einem Satz. Die bei der Untersuchung der generalisierten Quantoren in früheren Abschnitten verwendeten Techniken lassen sich auch auf das Studium dieser Determinatoren anwenden, wobei wir diese als *dreistellige* und nicht bloß zweistellige bzw. binäre Relationen über Mengen ansehen sollten. Wenn wir diese Determinatoren zur Sprache hinzufügen würden, hätten sie daher die allgemeine Form $Qx\,(A(x), B(x), C(x))$.

dreistellige Quantifikation

Ein verwandter Unterschied bezüglich der Ausdruckskraft von PL1 und dem Deutschen betrifft das Vermögen des Deutschen, Nominalphrasen sowohl im Singular wie im Plural zu verwenden. Es besteht ein Unterschied, ob man sagt *Die Jungen stritten sich mit dem Lehrer* oder *Jeder Junge stritt sich mit dem Lehrer*. Der erste Satz beschreibt ein einziges Streitgespräch des Lehrers mit einer Gruppe von Jungen, während der zweite eine Folge von verschiedenen Streitgesprächen beschreiben könnte. Die PL1-Sprache erlaubt es uns nicht, diesen Unterschied zu erfassen.

Plural

Die Quantifikation ist allerdings nur die Spitze des Eisbergs. Es gibt viele Ausdrücke von natürlichen Sprachen, welche auf verschiedene Weisen über die Logik erster Stufe hinausgehen. Einige davon haben wir an verschiedenen Stellen sowohl an Hand von Beispielen als auch an Hand von Übungen diskutiert. So sahen wir zum Beispiel, dass es verschiedene Gebrauchsweisen des natürlichsprachlichen Konditionals *wenn ..., dann ...* gibt, welche nicht wahrheitsfunktional sind und damit durch den wahrheitsfunktionalen Junktor → nicht erfasst werden.

Tempus

PL1 ist verglichen mit dem Deutschen auch noch in einer anderen Hinsicht begrenzt, nämlich hinsichtlich des flexiblen Gebrauchs der Tempora im Deutschen. PL1 geht von einem zeitlosen Bereich von unveränderlichen Beziehungen aus, während wir im Deutschen unsere Verortung in Raum und Zeit ausnutzen können, um Dinge über die Gegenwart, die Vergangenheit und Orte um uns herum zu sagen. So können wir zum Beispiel in der PL1-Sprache nicht leicht sagen, dass es hier heute warm ist, aber gestern kalt war. Um in der PL1-Sprache etwas Derartiges auszudrücken, müssen wir Quantoren über Orte und Zeitpunkte einführen und unseren atomaren Prädikaten entsprechende Argumentpositionen hinzufügen.

Modalitäten

Analog dazu haben Sprachen wie das Deutsche eine reichhaltige modale Struktur, die es uns erlaubt, nicht bloß zu sagen, wie die Dinge sind, sondern wie sie sein müssen, wie sie sein könnten, wie sie nicht sein können, wie sie sein sollten, wie sie wären, wenn sie unseren Vorstellungen entspächen, und so weiter. So können wir zum Beispiel sagen *Niemand kann meine Gedanken erraten*. Oder *Hättest Du geschwiegen, wärst Du ein Philosoph geblieben*. Oder *Morgen könnte es regnen*. Solche Behauptungen liegen außerhalb des Ausdrucksbereichs von PL1-Sprachen.

Alle diese Ausdrücke haben ihre eigene Logik, und wir können untersuchen und zu verstehen versuchen, welche Aussagen, die solche Ausdrücke enthalten, aus welchen anderen Aussagen logisch folgen. Aufbauend auf dem großen Erfolg von PL1 untersuchten und untersuchen Logiker Erweiterungen von PL1, in welchen diese und ähnliche Ausdrucksschwächen behoben werden sollen. Es gibt aber bislang keine einzelne Erweiterung von PL1, welche so gebräuchlich wäre wie PL1 selbst.

Übungen

14.55 Versuchen Sie, die erste Strophe des Volkslieds *Die Gedanken sind frei* nach PL1 zu über-
✎ setzen. Weisen Sie auf die diversen sprachlichen Mechanismen hin, die über PL1 hinausgehen. Diskutieren Sie dies in Ihrem Kurs.

14.56 Betrachten Sie die folgenden beiden Aussagen. Folgt eine der beiden logisch aus der an-
✎ deren? Sind sie logisch äquivalent? Begründen Sie Ihre Antworten.
  1. Ich kann jeden Apfel aus dem Korb essen.
  2. Ich kann einen beliebigen Apfel aus dem Korb essen.

14.57 Rufen Sie sich die in Tabelle 1.2 (Band I, S. 30) eingeführte PL1-Sprache ins Gedächtnis
✎* zurück. Ein Teil des Folgenden kann in diese Sprache übersetzt werden, ein Teil nicht.
Übersetzen Sie diejenigen Sätze, die sich übersetzen lassen. Erklären Sie bei den anderen,
warum sie nicht getreu übersetzt werden können, und diskutieren Sie, ob sie sich übersetzen ließen, wenn zu dieser Sprache zusätzliche Namen, Prädikate, Funktionszeichen und
Quantoren hinzugefügt würden, oder ob der Mangel der Sprache ernsterer Natur ist.
  1. *Claire gab Max um 14:00 Uhr wenigstens zwei Haustiere.*
  2. *Claire gab Max um 14:00 Uhr höchstens zwei Haustiere.*
  3. *Claire gab Max um 14:00 Uhr mehrere Haustiere.*
  4. *Claire war vor Max Studentin.*
  5. *Das Haustier, das Max Claire um 14:00 Uhr gab, war hungrig.*
  6. *Die meisten Haustiere waren am Mittag hungrig.*
  7. *Alle außer zwei Haustieren waren am Mittag hungrig.*
  8. *Wenigstens ein Studierender ärgerte Max jedes Mal, wenn er (oder sie) Max ein Haustier gab.*
  9. *Max war verärgert, wann immer ein bestimmter Studierender ihm ein Haustier gab.*
  10. *Wenn jemand Max ein Haustier gab, dann muss es Claire gewesen sein.*
  11. *Keines der von Max zwischen 14:00 und 14:05 gefütterten Haustiere gehörte Claire.*
  12. *Wenn Claire eines von Maxens Haustieren vor 14:00 Uhr fütterte, war Max um 14:00 Uhr verärgert.*
  13. *Wauzi gehörte einem Studierenden.*
  14. *Vor 15:00 gab niemand jemandem ein Haustier, es sei denn, jenes war hungrig.*
  15. *Niemand sollte jemandem ein Haustier geben, es sei denn, jenes ist hungrig.*
  16. *Ein Haustier, das nicht hungrig ist, gehört immer der einen oder anderen Person.*
  17. *Ein Haustier, das nicht hungrig ist, muss der einen oder anderen Person gehören.*
  18. *Max war um 14:00 verärgert, weil Claire eines seiner Haustiere gefüttert hatte.*

19. *Als Max Claire Wauzi gab, war Wauzi hungrig, aber fünf Minuten später war Wauzi nicht hungrig.*

20. *Es ist ausgeschlossen, dass ein Studierender ein Haustier sein könnte.*

14.58
✎***
Hier ist ein berühmtes Rätsel. Es gab einen Römer, der zwei Namen besaß, nämlich „Cicero" und „Tullius". Diskutieren Sie die Gültigkeit oder Ungültigkeit des folgenden Arguments.

> Bill behauptet, Cicero sei ein großer Redner gewesen.
> Cicero ist Tullius.
>
> Bill behauptet, Tullius sei ein großer Redner gewesen.

Was hier zur Debatte steht, ist nicht mehr und nicht weniger als folgendes Prinzip: Wenn (... a ...) wahr ist und $a = b$, dann ist auch (... b ...) wahr. [Hinweis: Klingt das Argument vernünftiger, wenn wir „behauptet" durch „behauptet, dass" ersetzen? Übrigens wird das Rätsel üblicherweise mit „glaubt" anstelle von „behauptet" formuliert.]

Die folgenden schwierigeren Übungen sind nicht von spezifischer Relevanz für diesen Abschnitt, sondern für das allgemeine Thema der Wahrheit quantifizierter Sätze. In manchen Kursen könnten sie als Forschungsprojekte bearbeitet werden.

14.59
✎**
(Persistenz unter Ausweitung) Wie wir in Übung 11.5 (Band I, S. 298) sahen, können einige Sätze nicht einfach dadurch falsch gemacht werden, dass man Gegenstände verschiedener Art zur Welt hinzufügt. Wenn sie einmal wahr sind, dann bleiben sie wahr. So kann zum Beispiel der Satz *Es gibt wenigstens einen Würfel und ein Tetraeder*, wenn er wahr ist, nicht dadurch falsch gemacht werden, dass Gegenstände zur Welt hinzugefügt werden. Diese Übung dringt etwas tiefer in die Analyse dieses Phänomens ein.

Sagen wir von einem Satz A, er sei *persistent unter Ausweitung*, wenn er, sobald er wahr ist, auch wahr bleibt unabhängig davon, wie viele Gegenstände zur Welt hinzugefügt werden. (In Logikbüchern wird diese Eigenschaft einfach *Persistenz* oder *Persistenz unter Erweiterungen* genannt.) Dies ist ein semantischer Begriff, d.h., er wird mit Hilfe des Begriffs der Wahrheit in einer Welt definiert. Es gibt aber einen entsprechenden syntaktischen Begriff. Ein Satz wird *existenziell* genannt, wenn er zu einem Satz in Pränexform logisch äquivalent ist, welcher nur Existenzquantoren enthält.

○ Zeigen Sie, dass $Cube(a) \rightarrow \exists x \, FrontOf(x, a)$ ein existenzieller Satz ist.

○ Ist $\exists x \, FrontOf(x, a) \rightarrow Cube(a)$ ein existenzieller Satz?

○ Zeigen Sie, dass jeder existenzielle Satz persistent unter Ausweitung ist. [Hinweis: Sie sollten durch Induktion über die Wffs ein etwas stärkeres Ergebnis beweisen. Wenn Sie mit der Induktion über die Wffs nicht vertraut sind, dann versuchen Sie einfach zu verstehen, warum die obige Behauptung gilt. Wenn Sie mit der Induktion vertraut sind, versuchen Sie einen strikten Beweis zu führen.] Schließen Sie daraus, dass jeder Satz, der zu einem existenziellen Satz logisch äquivalent ist, persistent unter Ausweitung ist.

Von Tarski und Łoś (einem polnischen Logiker, dessen Namen eher wie „losch" als wie „loss" ausgesprochen wird) stammt ein Theorem, demzufolge jeder Satz, der unter Ausweitung persistent ist, existenziell ist. Da dies gerade die Umkehrung dessen ist, was Sie eben beweisen sollten, können wir schließen, dass ein Satz unter Ausweitung genau dann persistent ist, wenn er existenziell ist. Dies ist ein klassisches Beispiel eines Theorems, welches für einen semantischen Begriff eine syntaktische Charakterisierung liefert. Den Beweis des Theorems finden Sie in jedem Lehrbuch zur Modelltheorie.

14.60 (Invarianz unter Bewegung, Teil 1) Die reale Welt steht im Gegensatz zur Welt der mathematischen Gegenstände nicht still. Die Dinge bewegen sich. Die Wahrheitswerte einiger Sätze ändern sich aufgrund einer solchen Bewegung, während dies für die Wahrheitswerte anderer Sätze nicht gilt. Öffnen Sie Ockham's World und Ockham's Sentences. Überzeugen Sie sich davon, dass in der gegebenen Welt alle Sätze wahr sind. Machen Sie, indem Sie die Gegenstände umher bewegen, so viele Sätze von Ockham's Sentences falsch, wie Sie nur können. Fügen Sie keine Gegenstände zur Welt hinzu und entfernen sie keine daraus, und ändern Sie deren Größe oder Gestalt nicht. Sie sollten (in einer einzelnen Welt) alle Sätze falsch machen können, die irgendwelche räumlichen Prädikate wie LeftOf, RightOf, FrontOf, BackOf oder Between enthalten. (Dies ist nur eine zufällige Eigenschaft dieser Liste von Sätzen, wie wir in der nächsten Übung sehen werden.) Speichern Sie die Welt als World 14.60.

14.61 (Invarianz unter Bewegung, Teil 2) Nennen Sie einen Satz *invariant unter Bewegung*, wenn der Wahrheitswert des Satzes (egal ob wahr oder falsch) für jede Welt nicht variiert, wenn Gegenstände in jener Welt umher bewegt werden.

1. Beweisen Sie, dass ein Satz, der keine räumlichen Prädikate enthält, unter Bewegung invariant ist.
2. Geben Sie ein Beispiel eines Satzes an, der ein räumliches Prädikat enthält und dennoch unter Bewegung invariant ist.
3. Geben Sie ein weiteres solches Beispiel an. Stellen Sie dieses Mal aber sicher, dass Ihr Satz nicht zu irgendeinem Satz PL1-äquivalent ist, welcher keine räumlichen Prädikate enthält.

14.62 (Persistenz unter Wachstum, Teil 1) In der realen Welt bewegen sich die Dinge nicht bloß, sie wachsen auch. (Einige Dinge schrumpfen auch, aber das können wir im Moment übergehen.) Beginnen Sie mit Ockham's World und machen Sie die folgenden Sätze wahr, indem Sie einige der Gegenstände wachsen lassen:

1. $\forall x \, \neg Small(x)$
2. $\exists x \, \exists y \, (Cube(x) \wedge Dodec(y) \wedge Larger(y, x))$
3. $\forall y \, (Cube(y) \rightarrow \forall v \, (v \neq y \rightarrow Larger(v, y)))$
4. $\neg \exists x \, \exists y \, (\neg Large(x) \wedge \neg Large(y) \wedge x \neq y)$

Wie viele von Ockham's Sentences sind in dieser Welt falsch? Speichern Sie Ihre Welt als World 14.62.

14.63 (Persistenz unter Wachstum, Teil 2) Nennen Sie einen Satz S *unter Wachstum persistent*, wenn für jede Welt, in der S wahr ist, S auch dann wahr bleibt, wenn einige oder alle Gegenstände jener Welt größer werden. So sind zum Beispiel Large(a) und ¬Small(a) unter Wachstum persistent, Smaller(a, b) hingegen ist es nicht. Definieren Sie syntaktisch eine möglichst große Menge von Sätzen, welche alle unter Wachstum persistent sind. Können Sie diese Eigenschaft beweisen?

KAPITEL 15

MENGENTHEORIE ERSTER STUFE

Im Laufe der letzten hundert Jahre hat sich die Mengentheorie als wichtiger und nützlicher Bestandteil der Mathematik etabliert. Sie wird sowohl in der Mathematik verwendet, als eine Art von universalem Rahmenwerk zur Beschreibung anderer mathematischer Theorien, als auch im Rahmen von Anwendungen außerhalb der Mathematik wie insbesondere in der Informatik, Linguistik und anderen Formalwissenschaften. Die Nützlichkeit der Mengentheorie ist darin begründet, dass sie Mittel bereitstellt, um eine außerordentliche Vielfalt von Strukturen zu modellieren.

Persönlich stellen wir uns unter Mengen so etwas wie Bauklötze oder Lego-Steine vor: elementare Bausätze, mit denen wir so gut wie alles modellieren können. Wenn Sie Mathematik studieren, werden Sie bestimmt Lehrveranstaltungen besuchen, in denen natürliche Zahlen durch Mengen eines bestimmten Typs und reelle Zahlen durch Mengen eines anderen Typs modelliert werden. Bei der Untersuchung der rationalen Entscheidungsfindung verwenden Ökonomen Mengen, um Situationen zu modellieren, in denen rationale Akteure unter konkurrierenden Alternativen zu wählen haben. Im weiteren Verlauf dieses Kapitels werden auch wir etwas Vergleichbares tun und Eigenschaften, Relationen und Funktionen als Mengen modellieren. Von diesen Modellen wird in der Philosophie, Informatik und Mathematik umfangreich Gebrauch gemacht. In Kapitel 18 werden wir auf dieselben Hilfsmittel zurückgreifen, um unsere Begriffe der PL1-Folgerung und der PL1-Gültigkeit präzise zu fassen.

Modellbildung in der Mengentheorie

In diesem Kapitel werden wir jedoch andersherum vorgehen und das, was wir über die Prädikatenlogik erster Stufe gelernt haben, beim Studium der Mengentheorie einbringen. Da die Mengentheorie üblicherweise als axiomatisierte Theorie im Rahmen einer prädikatenlogischen Sprache erster Stufe präsentiert wird, bietet sich uns die Gelegenheit, so gut wie alles einzusetzen, was wir bisher gelernt haben. Wir werden verschiedene mengentheoretische Behauptungen in PL1 ausdrücken, deren Folgerungen untersuchen sowie informelle Beweise dieser Behauptungen führen. Allerdings werden wir nicht sehr viele formale Beweise mengentheoretischer Behauptungen führen. Das mag den einen oder die andere enttäuschen. Viele Studierende sind zunächst von formalen Beweisen eingeschüchtert, ziehen sie dann aber aufgrund der eindeutig festgelegten Regeln informellen Beweisen vor. Formale Beweise substanzieller mengentheoretischer Aussagen können jedoch hunderte oder sogar tausende Schritte benötigen. Wir werden Sie aber im Falle überschaubarer formaler Beweise bitten, diese im Rahmen der Übungsaufgaben zu führen.

Logik und Mengentheorie

Die Geschichte der Mengentheorie ist ziemlich kompliziert und interessant. Ein weiteres Anliegen dieses Kapitels ist es, Ihnen einen Eindruck davon zu vermitteln. Wir werden mit dem intuitiven bzw. „naiven" Mengenbegriff beginnen, mit dem Sie höchstwahrscheinlich schon in der Schule vertraut gemacht wurden. Wir werden zunächst zwei grundlegende Prinzipien formulieren, die zumindest auf den ersten Blick klarerweise auf den intuitiven Mengenbegriff zutreffen. Diese Prinzipien sind bekannt als das Extensionalitätsaxiom und das Komprehensionsaxiom. Wir werden diese Axiome in der mengentheoretischen Sprache erster Stufe ausdrücken und einige ihrer Folgerungen erörtern.

naive Mengentheorie

Wir werden aber nicht allzu weit fortschreiten müssen, um festzustellen, dass wir einen Widerspruch aus diesen Axiomen herleiten können. Dieser Widerspruch zeigt, dass die Axiome inkonsistent sind. Es kann demnach keinen Gegenstandsbereich geben, der unsere Axiome erfüllt; d.h., dass der intuitive Mengenbegriff schlicht und einfach widersprüchlich ist. Am einfachsten wird diese Inkonsistenz durch die nach Russell benannte Paradoxie verkörpert.

Russells Paradox

Russells Paradox hatte einen tiefgreifenden Einfluss auf die moderne Mengentheorie und Logik. Es zwang die Begründer der Mengentheorie, einige Schritte zurückzugehen und kritischer über den intuitiven Mengenbegriff nachzudenken. Das Ziel vieler früher Untersuchungen zur Mengentheorie war es, den Mengenbegriff so zu fassen, dass die Inkonsistenz vermieden werden konnte, ohne die Leistungsfähigkeit des intuitiven Begriffs zu schmälern. Die Neufassung des Begriffs führt zu einer Modifikation der Axiome. Wir werden das Kapitel mit der Auflistung der modifizierten Axiome abschließen, welche die am weitesten verbreitete Mengentheorie ausmachen, die als Zermelo-Fraenkelsche Mengentheorie oder kurz ZFC bekannt ist. Die meisten im Rahmen der naiven Mengentheorie geführten Beweise können auf ZFC übertragen werden, jedoch keiner der bekannten Beweise der Inkonsistenz. Fast jeder Mathematiker hält ZFC nicht nur für konsistent, sondern auch für eine zutreffende Beschreibung eines natürlichen Bereichs von Mengen.

Dieser Weg, sich der modernen Theorie zu nähern, mag ziemlich beschwerlich erscheinen; Sie werden aber ZFC kaum kennen und schätzen lernen, wenn Sie nicht zuvor Bekanntschaft mit der naiven Mengentheorie gemacht und erkannt haben, was daran nicht stimmt, und daraufhin nachvollzogen haben, wie sich aus dieser Einsicht die moderne Theorie ergibt.

ABSCHNITT 15.1

NAIVE MENGENTHEORIE

Die erste Person, die Mengen ausgiebig untersuchte und auf die Widersprüche aufmerksam wurde, die sich im naiven Mengenverständnis verbergen, war im neunzehnten Jahrhundert der deutsche Mathematiker Georg Cantor. Gemäß dem naiven Verständnis ist eine Menge einfach eine Ansammlung von Objekten wie etwa eine Menge von Sesseln, eine Menge von Dominosteinen oder eine Menge von Zahlen. Die Objekte, welche in der Ansammlung enthalten sind, nennt man *Elemente* der Menge. Wir notieren $a \in b$ und lesen dies als „a ist ein Element von b", falls a eines der Objekte ist, die zur Menge b gehören. Falls wir alle Elemente von b auflisten können, beispielsweise die Zahlen 7, 8 und 10, dann schreiben wir $b = \{7, 8, 10\}$. Dies bezeichnet man auch als *aufzählende Darstellung* der Menge.

Mengen und Elemente

aufzählende Darstellung

Wie bereits erwähnt verfügt die mengentheoretische Sprache erster Stufe über zwei Relationssymbole, $=$ und $\in$. Darüber hinaus bieten sich verschiedene Möglichkeiten an. Falls unser Gegenstandsbereich nicht nur Mengen, sondern auch andere Objekte enthalten soll, müssen wir einen Weg finden, Mengen von anderen Objekten unterscheiden zu können. Eine Möglichkeit, auf die gelegentlich zurückgegriffen wird, besteht darin, ein einstelliges Prädikatsymbol $Menge(x)$ einzuführen, das auf alle Mengen und nur auf diese zutrifft. Eine Alternative mit demselben Ergebnis — allerdings mit leichter lesbaren Formeln — besteht darin, zwei Arten von Variablen zu unterscheiden. Die eine Art von Variable bezieht sich auf einen Bereich, der alle Mengen und nur diese enthält, die Variablen der zweiten Gruppe vertreten Mengen sowie alle anderen Objekte des Gegenstandsbereichs. Dies ist eine gängige Weise, PL1 zu erweitern, die zu einer so genannten *mehrsortigen* Sprache führt. Etwas in der Art sind wir im Übrigen bereits begegnet, als wir Sätze wie *Max gab Claire etwas zwischen 2:00 und 3:00* übersetzten. Beim Übersetzen solcher Sätze verwenden wir häufig eine Art von Variable, um über gewöhnliche Objekte zu quantifizieren ($\exists x$), und einen anderen Typ von Variable, um über Zeitpunkte zu quantifizieren ($\exists t$).[1]

Mengen und andere Objekte

mehrsortige Sprache

Dies ist der Ansatz, für den wir uns entschieden haben. Wir verwenden die Variablen $a, b, c, \ldots$ mit oder ohne Index, um uns auf Mengen zu beziehen, und die Variablen $x, y, z, \ldots$, um beliebige Objekte zu vertreten — sowohl Mengen wie auch andere Gegenstände. Wenn wir so etwa behaupten wollen, dass jedes Objekt Element der einen oder anderen Menge ist, können wir uns folgendermaßen ausdrücken:

$$\forall x \exists a (x \in a)$$

Um dasselbe mit nur einer Art von Variablen und dem Prädikat $Menge(x)$ auszudrücken, müssten wir zu Folgendem greifen:

$$\forall x \exists y [Menge(y) \wedge x \in y]$$

Im weiteren Verlauf des Kapitels werden wir gelegentlich auch Großbuchstaben wie R und D als Variablen für bestimmte Arten von Mengen verwenden, wobei

---

[1] Wenn Sie den Abschnitt über generalisierte Quantoren in Kapitel 14 lesen, werden Sie in diesen Ausdrücken Quantoren wiedererkennen, welche aus *mindestens ein* und den Nomen *Ding* bzw. *Zeitpunkt* zusammengesetzt sind.

wir den Buchstaben so wählen, dass er uns an die Art von Menge erinnert, an der wir interessiert sind.

weitere übliche Symbole

Es gibt weitere Symbole, die im mengentheoretischen Rahmen häufig verwendet werden. Beispielsweise ist die Individuenkonstante ∅ gebräuchlich zur Bezeichnung der leeren Menge, ebenso ein Relationssymbol ⊆, welches die Teilmengenrelation ausdrückt, sowie (unter anderem) die Funktionssymbole ∩ (Schnittmenge) und ∪ (Vereinigungsmenge). Keines dieser Symbole ist notwendig, um Mengentheorie zu betreiben, jedoch vereinfachen sie Formeln erheblich. In diesem Kapitel wollen wir unter anderem nach Belieben Abkürzungen einführen, so dass wir die Symbole verwenden können, ohne sie offiziell in die Sprache aufzunehmen. Warum sollte man nicht alles haben können?

Das Extensionalitätsaxiom

Wie wir bereits erwähnten, kann die naive Mengenkonzeption mit Hilfe zweier Prinzipien wiedergegeben werden. Eines besagt, dass eine Menge vollständig durch ihre Elemente bestimmt wird. Sobald Sie die Elemente einer Menge b kennen, wissen Sie alles, was es hinsichtlich der Identität der Menge zu wissen gibt.

Extensionalitätsaxiom

Dieses Prinzip wird durch das *Extensionalitätsaxiom* wiedergegeben. Präzise formuliert besagt das Extensionalitätsaxiom Folgendes: Wenn die Mengen a und b dieselben Elemente haben, dann ist $a = b$.

Im Rahmen von PL1 können wir dies wie folgt ausdrücken:

$$\forall a \forall b [\forall x (x \in a \leftrightarrow x \in b) \rightarrow a = b]$$

Insbesondere hängt die Identität einer Menge nicht von der Art und Weise ab, wie sie beschrieben wird. Betrachten wir beispielsweise die Menge, welche nur die beiden Zahlen 7 und 11 enthält. Diese Menge kann bezeichnet werden durch $\{7, 11\}$ oder durch $\{11, 7\}$, was keinen Unterschied macht. Die Menge kann ebenfalls beschrieben werden als die Menge der Primzahlen zwischen 6 und 12, oder als die Menge der Lösungen der Gleichung $x^2 - 18x + 77 = 0$. Es könnte sich ebenfalls um die Menge der Lieblingszahlen von Max handeln, wer weiß? Entscheidend ist, dass das Extensionalitätsaxiom uns garantiert, dass sich alle diese Bezeichnungen auf dieselbe Menge beziehen.

Mengen vs. Eigenschaften

Beachten Sie, dass wir die obige Extensionalitätsbehauptung nicht als Axiom akzeptieren würden, wenn wir an einer Theorie der Eigenschaften anstelle einer Mengentheorie interessiert wären. Es ist ohne weiteres nachvollziehbar, dass zwei verschiedene Eigenschaften auf genau dieselben Objekte zutreffen. So ist etwa die Eigenschaft, eine Primzahl zwischen 6 und 12 zu sein, eine andere Eigenschaft als diejenige, eine Lösung der Gleichung $x^2 - 18x + 77 = 0$ zu sein; und beide unterscheiden sich von der Eigenschaft, eine der Lieblingszahlen von Max zu sein. Wie es sich ergibt, treffen diese Eigenschaften auf genau dieselben Zahlen zu, aber dennoch handelt es sich um verschiedene Eigenschaften.

Das Komprehensionsaxiom

Das zweite Prinzip der naiven Mengentheorie ist das so genannte *unbeschränkte Komprehensionsaxiom*. Es besagt im Wesentlichen, dass jede vollständig determinierte Eigenschaft eine Menge bestimmt. Das heißt: Ist eine vollständig determinierte Eigenschaft P gegeben, dann gibt es eine Menge, die genau diejenigen Objekte enthält, welche die fragliche Eigenschaft besitzen. Somit gibt es beispielsweise die Menge aller Objekte, welche die folgende Eigenschaft besitzen: eine ganze Zahl größer als 6 und kleiner als 10 zu sein. Wegen des Extensionalitätsaxioms kann man diese Menge auch bezeichnen als $\{7, 8, 9\}$.

unbeschränktes Komprehensionsaxiom

Die obige Formulierung des Komprehensionsaxioms ist problematisch, da dort über Eigenschaften gesprochen wird. Da wir nicht neben der Mengentheorie auch noch die Theorie der Eigenschaften axiomatisch beschreiben wollen, verwenden wir Formeln der Prädikatenlogik erster Stufe. Für jede Formel $P(x)$ der PL1 nehmen wir als grundlegendes Axiom daher Folgendes an:

$$\exists a \forall x [x \in a \leftrightarrow P(x)]$$

Letzteres besagt, dass es eine Menge a gibt, deren Elemente genau diejenigen Objekte sind, welche die Formel $P(x)$ erfüllen. (Damit die Formel dies auch wirklich sagt, verlangen wir, dass die Variable a nicht in der Formel $P(x)$ auftritt.)

Beachten Sie, dass es sich beim Obigen nicht um ein einzelnes Axiom, sondern um eine unendliche Ansammlung von Axiomen handelt, je eines für jede Formel $P(x)$. Daher spricht man hier auch von einem *Axiomenschema*. Wir werden später sehen, dass einige Instanzen dieses Axiomenschemas inkonsistent sind, so dass wir das Schema modifizieren müssen. Aber fürs Erste wollen wir annehmen, unsere Mengentheorie enthielte alle Instanzen des Schemas.

Axiomenschema

Eigentlich ist das Komprehensionsaxiom etwas allgemeiner formuliert, als es unsere Notation suggeriert, da die Wff $P(x)$ auch andere Variablen enthalten kann außer x, etwa $z_1, \ldots, z_n$. Was wir benötigen, ist der *universelle Abschluss* der obigen Formel, wobei alle anderen Variablen universell quantifiziert sind:

universeller Abschluss

$$\forall z_1 \ldots \forall z_n \exists a \forall x [x \in a \leftrightarrow P(x)]$$

Die meisten Anwendungen des Axioms werden auf diese zusätzlichen Variablen zurückgreifen. So ist beispielsweise die Behauptung, dass es für zwei Objekte z_1 und z_2 eine *Paarmenge* $\{z_1, z_2\}$ gibt, welche z_1 und z_2 als einzige Elemente enthält, eine Instanz dieses Axiomenschemas:

$$\forall z_1 \forall z_2 \exists a \forall x [x \in a \leftrightarrow (x = z_1 \lor x = z_2)]$$

In einigen Hinsichten ist das Komprehensionsaxiom, so wie wir es formuliert haben, schwächer als das intuitive Prinzip, durch das es motiviert wurde. Immerhin gibt es, wie wir bereits sahen, viele vollständig bestimmte Eigenschaften, die zwar im Deutschen, nicht aber in einer gegebenen Version von PL1 ausgedrückt werden können. Diese werden bei unserer Axiomatisierung nicht berücksichtigt. Dennoch handelt es sich bei der obigen Formulierung um ein sehr starkes Axiom. Tatsächlich ist es sogar zu stark, wie wir bald sehen werden.

Zusammengenommen erlauben uns das Extensionalitätsaxiom und das Komprehensionsaxiom, die folgende Behauptung über Mengen zu beweisen, durch welche diese sich klar von Eigenschaften unterscheiden.

Eindeutigkeits-theorem

Satz 1. *Für jede Wff $P(x)$ können wir beweisen, dass es eine einzige Menge von Objekten gibt, die $P(x)$ erfüllen. Mit Hilfe der in Abschnitt 14.1 eingeführten Notation können wir dies wie folgt ausdrücken:*

$$\forall z_1 \ldots \forall z_n \exists! a \forall x [x \in a \leftrightarrow P(x)]$$

An dieser Stelle bietet sich uns die erste Gelegenheit, unsere informellen Beweistechniken auf eine mengentheoretische Behauptung anzuwenden. Unser Beweis könnte wie folgt aussehen:

Beweis: Wir werden die Behauptung mit Hilfe der universellen Generalisierung beweisen. Seien $z_1, \ldots, z_n$ beliebige Objekte. Das Komprehensionsaxiom garantiert uns, dass es zumindest eine Menge von Objekten gibt, welche $P(x)$ erfüllen. Daher brauchen wir lediglich noch zu beweisen, dass es *höchstens* eine solche Menge gibt. Angenommen, a und b sind zwei Mengen, die als Elemente genau diejenigen Objekte enthalten, welche $P(x)$ erfüllen. D.h., a und b erfüllen:

$$\forall x [x \in a \leftrightarrow P(x)]$$
$$\forall x [x \in b \leftrightarrow P(x)]$$

Dann folgt aber, dass a und b auch Folgendes erfüllen:

$$\forall x [x \in a \leftrightarrow x \in b]$$

(Zur Herleitung dieses ziemlich offensichtlichen Schrittes benötigen wir einige der besprochenen Beweismethoden, und die vollständige formale Beweisführung wäre recht lang. Sie werden gebeten, den formalen Beweis im Rahmen der Übung 15.5 zu führen.) Wenden wir auf den letzten Schritt das Extensionalitätsaxiom an, ergibt sich $a = b$, was zu beweisen war.

Dies zeigt, dass uns die Axiome gestatten, im Falle einer gegebenen prädikatenlogischen Formel erster Stufe $P(x)$ auf die Existenz *der* Menge von Objekten zu schließen, welche die fragliche Wff erfüllen. Die Menge derjenigen Objekte x, welche $P(x)$ erfüllen, wird informell auch häufig folgendermaßen bezeichnet:

$$\{x \mid P(x)\}$$

Dies ist zu lesen als: „die Menge aller x, so dass $P(x)$ gilt." Wenn wir eine andere Variable, etwa „y" anstelle von „x" verwenden, ergibt sich eine alternative Bezeichnung für dieselbe Menge:

$$\{y \mid P(y)\}$$

Diese *Mengenklammernotation* ist wie die aufzählende Darstellung praktisch, aber unwesentlich. Beide Notationen gehören nicht zur „offiziellen" Sprache der Mengentheorie erster Stufe, da sie im Rahmen prädikatenlogischer Sprachen erster Stufe nicht vorgesehen sind. Wir werden sie nur in informellen Kontexten verwenden. Jedenfalls kann alles, was mit Hilfe der Mengenklammernotation ausgedrückt werden kann, auch in der offiziellen Sprache ausgedrückt werden. So kann zum Beispiel $b \in \{x \mid P(x)\}$ folgendermaßen ausgedrückt werden:

Mengen-klammer-notation

$$\exists a[\forall x(x \in a \leftrightarrow P(x)) \wedge b \in a]$$

Zur Erinnerung

Die naive Mengentheorie verfügt über das Extensionalitätsaxiom und das Axiomenschema der Komprehension. Das Extensionalitätsaxiom besagt, dass Mengen mit denselben Elementen identisch sind. Dem Komprehensionsaxiom zufolge bestimmt jede Formel erster Stufe eine Menge.

Übungen

15.1 Sind die folgenden Gleichungen wahr oder falsch? Beweisen Sie Ihre Behauptungen.
1. $\{7, 8, 9\} = \{7, 8, 10\}$ f
2. $\{7, 8, 9, 10\} = \{7, 8, 10, 9\}$ w
3. $\{7, 8, 9, 9\} = \{7, 8, 9\}$ f

15.2 Stellen Sie die folgenden Mengen aufzählend dar.
1. Die Menge aller Primzahlen zwischen 5 und 15.
2. $\{ x \mid x$ ist ein Mitglied Ihrer Familie $\}$
3. Die Menge der Buchstaben des deutschen Alphabets.
4. Die Menge aller deutschen Wörter, in denen dreimal aufeinander ein Buchstabe doppelt vorkommt.

15.3 Geben Sie jeweils drei Elemente der Mengen an, welche durch die folgenden Eigenschaften bestimmt werden:

1. Eine Primzahl größer als 15 zu sein.
2. Eine(r) Ihrer Vorfahren zu sein.
3. Ein grammatikalisch wohlgeformter Satz des Deutschen zu sein.
4. Ein Präfix des Deutschen zu sein.
5. Ein Palindrom des Deutschen zu sein, d.h. ein Ausdruck des Deutschen bestehend aus einer Zeichenfolge, die identisch ist mit der umgekehrten Folge, wie im Falle von „Anna hetzte Hanna".

15.4 Sind die folgenden Behauptungen wahr oder falsch?

1. $y \in \{x \mid x$ ist eine Primzahl kleiner als 10$\}$ genau dann, wenn y eine der Zahlen 2, 3, 5 oder 7 ist.
2. $\{x \mid x$ ist eine Primzahl kleiner als 10$\} = \{2,3,5,7\}$.
3. Ronald Reagan $\in \{x \mid x$ war Präsident der USA$\}$.
4. „Ronald Reagan" $\in \{x \mid x$ war Präsident der USA$\}$.

15.5 In der Fitch-Datei Exercise 15.5 sollen Sie einen formalen Beweis des entscheidenden Schrittes unseres Beweises von Satz 1 führen. Sie sollten einen vollständigen Beweis angeben, ohne eine der **Con** Regeln zu verwenden. (Das Symbol $\in$ finden Sie im Auswahlfenster von Fitch, wenn Sie mit der entsprechenden Schaltfläche nach rechts scrollen.)

15.6 Betrachten Sie die folgende wahre Aussage:

Die Menge, deren einzige Elemente die Primzahlen zwischen 6 und 12 sind, ist identisch mit der Menge, deren einzige Elemente die Lösungen der Gleichung $x^2 - 18x + 77 = 0$ sind.

Geben Sie diese Aussage mit Hilfe der Mengenklammernotation wieder. Formulieren Sie die Aussage dann im Rahmen der mengentheoretischen Sprache der ersten Stufe, ohne die Mengenklammernotation zu verwenden. In beiden Fällen dürfen Sie auf natürliche Prädikate wie NatZahl, Primzahl und Menge zurückgreifen.

ABSCHNITT 15.2

EINERMENGEN, DIE LEERE MENGE, TEILMENGEN

Zwei Arten von Mengen sorgen manchmal für etwas Verwirrung. Einmal geht es um Mengen, die sich aus der Anwendung des Komprehensionsaxioms auf eine Eigenschaft ergeben, die nur auf genau ein Objekt zutrifft. Den anderen problematischen Fall bilden Eigenschaften, die von überhaupt keinem Objekt erfüllt werden. Wir wollen die beiden Fälle nacheinander behandeln.

Nehmen wir an, genau ein Objekt x erfüllt $P(x)$. Gemäß dem Komprehensionsaxiom gibt es eine Menge, nennen wir sie a, deren einziges Element x ist. D.h., $a = \{x\}$. Einige Studierende neigen nun zu der Annahme, dass $a = x$. Dies ist aber ein fürchterliches Missverständnis. Denn a ist eine Menge (ein abstraktes Objekt), und x könnte jedes beliebige Objekt sein, etwa der Eiffelturm. Der Eiffelturm ist ein Objekt in Raum und Zeit und keine Menge. Daher dürfen wir nicht ein Objekt x mit der Menge $\{x\}$ verwechseln, die auch *Einermenge* von x (englisch: *singleton*) genannt wird. Selbst wenn x eine Menge ist, dürfen wir sie nicht mit ihrer eigenen Einermenge verwechseln. Beispielsweise könnte x beliebig viele Elemente enthalten, während $\{x\}$ aber nur genau ein Element enthält: x.

Einermenge

Der andere etwas verwirrende Fall ergibt sich im Zusammenhang mit Formeln $P(x)$, die von keinem Objekt erfüllt werden. Nehmen wir etwa an, $P(x)$ sei die Formel $x \neq x$. Was fangen wir an mit der Menge

$$\{x \mid x \neq x\}?$$

In diesem Falle nennt man die Menge *leer*, da sie kein Objekt enthält. Es kann leicht nachgewiesen werden, dass es höchstens eine derartige Menge geben kann, so dass von *der* leeren Menge gesprochen werden kann. Wir bezeichnen sie durch das Symbol $\emptyset$. Einige Autoren verwenden auch das Zeichen 0. Informell kann die Menge auch durch $\{\}$ bezeichnet werden.

leere Menge ($\emptyset$)

Auf den ersten Blick scheint die Einführung dieser besonderen Mengen, der Einermengen und der leeren Menge, eher witzlos zu sein, aber die Mengentheorie funktioniert deutlich reibungsloser, wenn wir solche Mengen zulassen. Täten wir das nicht, müssten wir immer erst zeigen, dass mindestens zwei Objekte $P(x)$ erfüllen, bevor wir die Existenz von $\{x \mid P(x)\}$ behaupten könnten, und das würde auf Dauer ziemlich an den Nerven zehren.

Der nächste Begriff ist eng verwandt mit der Elementrelation, aber in wichtigen Hinsichten auch verschieden von dieser. Es handelt sich um die Teilmengenrelation. Diese wird wie folgt definiert:

Definition Gegeben seien die Mengen a und b. Wir bezeichnen a als *Teilmenge* von b, kurz $a \subseteq b$, falls jedes Element von a auch ein Element von b ist.

Teilmenge ($\subseteq$)

So ist beispielsweise die Menge der Vokale, $\{a, e, i, o, u\}$, eine Teilmenge der Menge der Buchstaben des Alphabets, $\{a, b, c, \ldots, z\}$, aber nicht andersherum. Entsprechend ist die Einermenge $\{Eiffelturm\}$ eine Teilmenge der Menge $\{x \mid x$ ist höher als 100 Meter$\}$.

Es ist sehr wichtig, die Sätze „$a \in b$" und „$a \subseteq b$" sorgsam auseinander zu halten. Der erste Satz besagt „a ist ein Element von b". Der zweite Satz besagt „a ist eine Teilmenge von b". Gelegentlich ist man geneigt, einen der beiden Sätze ohne weitere Ergänzungen als „a ist enthalten in b" zu lesen. Dies ist jedoch nicht unbedingt eine gute Idee, da der Ausdruck „enthalten" sowohl im Element-Sinne

Teilmenge vs. Element

als auch im Teilmengen-Sinne verstanden werden kann. (Falls Sie dennoch nicht widerstehen können, verwenden Sie „enthalten" nur im Element-Sinne.[2])

Im Rahmen von PL1 kann unsere Definition von „Teilmenge" in zwei Weisen aufgefasst werden. Im ersten Sinne besagt die Definition, dass die Formel „$a \subseteq b$" eine Abkürzung der folgenden Wff ist:

$$\forall x[x \in a \rightarrow x \in b]$$

In einem zweiten Sinne könnte $\subseteq$ als ein weiteres zweistelliges Relationssymbol unserer Sprache aufgefasst werden, so dass die Definition im Sinne des folgenden Axioms zu verstehen wäre:

$$\forall a \forall b[a \subseteq b \leftrightarrow \forall x(x \in a \rightarrow x \in b)]$$

Es macht aber keinen allzu großen Unterschied, in welchem der beiden Sinne wir die Definition verstehen. Verschiedene Personen bevorzugen verschiedene Lesarten. Vermutlich ist die erste Lesart die am weitesten verbreitete, da sie die offizielle Sprache der Mengentheorie schön schlank lässt.

Nun wollen wir eine recht naheliegende, aber nicht uninteressante Aussage über die Teilmengenrelation beweisen.

Satz 2. *Für jede Menge a gilt: $a \subseteq a$.*

> **Beweis:** Sei a eine beliebige Menge. Zum Zwecke eines generellen konditionalen Beweises nehmen wir an, dass c ein beliebiges Element von a ist. Dann gilt trivialerweise (durch Reiteration), dass c ein Element von a ist. Daher gilt $\forall x(x \in a \rightarrow x \in a)$. Nun können wir unsere Definition der Teilmenge verwenden, wodurch sich $a \subseteq a$ ergibt. Daher ist es der Fall, dass $\forall a(a \subseteq a)$. (In Aufgabe 15.12 werden Sie gebeten, diesen Beweis zu formalisieren.)

Die folgende Aussage ist sehr einfach zu beweisen, aber auch äußerst nützlich. Sie werden viele Gelegenheiten haben, sie im Folgenden anzuwenden.

Satz 3. *Für alle Mengen a und b gilt $a = b$ genau dann, wenn $a \subseteq b$ und $b \subseteq a$. Formalisiert besagt dies:*

$$\forall a \forall b(a = b \leftrightarrow (a \subseteq b \wedge b \subseteq a))$$

> **Beweis:** Wiederum werden wir die Methode der universellen Generalisierung verwenden. a und b seien beliebige Mengen. Um das Bikonditional zu beweisen, zeigen wir zuerst, dass, wenn $a = b$ der Fall ist, dann auch $a \subseteq b$ und $b \subseteq a$ gelten. Wir nehmen also an, dass $a = b$. Wir

---

[2]Anm. d. Übers.: Dies ist die übliche Verwendungsweise im Deutschen. Im Englischen wird „a is included in b" hingegen zumeist im Teilmengen-Sinne verwendet.

müssen zeigen, dass $a \subseteq b$ und $b \subseteq a$. Aber dies folgt bereits aus Satz 2 und zweimaligem Gebrauch der Ununterscheidbarkeit von Identischem.

Um die andere Richtung des Bikonditionals zu beweisen, nehmen wir an, dass $a \subseteq b$ und $b \subseteq a$, und zeigen, dass $a = b$. Um dies zu beweisen, verwenden wir das Extensionalitätsaxiom. Demzufolge reicht es zu zeigen, dass a und b dieselben Elemente besitzen. Dies folgt aber aus unserer Annahme, die besagt, dass jedes Element von a auch Element von b ist und umgekehrt.

Da es sich bei a und b um beliebige Mengen handelte, ist unser Beweis abgeschlossen. (In Aufgabe 15.13 werden Sie gebeten, diesen Beweis zu formalisieren.)

Zur Erinnerung

a und b seien Mengen.

1. $a \subseteq b$ gdw. jedes Element von a auch Element von b ist.

2. $a = b$ gdw. $a \subseteq b$ und $b \subseteq a$.

Übungen

15.7 Welche der folgenden Behauptungen treffen zu?
1. Die Menge aller Abgeordneten des Europäischen Parlaments $\subseteq$ die Menge aller Bürger der Europäischen Union.
2. Die Menge aller Studierenden Ihrer Universität $\subseteq$ die Menge aller Bürger Ihres Heimatlandes.
3. Die Menge aller männlichen Studenten Ihrer Universität $\subseteq$ die Menge aller männlichen Lebewesen.
4. Die Menge aller Brüder von John $\subseteq$ die Menge aller Verwandten von John.
5. Die Menge aller Verwandten von John $\subseteq$ die Menge aller Brüder von John.
6. $\{2, 3, 4\} \subseteq \{1+1, 1+2, 1+3, 1+4\}$
7. $\{$„2“, „3“, „4“$\} \subseteq \{$„1+1“, „1+2“, „1+3“, „1+4“$\}$

15.8 Angenommen, a_1 und a_2 sind Mengen, von denen jede den Eiffelturm als einziges Element enthält. Beweisen Sie (informell), dass $a_1 = a_2$.

15.9 Beweisen Sie informell, dass es nur eine leere Menge gibt. (Hinweis: Verwenden Sie das Extensionalitätsaxiom.)

15.10 Beweisen Sie informell, dass die Menge der geraden Primzahlen, die größer als 10 sind, identisch ist mit der Menge aller geraden Primzahlen, die größer als 100 sind.

15.11 Führen Sie einen informellen Beweis des folgenden einfachen Theorems: *Für jede Menge a gilt, dass $\emptyset \subseteq a$.*

15.12 In der Datei Exercise 15.12 werden Sie gebeten, Satz 2 mit Hilfe der Definition der Teilmengenrelation formal zu beweisen. Der Beweis ist recht einfach, so dass Sie nicht auf irgendwelche **Con**-Regeln zurückgreifen sollten. (Sie finden das Symbol $\subseteq$, wenn Sie im Prädikatfenster von Fitch nach rechts scrollen.)

15.13 In der Datei Exercise 15.13 werden Sie gebeten, einen formalen Beweis von Satz 3 zu führen ausgehend vom Extensionalitätsaxiom, der Definition der Teilmenge und Satz 2. Da der Beweis etwas komplizierter ist, dürfen Sie **Taut Con** verwenden, wenn Sie wollen.

ABSCHNITT 15.3

SCHNITTMENGE UND VEREINIGUNGSMENGE

Zwei wichtige Operationen mit Mengen sind Ihnen wahrscheinlich schon bekannt: die Vereinigungs- und Schnittmengenbildung. Die Anwendung dieser Operationen auf zwei Mengen führt wiederum zu einer Menge.

Definition a und b seien Mengen.

Schnittmenge
($\cap$)

1. Die *Schnittmenge* von a und b ist die Menge, deren Elemente diejenigen Objekte sind, die sowohl in a als auch in b sind. Diese Menge wird üblicherweise durch $a \cap b$ bezeichnet. („$a \cap b$" ist ein komplexer Term, der gebildet wird mit dem zweistelligen Funktionssymbol $\cap$, welches in Infix-Notation verwendet wird.[3]) In formaler Notation:

$$\forall a \forall b \forall z (z \in a \cap b \leftrightarrow (z \in a \land z \in b))$$

Vereinigungsmenge
($\cup$)

2. Die *Vereinigungsmenge* von a und b ist die Menge, deren Elemente diejenigen Objekte sind, die Elemente von a oder von b oder von beiden sind. Diese Menge wird üblicherweise als $a \cup b$ bezeichnet. In formaler Notation:

$$\forall a \forall b \forall z (z \in a \cup b \leftrightarrow (z \in a \lor z \in b))$$

Auf den ersten Blick mögen diese Definitionen nicht problematischer erscheinen als die Definition der Teilmengenrelation. Bei genauerem Hinsehen zeigt sich

---

[3]Funktionssymbole werden im (optionalen) Abschnitt 1.5 (Band I) besprochen. Sie sollten diesen Abschnitt nun lesen, falls Sie ihn zuvor übersprungen hatten.

jedoch, dass sie in der obigen Form etwas suspekt sind. Denn: Woher wollen wir wissen, dass es Mengen der beschriebenen Art überhaupt *gibt*? Woher wissen wir beispielsweise, selbst wenn wir wissen, dass a und b Mengen sind, dass es auch eine Menge gibt, deren Elemente genau die Objekte sind, die sowohl in a als auch in b sind? Und woher wissen wir, dass es genau eine solche Menge gibt? Denken Sie an die übliche Vorgehensweise: Wir müssen alles ausgehend von explizit angegebenen Axiomen beweisen. Können wir auf der Grundlage unserer Axiome also beweisen, dass es eine einzige derartige Menge gibt?

Wie sich zeigt, ist es möglich, zumindest ausgehend von unseren naiven Axiomen. Später werden wir aber das Komprehensionsaxiom modifizieren müssen, um Widersprüchen vorzubeugen. Das modifizierte Axiom gestattet uns lediglich, eine der beiden Operationen zu rechtfertigen. Um die Vereinigungsmengenbildung zu rechtfertigen, werden wir ein neues Axiom benötigen. Aber dazu kommen wir beizeiten.

Satz 4. (Schnittmengenbildung) *Für jedes Paar von Mengen a und b gibt es genau eine Menge c, deren Elemente die Objekte sind, welche sowohl in a als auch in b sind. In formaler Notation:*

$$\forall a \, \forall b \, \exists! c \, \forall x (x \in c \leftrightarrow (x \in a \wedge x \in b))$$

Existenz und Eindeutigkeit von $a \cap b$

Bei diesem Satz handelt es sich eigentlich nur um eine Instanz von Satz 1 auf Seite 48. Sehen Sie sich noch einmal die Formel an, um die es in diesem Theorem geht, und betrachten Sie den speziellen Fall, in dem z_1 die Menge a, z_2 die Menge b und $P(x)$ die Wff $x \in a \wedge x \in b$ ist. Somit ist Satz 4 nur ein Korollar (d.h. eine unmittelbare Konsequenz) von Satz 1.

Wir können uns den Sachverhalt auch mit Hilfe unserer Mengenklammernotation klar machen. Satz 1 garantiert, dass es für jede Formel $P(x)$ eine einzige Menge $\{x \mid P(x)\}$ gibt, und wir brauchen lediglich hinzuzufügen, dass die Schnittmenge der Mengen a und b die Menge $c = \{x \mid x \in a \wedge x \in b\}$ ist.

Satz 5. (Vereinigungsmengenbildung) *Für jedes Paar von Mengen a und b gibt es genau eine Menge c, deren Elemente die Objekte sind, welche in a oder in b oder in beiden sind. In formaler Notation:*

$$\forall a \, \forall b \, \exists! c \, \forall x (x \in c \leftrightarrow (x \in a \vee x \in b))$$

Existenz und Eindeutigkeit von $a \cup b$

Wiederum handelt es sich um ein Korollar von Satz 1, da $c = \{x \mid x \in a \vee x \in b\}$. Diese Menge besitzt klarerweise die gewünschten Elemente.

Wir kommen nun zu einigen Theoremen, die wir mit Hilfe der obigen Definitionen und Ergebnisse beweisen können.

Satz 6. *a, b, und c seien beliebige Mengen.*

1. $a \cap b = b \cap a$

2. $a \cup b = b \cup a$

3. $a \cap b = b$ *genau dann, wenn* $b \subseteq a$

4. $a \cup b = b$ *genau dann, wenn* $a \subseteq b$

5. $a \cap (b \cup c) = (a \cap b) \cup (a \cap c)$

6. $a \cup (b \cap c) = (a \cup b) \cap (a \cup c)$

Wir beweisen zwei der obigen Theoreme und belassen den Rest als Übungsaufgaben.

Beweis von 1: Der Satz kann recht einfach bewiesen werden ausgehend von der Definition der Schnittmenge und dem Extensionalitätsaxiom. Um zu zeigen, dass $a \cap b = b \cap a$, müssen wir nur zeigen, dass $a \cap b$ und $b \cap a$ dieselben Elemente besitzen. Nach der Definition der Schnittmenge sind die Elemente von $a \cap b$ die Objekte, welche sowohl in a als auch in b sind, während die Elemente von $b \cap a$ diejenigen Objekte sind, die sowohl in b als auch in a sind. Natürlich handelt es sich in beiden Fällen um dieselben Objekte. Einen formalen Beweis dieser Behauptung werden wir im nächsten **Sie sind dran**-Abschnitt erörtern.

Beweis von 3: Da (3) die interessanteste der obigen Behauptungen ist, wollen wir sie beweisen. a und b seien beliebige Mengen. Wir müssen beweisen, dass $a \cap b = b$ gdw. $b \subseteq a$. Um dies zu beweisen, führen wir zwei konditionale Beweise. Zunächst nehmen wir an, dass $a \cap b = b$. Wir müssen nachweisen, dass $b \subseteq a$. Das aber besagt soviel wie $\forall x (x \in b \rightarrow x \in a)$, so dass wir die Methode des generellen konditionalen Beweises verwenden werden. Sei x ein beliebiges Element von b. Wir müssen zeigen, dass $x \in a$ ist. Da aber $b = a \cap b$, ist $x \in a \cap b$. Somit gilt $x \in a \land x \in b$ aufgrund der Definition der Schnittmenge. Wie gewünscht folgt daraus natürlich, dass $x \in a$.

Nun wollen wir die andere Hälfte des Bikonditionals beweisen. Also nehmen wir an, dass $b \subseteq a$, und beweisen, dass $a \cap b = b$. Aufgrund von Satz 3 genügt es zu beweisen, dass $a \cap b \subseteq b$ und $b \subseteq a \cap b$. Ersteres kann dabei leicht bewiesen werden, und der Beweis erfordert nicht einmal unsere Annahme. Daher beweisen wir nur Letzteres, also dass $b \subseteq a \cap b$. D.h., wir müssen beweisen, dass $\forall x (x \in b \rightarrow x \in (a \cap b))$. Dies wird mittels eines generellen konditionalen Beweises gezeigt. Sei also x ein beliebiges Element von b. Wir müssen beweisen, dass $x \in a \cap b$ ist. Nach unserer Annahme ist aber $b \subseteq a$, so dass $x \in a$. Demnach gilt wie gewünscht $x \in a \cap b$.

Sie sind dran

1. Öffnen Sie mit Fitch die Datei Intersection 1. Hier haben wir einen vollständigen formalen Beweis von Satz 6.1 geführt, ausgehend von der Definition der Schnittmenge und dem Extensionalitätsaxiom. (Anstelle von „$x \cap y$" haben wir „int(x, y)" für *intersection*, d.h. *Teilmenge*, notiert.) Wir haben weder die Regeln noch die zur Rechtfertigung nötigen Schritte angegeben. Darin besteht Ihre Aufgabe. Dies ist der erste formale Beweis, bei dem wir Funktionssymbole verwenden. Durch das Auftreten komplexer Terme wird es etwas schwieriger, Instanzen der Quantorenregeln ausfindig zu machen. ◄

2. Geben Sie die zur Rechtfertigung erforderlichen Schritte und Regeln für jeden Schritt außer dem vorletzten (d.h. Schritt 22) an. Der eigentliche Dreh- und Angelpunkt des Beweises sind die Schritte, in denen die Kommutierung von $c \in a \wedge c \in b$ zu $c \in b \wedge c \in a$ und umgekehrt vorgenommen wird. ◄

3. Auch wenn es nicht so aussehen mag, ist die Formel in Schritt 22 eine Instanz des Extensionalitätsaxioms. Führen Sie das Axiom, welches zu den Prämissen gehört, zur Begründung an, und überzeugen Sie sich davon, dass der Satz mittels ∀ **Elim** folgt. ◄

4. Nachdem Sie den Beweis durch Angabe der Regeln und der rechtfertigenden Schritte vervollständigt haben, speichern Sie ihn unter Proof Intersection 1. ◄

. . . . *Geschafft!*

Das Folgende verdeutlicht, dass ∩ die mengentheoretische Entsprechung von ∧ und ∪ die mengentheoretische Entsprechung von ∨ ist.

Zur Erinnerung

b und c seien Mengen.

1. $x \in b \cap c$ genau dann, wenn $x \in b \wedge x \in c$

2. $x \in b \cup c$ genau dann, wenn $x \in b \vee x \in c$

Übungen

15.14 Falls Sie den **Sie sind dran**-Abschnitt übersprungen haben, bearbeiten Sie ihn bitte jetzt. Schicken Sie die Datei Proof Intersection 1 ein.

15.15 Es sei $a = \{2,3,4,5\}$, $b = \{2,4,6,8\}$ und $c = \{3,5,7,9\}$. Berechnen Sie die folgenden Mengen, und notieren Sie Ihr Ergebnis in aufzählender Darstellungsweise.

1. $a \cap b$
2. $b \cap a$
3. $a \cup b$
4. $b \cap c$
5. $b \cup c$
6. $(a \cap b) \cup c$
7. $a \cap (b \cup c)$

15.16 Führen Sie einen informellen Beweis von Satz 6.2.

15.17 Verwenden Sie Fitch, um einen formalen Beweis von Satz 6.2 zu führen. Sie finden die Problemstellung in der Datei Exercise 15.17. Sie dürfen **Taut Con** verwenden, da ein rein formaler Beweis äußerst langwierig wäre.

15.18 Beweisen Sie informell den Satz 6.4.

15.19 Führen Sie mit Fitch einen formalen Beweis von Satz 6.4. Sie finden die Problemstellung in der Datei Exercise 15.19. Sie dürfen **Taut Con** in Ihrem Beweis verwenden.

15.20 Beweisen Sie informell Satz 6.5.

15.21 Beweisen Sie informell Satz 6.6.

15.22 Beweisen Sie informell, dass es zu jeder Menge a genau eine Menge c gibt, so dass für alle x gilt, dass $x \in c$ gdw. $x \notin a$. Die Menge c wird auch als *absolutes Komplement* von a bezeichnet und wird notiert als $\bar{a}$. (Dieses Resultat folgt nicht aus den Axiomen, zu denen wir letzten Endes greifen werden. Aus diesen folgt sogar, dass *keine* Menge ein absolutes Komplement besitzt.) Welche Instanz des Komprehensionsaxioms benötigten Sie, falls Sie den Beweis formalisieren sollten? Geben Sie sie explizit an.

ABSCHNITT 15.4

Mengen von Mengen

Das Komprehensionsaxiom lässt sich sehr vielfältig einsetzen. Insbesondere gestattet es uns, Mengen von Mengen zu bilden. Nehmen wir beispielsweise an, wir bilden die Mengen $\{0\}$ und $\{0,1\}$. Diese Mengen können wiederum zu einer neuen Menge $a = \{\{0\}, \{0,1\}\}$ zusammengefasst werden. Darüber hinaus können wir die folgende allgemeinere Behauptung beweisen:

Satz 7. (Paarmengen) *Für beliebige Objekte x und y gibt es eine (einzige) Menge* $a = \{x,y\}$. *In formaler Notation:*

$$\forall x \forall y \exists! a \forall w (w \in a \leftrightarrow (w = x \vee w = y))$$

Beweis: x und y seien beliebige Objekte. Des Weiteren sei

$$a = \{w \mid w = x \vee w = y\}$$

Das Komprehensionsaxiom garantiert die Existenz von a, und dass es nur eine solche Menge gibt, folgt aus dem Extensionalitätsaxiom. Offenkundig besitzt a die Elemente x und y, aber keine weiteren Elemente.

Aus diesem Resultat folgt im Übrigen auch unsere obige Feststellung hinsichtlich der Existenz von Einermengen, die wir nicht bewiesen hatten. Es gilt also:

Satz 8. (Einermengen) *Zu jedem Objekt x gibt es die Einermenge* $\{x\}$.

Einermengen

Beweis: Um diese Behauptung zu beweisen, wendet man den letzten Satz an für den Fall, dass $x = y$.

Damit die Mengentheorie in nützlicher Weise bei der Modellierung verschiedener Typen von Strukturen eingesetzt werden kann, ist es wichtig, eine Möglichkeit zu finden, Ordnungen zu repräsentieren. Zum Beispiel haben Sie am Gymnasium gelernt, wie man Geraden und Kurven durch Mengen von „geordneten Paaren" von reellen Zahlen repräsentiert. Ein Kreis mit dem Radius eins mit dem Nullpunkt als Mittelpunkt wird repräsentiert durch die folgende Menge von geordneten Paaren:

Ordnungen
modellieren

$$\{\langle x,y\rangle \mid x^2 + y^2 = 1\}$$

Die Mengen selbst sind dabei aber ungeordnet. So ist beispielsweise aufgrund des Extensionalitätsaxioms $\{1,0\} = \{0,1\}$. Wie sollen wir also geordnete Paare und andere geordnete Mengen repräsentieren?

Wir benötigen eine Möglichkeit, geordnete Paare so zu modellieren, dass wir Folgendes beweisen können:

$$\langle x,y\rangle = \langle u,v\rangle \leftrightarrow (x = u \wedge y = v)$$

Wenn wir beweisen können, dass Obiges im Falle unserer Repräsentation geordneter Paare gilt, dann wissen wir, dass die Repräsentation es uns gestattet festzustellen, welches das erste Element des geordneten Paares ist und welches das zweite.

Wie sich herausstellt, gibt es viele Möglichkeiten, dieses Ziel zu erreichen. Der einfachste und gebräuchlichste Weg, geordnete Paare $\langle x,y\rangle$ zu modellieren, greift auf die Menge $\{\{x\},\{x,y\}\}$ zurück.

Definition Im Falle beliebiger Objekte x und y fassen wir das geordnete Paar $\langle x,y\rangle$ auf als die Menge $\{\{x\},\{x,y\}\}$. In formaler Notation:

geordnete Paare

$$\forall x \forall y \; \langle x,y \rangle = \{\{x\}, \{x,y\}\}$$

Wir werden Sie später bitten zu beweisen, dass die oben erörterte fundamentale Eigenschaft geordneter Paare erfüllt ist, wenn wir geordnete Paare auf diese Weise repräsentieren. An dieser Stelle weisen wir unter Berufung auf die beiden letzten Sätze lediglich darauf hin, dass es jeweils nur eine Menge $\{\{x\}, \{x,y\}\}$ gibt.

geordnete
n-Tupel

Nachdem wir herausgefunden haben, wie wir geordnete Paare repräsentieren können, steht uns auch nichts mehr im Wege, geordnete Tripel, Quadrupel usw. zu repräsentieren. Beispielsweise werden wir das geordnete Tripel $\langle x,y,z \rangle$ repräsentieren durch $\langle x, \langle y,z \rangle \rangle$. Im Allgemeinen werden wir geordnete n-Tupel repräsentieren durch $\langle x_1, \langle x_2, \ldots x_n \rangle \rangle$.

Im Übrigen ist die Notation geordneter Paare $\langle x,y \rangle$ ebenso wenig wie die Mengenklammernotation Teil der offiziellen Sprache der Mengentheorie. Man kann sie ohne weiteres aus Formeln eliminieren, wodurch die Formeln jedoch ziemlich lang werden.

Übungen

15.23 Den beiden letzten Sätzen gemäß sei $a = \{2,3\}$ und $b = \{a\}$. Wie viele Elemente besitzt a? Über wie viele Elemente verfügt b? Gilt $a = b$? D.h., ist es der Fall, dass $\{2,3\} = \{\{2,3\}\}$?

15.24 Wie viele Mengen sind Elemente der unten beschriebenen Menge?

$$\{\{\}, \{\{\}, 3, \{\}\}, \{\}\}$$

[Hinweis: Formulieren Sie dies zunächst um, indem Sie „$\emptyset$" als Bezeichnung für die leere Menge verwenden. Beseitigen Sie dann alle redundanten Bezeichnungen.]

15.25 Wenden Sie das Theorem der ungeordneten Paare an auf $x = y = \emptyset$. Welche Menge ergibt sich? Nennen wir diese Menge c. Wenden Sie das Theorem nun an auf $x = \emptyset, y = c$. Ergibt sich die gleiche oder eine andere Menge?

15.26 Diese und die folgende Aufgabe sollen Sie mit den grundlegenden Eigenschaften geordneter Paare vertraut machen.

1. Wie viele Elemente enthält die Menge $\{\{x\}, \{x,y\}\}$, wenn $x \neq y$? Wie viele Elemente enthält sie, falls $x = y$?

2. Denken Sie daran, dass wir definitorisch festgelegt hatten, dass $\langle x,y \rangle = \{\{x\}, \{x,y\}\}$. Woher wissen wir, dass es für beliebige x und y eine einzige Menge $\langle x,y \rangle$ gibt?

3. Beweisen Sie informell, dass aufgrund unserer Definition die einfachere Hälfte der fundamentalen Eigenschaft geordneter Paare gilt:

$$(x = u \wedge y = v) \rightarrow \langle x, y \rangle = \langle u, v \rangle$$

4. ($\star\star$) Beweisen Sie schließlich, dass auch die schwierigere Hälfte der fundamentalen Eigenschaft gilt:

$$\langle x, y \rangle = \langle u, v \rangle \rightarrow (x = u \wedge y = v)$$

[Hinweis: Unterscheiden Sie die folgenden beiden Fälle: $x = y$ gilt oder es gilt nicht.]

15.27 Beweisen Sie unter Bezug auf Aufgabe 15.26, dass für zwei beliebige Mengen a und b
✎* gilt, dass es eine Menge aller geordneten Paare $\langle x, y \rangle$ gibt, so dass $x \in a$ und $y \in b$. Diese Menge wird auch als das *kartesische Produkt* von a und b bezeichnet oder kurz: $a \times b$.

15.28 Angenommen, a besitzt drei Elemente und b fünf. Was können wir über die Größe von
✎* $a \cup b$, $a \cap b$ und $a \times b$ sagen? ($a \times b$ wurde definiert in Aufgabe 15.27.) [Hinweis: In einigen dieser Fälle können Sie nur obere und untere Schranken der Größe der entsprechenden Menge angeben. Mit anderen Worten: Sie werden angeben müssen, dass die Menge mindestens soundso viele Elemente enthält und höchstens soundso viele.]

ABSCHNITT 15.5

DIE MENGENTHEORETISCHE MODELLIERUNG VON RELATIONEN

Intuitiv gesehen drückt ein zweistelliges Prädikat wie GrößerAls eine zweistellige Relation aus, die zwischen Objekten in einem Bereich D besteht. Im Rahmen der Mengentheorie modellieren wir diese Relation mittels einer Menge geordneter Paare, genauer gesagt der Menge

$$\{\langle x, y \rangle \mid x \in D, y \in D, \text{ und } x \text{ ist größer als } y\}$$

Diese Menge nennt man gelegentlich auch die *Extension* des Prädikats oder der Relation. Ist im Allgemeinen eine Menge D gegeben, bezeichnen wir jede Menge von Paaren $\langle x, y \rangle$, wobei x und y Elemente von D sind, als zweistellige *Relation über D*. Entsprechend modellieren wir dreistellige Relationen als Mengen von geordneten Tripeln und verfahren analog im Falle höherer Stelligkeiten.

Extension

Relationen in der Mengentheorie

Es ist wichtig, sich klar zu machen, dass die Extension eines Prädikats von den Umständen abhängen kann, die im Gegenstandsbereich gelten. Wenn wir beispielsweise in Tarski's World eine Welt um 90 Grad im Uhrzeigersinn drehen, bleibt der Gegenstandsbereich unverändert, aber die Extension von *links von* wird nun zur neuen Extension von *hinter*. Wenn sich entsprechend eine Person setzt, die Element eines Gegenstandsbereichs ist, verändert sich die Extension von *sitzt*. Es ändern sich also weder die zweistelligen Prädikate noch dasjenige, was sie ausdrücken; vielmehr ändern sich die Dinge, die in den fraglichen Relationen stehen, und somit ändern sich auch die Extensionen der Prädikate.

Eigenschaften von Relationen

Es erweist sich als nützlich, für einige wenige besondere Arten von zweistelligen Relationen Bezeichnungen zu haben. Einige davon haben wir informell bereits in Kapitel 2 (Band I) besprochen. Eine Relation R heißt *transitiv*, wenn sie die folgende Bedingung erfüllt:

$$\text{Transitivität:} \quad \forall x \forall y \forall z[(R(x,y) \land R(y,z)) \rightarrow R(x,z)]$$

Beispielsweise ist die Relation *größer als* transitiv, die Relation *benachbart mit* aber nicht. Da wir Relationen durch Mengen von geordneten Paaren modellieren, entspricht der obigen Bedingung die folgende Anforderung an eine Menge R geordneter Paare: Wenn $\langle x,y \rangle \in R$ und $\langle y,z \rangle \in R$, dann $\langle x,z \rangle \in R$.

Einige weitere besondere Eigenschaften zweistelliger Relationen sind die folgenden:

Reflexivität:	$\forall x\, R(x,x)$
Irreflexivität:	$\forall x\, \neg R(x,x)$
Symmetrie:	$\forall x \forall y (R(x,y) \rightarrow R(y,x))$
Asymmetrie:	$\forall x \forall y (R(x,y) \rightarrow \neg R(y,x))$
Antisymmetrie:	$\forall x \forall y [(R(x,y) \land R(y,x)) \rightarrow x = y]$

Jede dieser Bedingungen kann als eine Anforderung an die Extension der Relation formuliert werden. So besagt etwa die erste Bedingung, dass für jedes $x \in D$ $\langle x,x \rangle \in R$ gilt.

Sehen Sie sich die folgenden Behauptungen an, um zu überprüfen, ob Sie die Eigenschaften verstanden haben. Können Sie Folgendem zustimmen? Die *größer als*-Relation ist irreflexiv und asymmetrisch. Die *benachbart mit*-Relation ist irreflexiv, aber symmetrisch. Die Relation *gleich geformt sein wie* ist reflexiv, symmetrisch und transitiv. Die Relation $\leq$ über natürlichen Zahlen ist reflexiv, antisymmetrisch und transitiv.

Ableitungsschemata

Diese Eigenschaften der Relationen sind eng verwandt mit der Logik atomarer Sätze, die wir in Kapitel 2 (Band I) besprochen haben. So ist beispielsweise die Behauptung, das folgende Argument sei gültig, äquivalent zur Behauptung, dass das involvierte Prädikat (z.B. GrößerAls) unter allen logisch möglichen Umständen eine transitive Extension besitzt. In diesem Falle ist das folgende *Ableitungsschema* gültig:

$$\begin{array}{|l} R(a,b) \\ \underline{R(b,c)} \\ R(a,c) \end{array}$$

Entsprechend behauptet man mit der Aussage, dass im Falle eines zweistelligen Prädikats R der Satz

$$\forall x \, R(x,x)$$

logisch wahr ist, dass die Extension von R unter allen logisch möglichen Umständen reflexiv ist. Ein Beispiel dafür ist die Identität.

Im Zusammenhang mit der Logik atomarer Sätze wollen wir auf zwei besonders wichtige Punkte etwas ausführlicher eingehen, nämlich auf die inversen Relationen und die Äquivalenzrelationen.

Inverse Relationen

Als wir die Logik atomarer Sätze in Abschnitt 2.2 (Band I) behandelten, hatten wir festgestellt, dass sich einige der logischen Beziehungen zwischen atomaren Sätzen daher ergeben, dass eine Relation die „Inverse" einer anderen ist (Band I, S. 53). Als Beispiele hatten wir *rechts von* und *links von*, *größer als* und *kleiner als* sowie *weniger als* und *mehr als* angeführt. Wir können uns nun klar machen, wie es sich auf die Extensionen zweier Prädikate auswirkt, dass sie inverse Relationen ausdrücken.

Ist R eine zweistellige mengentheoretische Relation über einer Menge D, bezeichnet man als *Inverse* (gelegentlich auch als *Konverse*) von R die Relation R^{-1}, welche wie folgt definiert ist:

Inverse oder Konverse

$$R^{-1} = \{\langle x,y \rangle \mid \langle y,x \rangle \in R\}$$

So ist etwa die Extension von *kleiner als* hinsichtlich eines Gegenstandsbereichs stets die Inverse der Extension von *größer als*. Im Rahmen einer Übung werden wir Sie bitten, einige einfache Merkmale inverser Relationen nachzuweisen, unter anderem etwa, dass R die Inverse von S ist, wenn S die Inverse von R ist.

Äquivalenzrelationen und Äquivalenzklassen

Viele Relationen sind reflexiv, symmetrisch und transitiv. Ein Beispiel haben wir schon kennen gelernt: *gleich geformt sein wie*. Solche Relationen nennt man auch *Äquivalenzrelationen*, da sie jeweils eine Art von Äquivalenz ausdrücken, die zwischen bestimmten Objekten besteht. Zu den Äquivalenzrelationen, die im Rahmen der Klötzchensprache ausgedrückt werden können, zählen etwa auch *gleich groß sein wie*, *sich in derselben Zeile befinden wie* und *in derselben Spalte sein wie*. Ebenfalls zu den Äquivalenzrelationen zählen unter anderen *am selben Tag Geburtstag haben wie*, *dieselben Eltern haben wie* und *dieselbe Schuhgröße haben*

Äquivalenzrelationen

wie. Auch die Identitätsrelation ist eine Äquivalenzrelation, auch wenn sie nicht wie die anderen Relationen verschiedene Objekte als äquivalent klassifiziert.

Wie diese Beispiele veranschaulichen, bilden Äquivalenzrelationen Gruppierungen von Objekten, die in der einen oder anderen Hinsicht identisch sind. Dies legt es nahe, die entsprechenden Gruppen von Objekten zu thematisieren, die sich in der fraglichen Hinsicht untereinander gleichen. Wenn wir beispielsweise über die Relation *gleich groß* sprechen, etwa hinsichtlich der Hemden in einem Geschäft, können wir über die Gesamtheit aller Hemden einer bestimmten Größe sprechen, etwa klein, mittelgroß und groß, und diese sogar in drei entsprechende Regale einordnen.

Diesen Gruppierungsprozess können wir im Rahmen der Mengentheorie sehr gut mit Hilfe einer wichtigen Konstruktion modellieren, nämlich den so genannten Äquivalenzklassen. Letztere werden in der Mathematik häufig verwendet, und wir werden sie in unserem Beweis des Vollständigkeitstheorems für das formale deduktive System $\mathscr{F}$ benötigen.

Ist R eine Äquivalenzrelation über einer Menge D, können wir Gruppierungen derjenigen Objekte bilden, welche im Sinne der Relation R äquivalent sind. Im Einzelnen sei für jedes $x \in D$ die Menge $[x]_R$ identisch mit

$[x]_R$

$$\{y \in D \mid \langle x, y \rangle \in R\}$$

Äquivalenz-klassen

Anders ausgedrückt ist $[x]_R$ die Menge derjenigen Objekte, welche äquivalent zu x im Sinne der Relation R sind. Die Menge wird bezeichnet als *Äquivalenzklasse* von x. (Ist x ein kleines Hemd, können Sie sich unter $[x]_{GleichGroß}$ das Regal mit den kleinen Hemden vorstellen.) Dass diese Gruppierungsoperation sich erwartungsgemäß und in der gewünschten Weise verhält, stellt der folgende Satz sicher. (Üblicherweise lassen wir den Index R im Falle von $[x]_R$ weg, wenn wie im folgenden Satz aufgrund des Kontextes klar ist, was gemeint ist.)

Satz 9. Es sei R eine Äquivalenzrelation über der Menge D.

1. Für jedes x gilt: $x \in [x]$.

2. Für alle x, y gilt $[x] = [y]$ genau dann, wenn $\langle x, y \rangle \in R$.

3. Für alle x, y gilt $[x] = [y]$ genau dann, wenn $[x] \cap [y] \neq \emptyset$.

Beweis: (1) gilt, da R reflexiv über D ist. (2) ist eine substanziellere Behauptung. Angenommen, dass $[x] = [y]$. Aufgrund von (1) ist $y \in [y]$, weshalb auch $y \in [x]$. Aufgrund der Definition von $[x]$ gilt dann aber auch $\langle x, y \rangle \in R$. Zum Beweis der umgekehrten Richtung nehmen wir an, dass $\langle x, y \rangle \in R$. Wir müssen zeigen, dass $[x] = [y]$. Zu diesem Zweck genügt es nachzuweisen, dass $[x] \subseteq [y]$ und $[y] \subseteq [x]$. Wir beweisen das erste Konjunkt, der Beweis des zweiten erfolgt völlig analog. Sei also $z \in [x]$.

Wir müssen zeigen, dass $z \in [y]$. Wegen $z \in [x]$ ist auch $\langle x,z \rangle \in R$. Da $\langle x,y \rangle \in R$, folgt aufgrund der Symmetrie, dass $\langle y,x \rangle \in R$. Aufgrund der Transitivität folgt aus $\langle y,x \rangle \in R$ und $\langle x,z \rangle \in R$, dass $\langle y,z \rangle \in R$. Dann gilt aber $z \in [y]$, was zu beweisen war. Der Beweis von (3) verläuft entsprechend und wird Ihnen als Übung überlassen.

Übungen

15.29 Öffnen Sie die Fitch-Datei Exercise 15.29. Diese Datei enthält als Beweisziele Sätze, die ausdrücken, dass die *same shape*-Relation reflexiv, symmetrisch und transitiv (und somit eine Äquivalenzrelation) ist. Sie können leicht nachprüfen, dass jeder der Sätze mit einer einzigen Anwendung von **Ana Con** bewiesen werden kann. Wir bitten Sie jedoch, im Rahmen dieser Übung **Ana Con** nur auf atomare Sätze anzuwenden. Somit soll die Übungsaufgabe zeigen, wie die fraglichen Sätze aufgrund der Bedeutung des Prädikats nur mit Hilfe der Quantorenregeln und der Aussagenlogik hergeleitet werden können.

*Für die nächsten sechs Aufgaben seien die Relationen R und S wie folgt definiert: R(a,b) ist der Fall, wenn a oder b ein Tetraeder ist und zudem a sich in derselben Zeile wie b befindet. Demgegenüber gilt S(a,b) genau dann, wenn sowohl a als auch b Tetraeder sind und sich zudem in derselben Zeile befinden. In den Aufgaben sollen Sie entscheiden, ob R oder S einige der Eigenschaften besitzen, die wir erörtert haben. Falls dem so ist, öffnen Sie die entsprechende Übungsdatei von Fitch, und schicken Sie einen Beweis ein. Falls dem nicht so ist, senden Sie bitte eine Welt als Gegenbeispiel ein. Wenn wir Sie also beispielsweise fragen, ob R reflexiv ist, sollten Sie eine Welt konstruieren, in der es einen Gegenstand gibt, der nicht in der Relation R zu sich selbst steht, da R tatsächlich nicht reflexiv ist. In den Fällen, in denen Sie einen Beweis führen, dürfen Sie **Ana Con** auf Literale anwenden.*

15.30 Ist R reflexiv?

15.31 Ist R symmetrisch?

15.32 Ist R transitiv?

15.33 Ist S reflexiv?

15.34 Ist S symmetrisch?

15.35 Ist S transitiv?

15.36 Füllen Sie die folgende Tabelle aus, indem Sie *ja* oder *nein* in die leeren Felder eintragen, je nachdem, ob die Relation, die durch das Prädikat oben in der Spalte ausgedrückt wird, die links bezeichnete Eigenschaft besitzt.

	Smaller	SameCol	Adjoins	LeftOf
Transitiv				
Reflexiv				
Irreflexiv				
Symmetrisch				
Asymmetrisch				
Antisymmetrisch				

15.37 Öffnen Sie mit Tarski's World die Datei Venn's World. Notieren Sie, welche Extension die Relation *same column* in dieser Welt besitzt. (Sie enthält acht geordnete Paare.) Notieren Sie dann, welche Elemente die Extension der Relation *between* in dieser Welt hat. (Hierbei handelt es sich um eine Menge von geordneten Tripeln.) Welche Extension besitzt schließlich die Relation *adjoins* in dieser Welt? Geben Sie Ihre Antworten ab.

15.38 Beschreiben Sie gültige Ableitungsschemata (ähnlich dem auf Seite 62), welche den folgenden Eigenschaften zweistelliger Relationen entsprechen: Symmetrie, Antisymmetrie, Asymmetrie und Irreflexivität.

15.39 Welche Relationen sind invers zu den folgenden zweistelligen Relationen: *älter als*, *genauso groß wie*, *Geschwisterteil von*, *Vater von* und *Vorfahre von*?

15.40 Beweisen Sie informell die folgenden einfachen Sachverhalte über inverse Relationen.
1. R is symmetrisch gdw. $R = R^{-1}$.
2. Für jede Relation R gilt: $(R^{-1})^{-1} = R$.

15.41 Öffnen Sie mit Tarski's World die Datei Venn's World. Geben Sie die zu den folgenden Äquivalenzrelationen gehörigen Äquivalenzklassen an: *gleich geformt sein wie*, *gleich groß sein wie*, *sich in der gleichen Zeile befinden wie* und Identität. Sie können die Äquivalenzklassen mittels aufzählender Darstellung angeben. Beispielsweise ist $\{a, e\}$ eine der *gleich geformt sein wie*-Äquivalenzklassen.

15.42 Ist eine Äquivalenzrelation R auf einer Menge D gegeben, haben wir definitorisch festgelegt: Für jedes $x \in D$:

$$[x]_R = \{y \in D \mid \langle x, y \rangle \in R\}$$

Erklären Sie, wie Sie mit Hilfe von Satz 1 zeigen können, dass die Menge existiert, die auf der rechten Seite der Gleichung bezeichnet wird.

15.43 (Partitionen und Äquivalenzrelationen) Es sei D eine Menge und $\mathscr{P}$ eine Menge nichtleerer Teilmengen von D mit der Eigenschaft, dass jedes Element von D Element von genau einer Menge aus $\mathscr{P}$ ist. Eine solche Menge nennt man auch *Partition* von D. Wir definieren eine Relation E über D wie folgt: $\langle a, b \rangle \in E$ gdw. es ein $X \in \mathscr{P}$ gibt, so dass $a \in X$ und $b \in X$. Zeigen Sie, dass E eine Äquivalenzrelation ist und dass $\mathscr{P}$ die Menge ihrer Äquivalenzklassen ist.

15.44 Wenn a und b Teilmengen von D sind, dann ist das kartesische Produkt (welches in Übung 15.27 definiert wurde) $a \times b$ eine zweistellige Relation über D. Welche von den in diesem Abschnitt diskutierten Eigenschaften besitzt diese Relation? (Beispielsweise werden Sie feststellen, dass $a \times b$ irreflexiv ist gdw. $a \cap b = \emptyset$.) Im Rahmen Ihrer Antwort sollten Sie aufzeigen, dass $a \times b$ eine Äquivalenzrelation ist, falls $a = b = D$. Wie viele zugehörige Äquivalenzklassen gibt es?

15.45 Beweisen Sie Teil (3) von Satz 9.

FUNKTIONEN

Der Begriff der Funktion gehört zu den wichtigsten in der Mathematik. In Abschnitt 1.5 haben wir Funktionen schon bis zu einem gewissen Grade erörtert.

Intuitiv gesehen ist eine Funktion einfach eine Weise, einem Ding etwas zuzuordnen oder zuzuweisen: etwa Autos Nummernschilder zuzuordnen, Studierenden Noten zuzuweisen, eine Temperatur einem Paar bestehend aus einem Ort und einem Zeitpunkt zuzuordnen und so weiter. Wir haben bereits die *Vater*-Funktion besprochen, die jeder Person deren Vater zuweist, sowie die Funktion der *Addition*, welche jedem Paar von Zahlen eine Zahl zuweist, nämlich ihre Summe.

Wie auch Relationen werden Funktionen im Rahmen der Mengentheorie mit Hilfe von Mengen geordneter Paare modelliert. Dies ist möglich, da wir Funktionen als eine besondere Art zweistelliger Relation verstehen können: die Relation, die zwischen dem Eingabe- und dem Ausgabewert der Funktion besteht. Somit wird eine Relation R über einer Menge D eine *Funktion* genannt, wenn sie die folgende Bedingung erfüllt:

Funktionen als besondere Art der Relation

Funktionalität: $\forall x \exists^{\leq 1} y\, R(x, y)$

Mit anderen Worten: Eine Relation ist eine Funktion, wenn es für jeden „input" höchstens einen „output" gibt. Wenn eine Funktion zudem die folgende Eigenschaft besitzt, nennt man sie *totale* Funktion auf D:

totale Funktionen

Totalität: $\forall x \exists y\, R(x, y)$

Totale Funktionen geben auf jedes Objekt im Gegenstandsbereich eine „Antwort". Ist eine Funktion nicht total auf D, nennt man sie *partielle* Funktion auf D.[4]

partielle Funktionen

Ob eine Funktion total oder partiell ist, hängt sehr stark vom Gegenstandsbereich D ab. Falls D die Menge aller (lebendigen und toten) Personen ist, dann ist die Funktion *Vater von* intuitiv gesehen total, obwohl die Lage zum Anbeginn der Menschheit zugegebenermaßen etwas undurchsichtig ist. Wenn aber D die Menge aller lebendigen Personen ist, dann ist die Funktion klarerweise partiell. Sie ordnet lediglich den Personen einen Funktionswert zu, deren Vater noch lebt.

Im Falle von Funktionen sind einige Notationskonventionen Standard. Zunächst einmal ist es üblich, Buchstaben wie f, g, h und so weiter zu verwenden,

---

[4]Allerdings variiert der Sprachgebrauch hier etwas. Manche Autoren bezeichnen auch totale Funktionen als „partielle Funktionen" und verwenden letzteren Begriff somit synonym mit dem Funktionsbegriff.

f(x) um sich auf Funktionen zu beziehen. Des Weiteren ist es übliche Praxis, $f(x) = y$ anstelle von $\langle x, y \rangle \in f$ zu schreiben, falls f eine Funktion ist.

Definitionsbereich Der *Definitionsbereich* einer Funktion f ist die Menge
einer Funktion

$$\{x \mid \exists y(f(x) = y)\},$$

Wertebereich während der *Wertebereich* die Menge
einer Funktion

$$\{y \mid \exists x(f(x) = y)\}$$

definiert vs. ist. Üblicherweise sagt man, eine Funktion f sei *definiert auf x*, wenn sich x im De-
nicht definiert finitionsbereich von f befindet. Somit ist die Funktion *Vater von* definiert auf der Person Max, aber nicht auf der Zahl 5. In letzterem Falle sagt man, die Funktion sei *nicht definiert*. Falls die Funktion f total ist, so ist der Definitionsbereich von f der gesamte Gegenstandsbereich D, wenn aber f partiell ist, ist der Definitionsbereich nur eine Teilmenge von D.

Im Zusammenhang mit partiellen Funktionen ist der Begriff einer *Erweiterung* einer Funktion wichtig. Eine Funktion f' ist eine *Erweiterung* einer Funktion f, wenn der Definitionsbereich von f eine Teilmenge des Definitionsbereichs von f' ist und $f(a) = f'(a)$ gilt für jedes a im Definitionsbereich von f. Mit anderen Worten: f und f' stimmen hinsichtlich ihrer Zuordnungen überein, wenn beide definiert sind, zusätzlich kann die Erweiterung f' aber Zuordnungen vornehmen, die f nicht vorsieht.

Beachten Sie, dass die Identitätsrelation über D, $\{\langle x, x \rangle \mid x \in D\}$, eine totale Funktion auf D ist: Sie ordnet jedes Objekt sich selbst zu. Wenn wir diese Relation als Funktion betrachten, notieren wir gewöhnlich *id*. Es gilt also $id(x) = x$ für alle $x \in D$.

Im weiteren Verlauf des Buches werden wir Funktionen verwenden, um die Zeilen von Wahrheitstafeln zu modellieren, um Funktionen anzugeben, die Individuenkonstanten Bezugsobjekte zuweisen, und, was am wichtigsten ist, um den Begriff einer PL1-Struktur zu definieren, mit dem wir den Begriff der PL1-Folgerung mathematisch präzisieren können.

Übungen

15.46 Öffnen Sie mit Tarski's World die Datei Venn's World. Geben Sie die geordneten Paare an, welche zur Funktion *am weitesten vorne* (wv) gehören, die wir in Abschnitt 1.5 (Band I, S. 33) besprochen hatten. Ist die Funktion total oder partiell? Welchen Wertebereich besitzt sie?

15.47 Bei welcher der folgenden Mengen handelt es sich um eine Funktion auf der Menge $D = \{1,2,3,4\}$? Geben Sie für die Mengen, bei denen es sich um Funktionen handelt, deren Definitions- und Wertebereich an.

1. $\{\langle 1,3 \rangle, \langle 2,4 \rangle, \langle 3,3 \rangle\}$
2. $\{\langle 1,2 \rangle, \langle 2,3 \rangle, \langle 3,4 \rangle, \langle 4,1 \rangle\}$
3. $\{\langle 1,2 \rangle, \langle 1,3 \rangle, \langle 3,4 \rangle, \langle 4,1 \rangle\}$
4. $\{\langle 1,1 \rangle, \langle 2,2 \rangle, \langle 3,3 \rangle, \langle 4,4 \rangle\}$
5. $\emptyset$

15.48 Welchen Definitions- und Wertebereich besitzt die Quadratwurzelfunktion auf der Menge $N = \{0,1,2,\ldots\}$ der natürlichen Zahlen?

15.49 Öffnen Sie die Fitch-Datei Exercise 15.49. Im Rahmen der Prämisse wird R definiert als die Relation *am weitesten vorne*. Das Ziel der Übung ist zu beweisen, dass diese Relation funktional ist. Sie dürfen dabei Gebrauch von **Taut Con** machen und **Ana Con** auf Literale anwenden.

Eine Funktion f wird als injektiv *oder* eins zu eins *bezeichnet, wenn sie verschiedenen Objekten im Definitionsbereich stets verschiedene Werte zuordnet. In Zeichen: Wenn $f(x) = f(y)$, dann ist $x = y$ für alle x,y im Definitionsbereich von f.*

15.50 Welche der folgenden Funktionen sind eins zu eins: *Vater von*, *Matrikelnummer von*, *am weitesten vorne* und *Fingerabdruck von*? (Bevor Sie entscheiden, ob die Funktion injektiv ist, müssen Sie eventuell den Definitionsbereich der Funktion bestimmen. Im Falle von *am weitesten vorne* sei der Definitionsbereich Venn's World.)

15.51 Es sei $f(x) = 2x$ für jede natürliche Zahl x. Worin besteht der Definitionsbereich dieser Funktion? Worin besteht ihr Wertebereich? Ist die Funktion injektiv?

15.52 Es sei $f(x) = x^2$ für jede natürliche Zahl x. Worin besteht der Definitionsbereich dieser Funktion? Worin besteht ihr Wertebereich? Ist die Funktion injektiv? Inwiefern haben Sie Ihre Antwort abzuändern, wenn der Definitionsbereich alle (positiven und negativen) ganzen Zahlen umfasst?

15.53 Es sei E eine Äquivalenzrelation über der Menge D. Betrachten Sie die Relation R, welche zwischen jedem x in D und seiner Äquivalenzklasse $[x]_E$ besteht. Handelt es sich hier um eine Funktion? Falls dem so ist: Worin besteht ihr Definitionsbereich? Worin besteht der Wertebereich? Unter welchen Bedingungen handelt es sich um eine injektive Funktion?

ABSCHNITT 15.7

DIE POTENZMENGE EINER MENGE

Nachdem wir uns mit der Idee angefreundet haben, dass Mengen Elemente anderer Mengen sein können, ist es naheliegend, die Menge aller Teilmengen einer gege-

Potenzmenge
(℘)

benen Menge *b* zu bilden. Das folgende, leicht zu beweisende Theorem zeigt, dass es jeweils eine und nur eine solche Menge gibt. Diese Menge wird *Potenzmenge* von *b* genannt und durch ℘*b* oder ℘(*b*) bezeichnet.

Satz 10. (Potenzmenge) *Zu jeder Menge b gibt es eine einzige Menge, deren Elemente genau die Teilmengen von b sind. Formal:*

$$\forall b \exists c \forall x (x \in c \leftrightarrow x \subseteq b)$$

Beweis: Aufgrund des Komprehensionsaxioms können wir die Menge $c = \{x \mid x \subseteq b\}$ bilden. Hierbei handelt es sich um die gesuchte Menge. Aufgrund des Extensionalitätsaxioms kann es nur eine solche Menge geben.

Als Beispiel wollen wir die Potenzmenge der Menge $b = \{2, 3\}$ bestimmen. Wir haben somit eine Menge ausfindig zu machen, die als Elemente alle Teilmengen von *b* enthält. Es gibt vier solcher Teilmengen. Die offenkundigsten sind die beiden Einermengen $\{2\}$ und $\{3\}$. Die anderen beiden sind die leere Menge, welche Teilmenge jeder Menge ist, wie wir in Satz 15.11 gesehen haben, und die Menge *b* selbst, da jede Menge eine Teilmenge ihrer selbst ist. Somit gilt:

$$\wp b = \{\emptyset, \{2\}, \{3\}, \{2, 3\}\}$$

Im Folgenden stellen wir einige Tatsachen bezüglich der Potenzmengenoperation fest. Wir werden Sie im Rahmen der Übungsaufgaben bitten, diese zu beweisen.

Satz 11. *a und b seien beliebige Mengen.*

1. $b \in \wp b$

2. $\emptyset \in \wp b$

3. $a \subseteq b$ gdw. $\wp a \subseteq \wp b$

Eine Menge kann einige ihrer eigenen Teilmengen als Elemente besitzen. So hat beispielsweise jede Menge, zu deren Elementen die leere Menge zählt, eine ihrer Teilmengen als Element, da die leere Menge Teilmenge jeder Menge ist. Ein weiteres Beispiel: Die Menge

$$\{\text{Brandenburger Tor}\}$$

ist sowohl eine Teilmenge als auch ein Element der Menge

$$\{\text{Brandenburger Tor}, \{\text{Brandenburger Tor}\}\}$$

Allerdings kann keine Menge *alle* ihrer Teilmengen als Elemente besitzen.

Satz 12. *Für jede Menge b gilt: Es ist nicht der Fall, dass $\wp b \subseteq b$.*

Beweis: Sei b eine beliebige Menge. Wir wollen zeigen, dass $\wp b \not\subseteq b$. Zu diesem Zweck konstruieren wir eine bestimmte Teilmenge von b, die kein Element von b ist. Es sei

$$c = \{x \mid x \in b \wedge x \notin x\}$$

gemäß dem Komprehensionsaxiom. Die Menge c ist klarerweise eine Teilmenge von b, da sie definitionsgemäß diejenigen Elemente von b enthält, welche eine zusätzliche Bedingung erfüllen. Aus der Definition der Potenzmengenoperation folgt nun, dass c ein Element von $\wp b$ ist. Wir zeigen nun, dass $c \notin b$.

Zum Zwecke eines Beweises durch Widerspruch nehmen wir an, dass $c \in b$. Dann gilt entweder $c \in c$ oder $c \notin c$. Welches von beiden ist aber der Fall? Es ist nicht schwer zu erkennen, dass keines von beiden der Fall sein kann. Nehmen wir zunächst $c \in c$ an. Dann ist aufgrund unserer Definition von c die Menge c eines der Elemente von b, das nicht in c enthalten ist. Somit gilt: $c \notin c$. Als Nächstes betrachten wir die Möglichkeit, dass $c \notin c$. Aber dann ist c eines der Elemente von b, welche die für c charakteristische Bedingung erfüllen. Somit ist es der Fall, dass $c \in c$. Damit haben wir gezeigt, dass $c \in c \leftrightarrow c \notin c$, was ein Widerspruch ist. Daher muss unsere Annahme, dass $c \in b$, falsch sein, so dass $\wp b \not\subseteq b$.

Dieses Theorem gilt sowohl für endliche als auch für unendliche Mengen. Der Beweis zeigt uns, wie wir zu jeder Menge b eine Menge c finden können, welche eine Teilmenge von b, aber kein Element von b ist, nämlich die Menge $c = \{x \mid x \in b \text{ und } x \notin x\}$. Letztere wird gelegentlich auch nach Bertrand Russell als *Russellsche Menge* für b bezeichnet. Somit können wir das soeben bewiesene Ergebnis wie folgt reformulieren:

Russellsche Menge für b

Satz 13. *Zu jeder Menge b ist die Russellsche Menge für b, d.h. die Menge*

$$\{x \mid x \in b \wedge x \notin x\},$$

eine Teilmenge von b, aber kein Element von b.

Wie wir noch sehen werden, ist dieses Ergebnis ein äußerst wichtiges Resultat, aus dem unmittelbar Satz 12 folgt.

Wir wollen nun die Russellschen Mengen für einige wenige Mengen berechnen. Ist $b = \{0, 1\}$, dann ist die Russellsche Menge für b einfach die Menge b selbst. Ist $b = \{0, \{0, \{0, \dots\}\}\}$, dann ist die Russellsche Menge für b die Menge $\{0\}$, da $b \in b$. Ist schließlich $b = \{\text{Brandenburger Tor}\}$, dann ist die Russellsche Menge für b einfach die Menge b selbst.

> **Zur Erinnerung**
>
> Die Potenzmenge einer Menge b ist die Menge aller ihrer Teilmengen:
>
> $$\wp b = \{a \mid a \subseteq b\}$$

Übungen

15.54 Bestimmen Sie die Elemente von $\wp\{2,3,4\}$. Ihre Antwort sollte acht (verschiedene) Elemente umfassen.

15.55 Bestimmen Sie $\wp\{2,3,4,5\}$.

15.56 Bestimmen Sie $\wp\{2\}$.

15.57 Bestimmen Sie $\wp\emptyset$.

15.58 Bestimmen Sie $\wp\wp\{2,3\}$.

15.59 Beweisen Sie die im Rahmen von Satz 11 behaupteten Sachverhalte.

15.60 Im Folgenden finden Sie eine Reihe von Vermutungen, die sich Ihnen vielleicht aufdrängen. Einige sind wahr, andere sind aber falsch. Beweisen Sie die wahren, und zeigen Sie, dass die anderen falsch sind, indem Sie entsprechende Gegenbeispiele aufzeigen.
   1. Für jede Menge b gilt: $\emptyset \subseteq \wp b$.
   2. Für jede Menge b gilt: $b \subseteq \wp b$.
   3. Für alle Mengen a und b gilt: $\wp(a \cup b) = \wp a \cup \wp b$.
   4. Für alle Mengen a und b gilt: $\wp(a \cap b) = \wp a \cap \wp b$.

15.61 Geben Sie zu jeder der folgenden Mengen jeweils deren Russellsche Menge an!
   1. $\{\emptyset\}$
   2. Eine Menge a, für die gilt, dass $a = \{a\}$
   3. Eine Menge $\{1, a\}$ wobei $a = \{a\}$
   4. Die Menge aller Mengen

ABSCHNITT 15.8

RUSSELLS PARADOX

Wir können nun zeigen, dass mit der Theorie, die wir entwickelt haben, etwas Gravierendes nicht stimmt. So können wir nämlich die Negation von Satz 12 beweisen. Genauer gesagt können wir den folgenden Satz beweisen, der in direktem Widerspruch zu Satz 12 steht.

Satz 14. *Es gibt eine Menge c, so dass $\wp c \subseteq c$.*

> **Beweis:** Nach dem Komprehensionsaxiom gibt es eine allumfassende Menge, welche jede Menge enthält. Dabei handelt es sich um die Menge $c = \{x \mid x = x\}$. Dann ist aber jede Teilmenge von c auch Element von c, so dass $\wp c$ eine Teilmenge von c ist.

Die im obigen Beweis verwandte Menge c nennt man auch *Allmenge*; üblicherweise bezeichnet man sie durch „V.“ Die Menge wird so genannt, da sie alles als Element enthält, sogar sich selbst. Somit haben wir gezeigt, dass die Potenzmenge der Allmenge sowohl eine Teilmenge als auch keine Teilmenge der Allmenge ist.

Allmenge (V)

Diesen Widerspruch wollen wir etwas genauer betrachten. Wenden wir unseren Beweis von Satz 12 auf den speziellen Fall der Allmenge an, ergibt sich die Menge

$$Z = \{x \mid x \in V \land x \notin x\}$$

Dies ist die Russellsche Menge der Allmenge. Der Beweis von Satz 12 zeigt aber, dass Z ein Element von Z ist genau dann, wenn Z kein Element von Z ist. Die Menge Z wird auch als (absolute) Russellsche Menge bezeichnet, und den gerade hergeleiteten Widerspruch nennt man Russells Paradox.

Russells Paradox

Die Auswirkungen von Russells Paradox auf die Mengentheorie zur Zeit der Wende vom 19. ins 20. Jahrhundert können nicht genug betont werden. So einfach das Paradox auch ist, erschütterte es doch die Mengentheorie bis ins Fundament. In etwa vergleichbar wäre es, wenn man in der Arithmetik einen Beweis entdeckt hätte, demzufolge sowohl $23 + 27 = 50$ als auch $23 + 27 \neq 50$ der Fall ist, oder einen Beweis in der Geometrie, dass die Fläche eines Quadrats sowohl identisch als auch nicht identisch ist mit dem Quadrat der Seite. In genau dieser Position befinden wir uns nun aber. Dies zeigt, dass etwas mit den Ausgangsannahmen der gesamten Theorie nicht stimmen kann, also den beiden Axiomen, mit denen wir die Mengentheorie begründet hatten. Es gibt einfach keinen Bereich von Mengen, der diese Annahmen erfüllt. Diese Entdeckung wurde als paradox erachtet, da zunächst die meisten Mathematiker dachten, dass das intuitive Mengenuniversum die Axiome erfüllt.

Russells Paradox ist dabei nur die Spitze eines Eisbergs von problematischen Resultaten der naiven Mengentheorie. Diese Paradoxien resultierten in einem weitreichenden Versuch, den Mengenbegriff zu klären, um eine konsistente Konzeption zu finden, auf die man in der Mathematik zurückgreifen konnte. Bei diesen Bemühungen gab es keine Konzeption, welche sich letztlich als Sieger durchgesetzt hätte, jedoch scheinen sich alle Konzeptionen in einer Hinsicht einig zu sein. Das Problem der naiven Mengentheorie besteht darin, dass sie zu unkritisch „große“ Vielheiten wie etwa V akzeptiert, die wir im letzten Beweis verwendet haben. Dessen Ergebnis zeigt, dass es keine solche Menge gibt. Also müssen unsere Axiome falsch sein. Es darf uns nicht möglich sein, einfach irgendwelche Eigenschaften zur Mengenbildung zu verwenden.

Reaktionen auf das Paradox

Der Begründer der Mengentheorie war der deutsche Mathematiker Georg Cantor. Seine Arbeiten zur Mengentheorie im späten neunzehnten Jahrhundert gingen Russells Entdeckung der nach ihm benannten Paradoxie im frühen zwanzigsten Jahrhundert voraus. Es liegt daher nahe anzunehmen, dass Cantor seinen Arbeiten den naiven und somit inkonsistenten Mengenbegriff zugrunde legte. Es gibt jedoch deutliche Hinweise in Cantors Schriften, dass ihm klar war, dass die unbeschränkte Mengenbildung Inkonsistenzen nach sich zieht. Cantor unterschied konsistente und inkonsistente „Vielheiten" und beanspruchte lediglich, dass konsistente Vielheiten wie eigenständige Gegenstände bzw. Mengen behandelt werden können. Cantor arbeitete nicht in einem axiomatischen Rahmen und äußerte sich nicht ausführlich darüber, welche Eigenschaften oder Begriffe zu inkonsistenten Vielheiten führen. Diejenigen, die Cantor bei der Entwicklung der Mengentheorie folgten, waren sich jedoch über die Fallen der Mengenbildung vor Russells Entdeckung nicht immer so im Klaren.

Zur Erinnerung

Russell entdeckte eine Paradoxie, welche sich aus der naiven Mengentheorie ergibt, indem er ausgehend von der Menge

$$Z = \{x \mid x \notin x\}$$

zeigte, dass die Annahme $Z \in Z$ und ihre Negation sich gegenseitig implizieren.

ABSCHNITT 15.9

DIE ZERMELO-FRAENKELSCHE MENGENTHEORIE
ZFC

Die Paradoxien der naiven Mengentheorie zeigen uns, dass unser intuitiver Mengenbegriff schlicht und einfach inkonsistent ist. Wir müssen daher zu unserem Ausgangspunkt zurückkehren und die Annahmen hinterfragen, auf denen die Theorie aufbaut. Dabei dürfen wir aber nicht das Kind mit dem Bade ausschütten.

Diagnose des Problems

Welches unserer beiden Prinzipien brachte uns in Schwierigkeiten, das Extensionalitäts- oder das Komprehensionsaxiom? Wenn man das Russellsche Paradox näher untersucht, sieht man, dass es eine direkte Widerlegung des Komprehensionsaxioms darstellt. Es zeigt, dass es keine Menge gibt, welche durch die Eigenschaft bestimmt wird, nicht zu sich selbst zu gehören. Das Folgende ist demnach einerseits eine logische Wahrheit, andererseits aber auch die Negation einer Instanz des Komprehensionsaxioms:

$$\neg \exists c \forall x (x \in c \leftrightarrow x \notin x)$$

Das Extensionalitätsaxiom wird bei der Herleitung dieser Tatsache gar nicht benötigt. Somit besteht das Problem im Komprehensionsaxiom. In Kapitel 13 (Band I), Übung 13.52, hatten wir Sie sogar schon gebeten,

$$\neg \exists y \forall x [\mathsf{E}(x, y) \leftrightarrow \neg \mathsf{E}(x, x)]$$

formal zu beweisen. Dabei handelt es sich um den obigen Satz, wobei lediglich „$\mathsf{E}(x, y)$" anstelle von „$x \in y$" verwendet wurde. Der Beweis zeigt, dass es sich bei dem Satz um eine PL1-Wahrheit handelt; dass der Satz gültig ist, hängt dabei in keiner Weise von der Bedeutung von „$\in$" ab. Daraus folgt, dass keine kohärente Mengenkonzeption die Russellsche Menge tolerieren kann.

Warum gibt es aber keine solche Menge? Dabei reicht es nicht darauf zu verweisen, dass eine solche Menge zu einem Widerspruch führt. Wir würden auch gern wissen, weshalb dem so ist. Auf diese Frage wurden verschiedene Antworten vorgeschlagen.

Eine verbreitete Sicht, die auf den berühmten Mathematiker John von Neumann zurückgeht, beruht auf einer Größenmetapher. Dieser liegt die Intuition zu Grunde, dass manche Prädikate Extensionen haben, die „zu groß" sind, um zu einem Ganzen zusammengefasst und als ein einzelnes mathematisches Objekt behandelt werden zu können. Jeglicher Versuch, eine solche Extension als vollständiges Ganzes zu begreifen, ist demnach inadäquat, da die Extension stets mehr enthält, als in einer Menge sein kann.

Größenbe-schränkung (limitation of size)

Vom Standpunkt von Neumanns ist beispielsweise die Gesamtheit aller Mengen nicht selbst eine Menge, da sie „zu groß" ist. Aus dieser Perspektive betrachtet ist auch die Russellsche Vielheit derjenigen Mengen, die sich nicht selbst als Elemente enthalten, ebenfalls keine Menge. Auch sie ist zu groß, um eine Menge zu sein. Woher wollen wir das wissen? Nun, wenn wir annehmen, es handele sich um eine Menge, stoßen wir auf einen Widerspruch. Was also im Rahmen der naiven Mengentheorie ein Paradox war, wandelt sich nun zu einem indirekten Beweis, dass die Russellsche Vielheit keine Menge ist. In Cantors Terminologie sind inkonsistente Vielheiten gerade jene Vielheiten, die irgendwie zu groß sind, um ein Ganzes zu bilden.

Wie können wir aber diese Intuition in unsere Theorie integrieren? D.h., wie können wir das Komprehensionsaxiom so modifizieren, dass es die Instanzen zulässt, die wir haben wollen, aber zugleich die zu „großen" Vielheiten ausschließt?

Die Antwort ist etwas kompliziert. Zunächst modifizieren wir das Axiom so, dass wir nur noch Teilmengen von bereits gegebenen Mengen bilden können. Intuitiv gesehen können wir so aufgrund einer gegebenen Menge a und einer Wff $P(x)$ die folgende Teilmenge von a bilden:

$$\{x \mid x \in a \wedge P(x)\}$$

Dem liegt folgende Idee zugrunde: Falls a nicht „zu groß" ist, dann kann auch keine Teilmenge von a „zu groß" sein. Formal geben wir dies durch das folgende Axiom wieder:

$$\forall a \exists b \forall x[x \in b \leftrightarrow (x \in a \wedge P(x))]$$

Aussonderungs-axiom

In der obigen Form nennt man dieses Axiomenschema das Aussonderungsaxiom. Eigentlich ist auch hier — wie zuvor — der universelle Abschluss der Wff erforderlich, so dass alle anderen freien Variablen in $P(x)$ universell quantifiziert sind.

Dies hindert uns natürlich daran zu glauben, wir könnten die Menge aller Mengen bilden. Ausgehend vom Aussonderungsaxiom können wir deren Existenz nicht beweisen. (Wir werden sogar später zeigen, dass wir beweisen können, dass die besagte Menge nicht existiert.) Darüber hinaus kann auch leicht gezeigt werden, dass die resultierende Theorie konsistent ist. (Siehe Übung 15.68.) Dieses Axiom ist jedoch bei weitem zu restriktiv. Es blockiert so manchen legitimen Gebrauch, den wir vom Komprehensionsaxiom gemacht haben. Beispielsweise blockiert es den Beweis, dass es stets die Vereinigungsmenge zweier Mengen gibt. Entsprechend blockiert es den Beweis, dass es zu jeder Menge eine Potenzmenge gibt. Wenn Sie versuchen, eines von beiden zu beweisen, werden Sie sehen, dass das Aussonderungsaxiom nicht das hergibt, was Sie für den Beweis benötigen.

Die Entwicklung der modernen Mengentheorie können wir nicht sehr eingehend erörtern. Stattdessen wollen wir die grundlegenden Axiome angeben und einige Bemerkungen sowie Übungen anschließen. Wenn Sie sich näher mit dem Thema beschäftigen möchten, sollten Sie zu einem der Standardwerke zur modernen Mengentheorie greifen. Geeignete Beispiele sind etwa die Bücher von Enderton, Levy und Vaught.[5]

Zermelo-Fraenkelsche Mengentheorie ZFC

Die am weitesten verbreitete Variante der modernen Mengentheorie ist bekannt als Zermelo-Fraenkelsche Mengentheorie oder kurz als ZFC. Unter der Mengentheorie ZFC kann man sich in etwa diejenige Theorie vorstellen, welche man erhält, wenn man das Komprehensionsaxiom der naiven Mengentheorie abschwächt zum Aussonderungsaxiom, dann aber alle Instanzen des Komprehensionsaxioms wieder hinzunimmt, die im Rahmen der von Neumannschen Mengenkonzeption intuitiv wahr zu sein scheinen. Wir müssen also diejenigen offenkundigen Instanzen wieder hinzuziehen, die unbeabsichtigterweise mit entfernt wurden.

Im Rahmen von ZFC geht man davon aus, dass wir es mit „reinen" Mengen zu tun haben; es gibt demnach nur Mengen im Gegenstandsbereich. Etwaige andere Objekte müssen wir im Rahmen der Mengentheorie modellieren. So modellieren wir in ZFC beispielsweise die 0 durch die leere Menge, die 1 durch $\{\emptyset\}$ und so weiter. Im Folgenden geben wir die Axiome von ZFC an. Um die PL1-Versionen

Axiome von ZFC

der Axiome anzugeben, verwenden wir die folgenden Abkürzungen: $\exists x \in y\, P$ und $\forall x \in y\, P$ für $\exists x(x \in y \wedge P)$ und $\forall x(x \in y \rightarrow P)$.

---

[5]Anm. d. Übers.: Als deutschsprachiges Buch empfehlen wir H.-D. Ebbinghaus, *Einführung in die Mengenlehre*.

1. Extensionalitätsaxiom: Wie oben.

2. Aussonderungsaxiom: Wie oben.

3. Paarmengenaxiom: Zu je zwei Objekten gibt es eine Menge, die beide Objekte als Elemente enthält.

4. Vereinigungsmengenaxiom: Ist a eine Menge von Mengen, so ist auch die Vereinigung aller Elemente von a eine Menge. D.h.:

$$\forall a \exists b \forall x [x \in b \leftrightarrow \exists c \in a (x \in c)]$$

5. Potenzmengenaxiom: Zu jeder Menge gibt es eine Potenzmenge.

6. Unendlichkeitsaxiom: Es gibt eine Menge, die alle natürlichen Zahlen enthält.

7. Ersetzungsaxiom: Ist eine Menge a gegeben und eine Operation F, welche jedem x in a genau ein Objekt zuordnet, dann gibt es die Menge

$$\{F(x) \mid x \in a\}$$

D.h., wenn $\forall x \in a \exists! y P(x, y)$, dann existiert eine Menge $b = \{y \mid \exists x \in a P(x, y)\}$.

8. Auswahlaxiom: Ist f eine Funktion mit nicht-leerem Definitionsbereich a und für jedes $x \in a$ ist $f(x)$ eine nicht-leere Menge, dann existiert eine Funktion g, ebenfalls mit Definitionsbereich a, so dass für alle $x \in a$ gilt: $g(x) \in f(x)$. (Die Funktion g nennt man auch *Auswahlfunktion* für f, da sie zu jedem $x \in a$ ein Element von $f(x)$ auswählt.)

9. Fundierungsaxiom: Keine Menge besitzt eine nicht-leere Schnittmenge mit jedem ihrer eigenen Elemente. D.h.:

$$\forall b [b \neq \emptyset \rightarrow \exists y \in b (y \cap b = \emptyset)]$$

Von diesen Axiomen sind lediglich das Fundierungsaxiom und das Auswahlaxiom keine direkten und unmittelbaren logischen Folgerungen aus der naiven Theorie. (Technisch gesehen folgen natürlich beide aus der naiven Theorie, da diese inkonsistent ist. Und aus inkonsistenten Prämissen folgt schließlich alles.)

Das Auswahlaxiom (AC) hat eine lange und etwas verwickelte Geschichte. Es *Auswahlaxiom* gibt sehr, sehr viele äquivalente Weisen es auszudrücken; die zum Auswahlaxiom äquivalenten Aussagen reichen sogar aus, um ein ganzes Buch zu füllen. In den frühen Tagen der Mengentheorie haben es einige Autoren als selbstverständlich vorausgesetzt, andere sahen hingegen keinen Grund, es für wahr zu halten. Heutzutage unterstellen die meisten Mathematiker, dass es klarerweise wahr ist. Dabei geht man auf der einen Seite davon aus, dass es zwar keine Möglichkeit geben mag, eine Auswahlfunktion *g* ausgehend von *f* zu *definieren* und somit deren Existenz mit Hilfe des Aussonderungsaxioms zu beweisen; auf der anderen Seite hält man aber an der Existenz solcher Funktionen nichtsdestoweniger fest und drückt dies mit dem Auswahlaxiom aus. Sein Gebrauch ist in der modernen Mathematik sehr weit verbreitet.

Fundierungs-
bzw. Regula-
ritätsaxiom

Das Fundierungsaxiom wird auch Regularitätsaxiom genannt, da es „irreguläre" Mengen ausschließen soll wie $a = \{\{\{\dots\}\}\}$, welche Element von sich selbst ist. Zum Hintergrund der Bezeichnung „Fundierungsaxiom" kommen wir gleich.

Sie sollten sich die Axiome von ZFC eines nach dem anderen ansehen, um festzustellen, ob Sie sie für wahr halten, bzw. dass sie im Rahmen der von Neumannschen Mengenkonzeption gelten. Viele der Axiome können aufgrund dieser Konzeption leicht gerechtfertigt werden. Zwei Axiome, bei denen dies nicht so offenkundig ist, sind das Potenzmengenaxiom und das Fundierungsaxiom. Wir wollen auf beide der Reihe nach kurz eingehen.

Die Größen unendlicher Mengen

Einige Philosophen haben darauf hingewiesen, dass die Potenzmenge einer unendlichen Menge zu groß sein könnte, um als eine abgeschlossene Gesamtheit aufgefasst werden zu können. Um zu sehen weshalb, wollen wir uns zunächst über die

Größen von
Potenzmengen

Größe der Potenzmenge endlicher Mengen Gedanken machen. Wenn wir von einer Menge *b* der Größe *n* ausgehen, sahen wir bereits, dass ihre Potenzmenge $\wp b$ 2^n-viele Elemente besitzt. Besitzt beispielsweise *b* fünf Elemente, verfügt ihre Potenzmenge über $2^5 = 32$ Elemente. Wenn aber *b* 1000 Elemente besitzt, hat die Potenzmenge 2^{1000} Elemente, also eine unglaublich große Zahl — vermutlich größer als die Anzahl der Atome im gesamten Universum. Und auch von dieser Menge könnten wir die Potenzmenge bilden sowie wiederum deren Potenzmenge, welche wirklich gewaltig groß sind.

Größen
unendlicher
Mengen

Was geschieht aber, wenn *b* unendlich groß ist? Um diese Frage zu beantworten, ist zunächst einmal zu klären, was genau mit der Größe einer unendlichen Menge gemeint sein soll. Cantor beantwortete diese Frage, indem er eine strikte Analyse der Größe einer Menge vorlegte, die auf alle Mengen, endliche wie unendliche, anwendbar ist. Für jede Menge *b* bezeichnet man die Cantorsche Größe

$|b|$

bzw. *Mächtigkeit* von *b* durch $|b|$. Grob gesprochen gilt $|b| = |c|$ genau dann, wenn die Elemente von *b* und die von *c* sich gegenseitig eindeutig zugeordnet werden können. Präziser ausgedrückt ist es für die Größengleichheit erforderlich, dass es eine Eins-zu-eins-Abbildung mit Definitionsbereich *b* und Wertebereich *c* gibt. (Der Begriff einer Eins-zu-eins-Abbildung bzw. -Funktion wurde definiert in Übung 50.)

Im Falle endlicher Mengen verhält sich $|b|$ genauso, wie man es erwarten würde. Im Zusammenhang mit unendlichen Mengen ist die Lage aber etwas diffiziler. So ist es im Falle unendlicher Mengen möglich, dass eine Menge dieselbe

Mächtigkeit besitzt wie eine ihrer echten Teilmengen. Beispielsweise besitzt die Menge $\mathbb{N}$ der natürlichen Zahlen dieselbe Mächtigkeit wie die Menge G der geraden Zahlen; d.h. $|\mathbb{N}| = |G|$. Die Grundidee des Beweises kann man der folgenden Abbildung entnehmen:

$$
\begin{array}{ccccccc}
0 & 1 & 2 & \dots & n & \dots \\
\updownarrow & \updownarrow & \updownarrow & & \updownarrow & \\
0 & 2 & 4 & \dots & 2n & \dots
\end{array}
$$

Diese Abbildung zeigt, in welchem Sinne es genauso viele gerade Zahlen gibt wie natürliche Zahlen. (Hierin bestand auch der Witz von Übung 15.51.) Wie sich zeigt, besitzen viele Mengen die Mächtigkeit der Menge der natürlichen Zahlen, unter anderen etwa die Menge der rationalen Zahlen. Allerdings bewies Cantor, dass die Menge der reellen Zahlen echt größer ist.

Cantor zeigte ebenfalls, dass für jede Menge b gilt:

$$
|\wp b| > |b|
$$

Dieses Ergebnis ist nicht sehr überraschend, bedenkt man unsere Überlegungen zur Größe endlicher Mengen. (Aus Cantors Beweis dieses Sachverhalts wurde auch der Beweis von Satz 12 extrahiert.) Beide zusammen werfen die Frage auf, ob es nicht sein kann, dass eine unendliche Menge b „klein" genug, ihre Potenzmenge aber „zu groß" ist, um eine Menge zu bilden. Daher ist das Potenzmengenaxiom nicht so unproblematisch wie die anderen Axiome hinsichtlich von Neumanns Größenmetapher. Dennoch wird fast immer davon ausgegangen, dass $\wp b$ in kohärenter Weise als abgeschlossene Gesamtheit erachtet werden kann, wenn dies auch für b gilt. Das Potenzmengenaxiom ist somit ein vollwertiges Mitglied der modernen Mengentheorie.

Fragen zum Potenzmengenaxiom

Kumulative Mengen

Während man vor dem Hintergrund der Mengenkonzeption von Neumanns, derzufolge eine Menge eine nicht zu große Vielheit ist, das Potenzmengenaxiom hinterfragen kann, ist das Fundierungsaxiom auf dieser Grundlage klarerweise unberechtigt. Betrachten wir etwa die irreguläre Menge $a = \{\{\{\dots\}\}\}$, die, wie wir bereits erwähnten, vom Fundierungsaxiom ausgeschlossen wird. Diese Menge ist mit ihrer eigenen Einermenge identisch, $a = \{a\}$, womit sie lediglich ein Element besitzt. Daher gibt es keinen Grund, sie aufgrund ihrer Größe auszuschließen. Es mag Gründe geben, auf solche Mengen zu verzichten, aber Größe gehört jedenfalls nicht dazu. Daher folgt das Fundierungsaxiom nicht ohne weiteres aus der Konzeption von Mengen als nicht zu großen Vielheiten.

Fundierung und Größe

Um das Fundierungsaxiom zu rechtfertigen, muss von Neumanns Größenmetapher ergänzt werden um eine weitere Metapher, welche unter der Bezeichnung „Kumulation" bekannt ist und auf den Logiker Zermelo zurückgeht.

kumulative Mengenkonzeption

Zermelos Idee besteht darin, dass Mengen verstanden werden können als Produkte abstrakter Akte, in denen zuvor gegebene Objekte zusammengefasst werden. Wir beginnen mit einigen Objekten, die keine Mengen sind, fassen solche Objekte zu Mengen zusammen, und kommen dann zu Mengen, deren Elemente Objekte und bereits zusammengefasste Mengen sind und so weiter. Bevor man durch diesen abstrakten Zusammenfassungsakt eine Menge bilden kann, müssen nach Zermelo deren Elemente bereits gegeben sein.

Im Rahmen dieser Konzeption sind Mengen auf verschiedenen, diskreten „Stufen" angeordnet, wobei eine Menge auftritt auf der ersten Stufe, welche den Stufen folgt, auf denen ihre Elemente aufgetreten sind. Tritt beispielsweise x auf der Stufe 17 in Erscheinung und y auf der Stufe 37, dann tritt $a = \{x, y\}$ auf der Stufe 38 auf. Wird die Menge b im Rahmen einer Stufe gebildet, wird ihre Potenzmenge $\wp b$ innerhalb der nächsten Stufe gebildet. Nach Zermelos Konzeption kann keine Menge alle Mengen enthalten, da es zu jeder Menge b deren Potenzmenge gibt, die erst auf einer späteren Stufe als b gebildet wird.

Die moderne Mengenkonzeption verknüpft dabei diese beiden Ideen von Neumanns und Zermelos. Dieser Konzeption zufolge ist eine Menge eine kleine Gesamtheit, welche auf einer Stufe der kumulativen Hierarchie gebildet wird. Wenn wir noch einmal die irreguläre Menge $a = \{\{\{\ldots\}\}\}$ betrachten, sehen wir, dass sie im Rahmen der kumulativen Stufenhierarchie niemals gebildet werden kann, denn dazu müsste zunächst ihr Element gebildet werden; das einzige Element der Menge ist allerdings die Menge selbst.

Fundierung und Kumulation Im Folgenden wollen wir den allgemeineren Fall betrachten und erörtern, weshalb der modifizierten modernen Mengenkonzeption zufolge das Fundierungsaxiom gilt. D.h., wir wollen ausgehend von dieser Konzeption zeigen, dass keine Menge eine nicht-leere Schnittmenge mit jedem ihrer eigenen Elemente besitzt.

> **Beweis:** a sei eine beliebige Menge. Wir müssen zeigen, dass die Schnittmenge von einem der Elemente von a und a leer ist. Von den Elementen von a wählen wir ein Element $b \in a$ aus, das auf der frühesten Stufe der kumulativen Hierarchie auftritt. D.h., dass für jedes andere $c \in a$ gilt, dass b zumindest auf einer so frühen Stufe gebildet wurde wie c. Wir behaupten nun, dass $b \cap a = \emptyset$. Wenn wir dies beweisen können, sind wir fertig. Der Beweis erfolgt indirekt. So nehmen wir an, dass $b \cap a \neq \emptyset$; zudem sei $c \in b \cap a$. Da $c \in b$, muss c einerseits auf einer früheren Stufe des kumulativen Mengenbildungsprozesses auftreten als b. Andererseits gilt $c \in a$, und b hatten wir so gewählt, dass es kein $c \in a$ gibt, das auf einer früheren Stufe gebildet wird als b. Mit diesem Widerspruch ist der Beweis abgeschlossen.

Einer der Gründe, aus denen man zum Fundierungsaxiom greift, besteht darin, dass es eine leistungsfähige Methode zur Verfügung stellt, um Theoreme über Mengen „induktiv" zu beweisen. Wir besprechen verschiedene induktive Beweisformen im nächsten Kapitel. Zum Zusammenhang mit dem Fundierungsaxiom siehe Übung 16.10.

Zur Erinnerung

1. Die moderne Mengentheorie ersetzt das inkonsistente naive Mengenverständnis durch eine Mengenkonzeption, derzufolge eine Menge eine nicht zu große Gesamtheit ist.

2. Dabei sieht man in der Bildung dieser Gesamtheiten einen stufenweisen Prozess, in dem eine Menge erst dann auftritt, wenn alle ihre Elemente bereits vorhanden sind.

3. Das mengentheoretische Komprehensionsaxiom wird durch das Aussonderungsaxiom und einige der intuitiv korrekten Folgerungen aus dem Komprehensionsaxiom ersetzt.

4. Die moderne Mengentheorie enthält auch das Fundierungsaxiom, welches auf der Grundlage von (2) gerechtfertigt wird.

5. Alle in diesem Kapitel behaupteten Theoreme — mit Ausnahme der Sätze 1 und 14 — sind Theoreme von ZFC.

Übungen

15.62 Geben Sie die übrigen der oben aufgelisteten Axiome im Rahmen von PL1 wieder.

15.63 Beweisen Sie mit Hilfe des Aussonderungs- und des Extensionalitätsaxioms, dass die leere Menge existiert, wenn es überhaupt eine Menge gibt.

15.64 Versuchen Sie ausgehend vom Aussonderungsaxiom die Existenz der absoluten Russellschen Menge zu beweisen. An welcher Stelle scheitert der Beweis?

15.65 Beweisen Sie unsere Behauptung, dass die Sätze 2–13 alle ausgehend von den Axiomen von ZFC bewiesen werden können. (Einige der Beweise sind in dem Sinne trivial, dass die Sätze zu den Axiomen hinzugenommen wurden. Andere Beweise sind nicht so einfach.)

15.66 (Cantors Theorem) Zeigen Sie, dass für jede Menge b gilt, dass $|\wp b| \neq |b|$. [Hinweis: Nehmen Sie an, dass f eine Funktion ist, die $\wp b$ eins zu eins auf b abbildet, und modifizieren Sie dann den Beweis von Satz 12.]

15.67   (Es gibt keine Allmenge)

✎
1. Zeigen Sie, dass unser Beweis von Satz 12 auf der Grundlage der Axiome von ZFC geführt werden kann.

2. Verwenden Sie (1), um zu zeigen, dass es keine Allmenge gibt.

15.68   Beweisen Sie, dass das Aussonderungsaxiom und das Extensionalitätsaxiom zusammen-

✎
genommen konsistent sind. D.h., dass Sie einen Gegenstandsbereich finden müssen, in dem beide Axiome klarerweise wahr sind. [Hinweis: Betrachten Sie den Gegenstandsbereich, dessen einziges Element die leere Menge ist.]

15.69   Zeigen Sie, dass das Theorem über die Existenz von $a \cap b$ mit Hilfe des Aussonderungs-

✎⋆
axioms bewiesen werden kann, während das Theorem über die Existenz von $a \cup b$ auf diese Weise nicht bewiesen werden kann. [Dazu ist ein Bereich von Mengen anzuführen, in dem das Aussonderungsaxiom wahr, das fragliche Theorem aber falsch ist.]

15.70   (Das Vereinigungsmengenaxiom und $\cup$) Die Übung 15.69 zeigt, dass wir die Existenz von

✎
$a \cup b$ nicht ausgehend vom Aussonderungsaxiom beweisen können. Das Vereinigungsmengenaxiom von ZFC ist allerdings eine stärkere Behauptung. Es besagt nicht nur, dass $a \cup b$ existiert, sondern auch, dass die Vereinigungsmenge jeder Menge von Mengen existiert.

1. Zeigen Sie, wie die Existenz von $a \cup b$ ausgehend vom Vereinigungsmengenaxiom bewiesen werden kann. Welche weiteren Axiome von ZFC benötigen Sie beim Beweis?

2. Zeigen Sie mit dem Vereinigungsmengenaxiom, dass es nicht die Menge aller Einermengen gibt. [Hinweis: Führen Sie einen indirekten Beweis, und beziehen Sie sich auf die Tatsache, dass es keine Allmenge gibt.]

15.71   Beweisen Sie im Rahmen von ZFC, dass es zu je zwei Mengen a und b das kartesische

✎⋆
Produkt $a \times b$ gibt. Der Beweis, den Sie in einer früheren Übung geführt haben, wird hier wohl nicht funktionieren, aber das Ergebnis kann dennoch bewiesen werden.

15.72   Während $\wedge$ und $\vee$ mengentheoretische Gegenstücke in $\cap$ und $\cup$ besitzen, gibt es kein

✎
absolutes Gegenstück zu $\neg$.

1. Zeigen Sie mit Hilfe der Axiome von ZFC dass keine Menge ein absolutes Komplement besitzt.

2. Dieses negative Ergebnis ist allerdings kein schwerwiegendes Problem, wenn Sie in der Praxis die Mengentheorie verwenden. Üblicherweise arbeitet man relativ zu einem gegebenen Gegenstandsbereich und bildet Komplemente relativ dazu. Rechtfertigen Sie dies, indem Sie zeigen, dass im Rahmen von ZFC für beliebige Mengen a und b gilt, dass es eine Menge c gibt, so dass $c = \{x \mid x \in a \wedge x \notin b\}$. Letztere bezeichnet man als *relatives Komplement von b* hinsichtlich a.

15.73   Setzen Sie das Fundierungsaxiom voraus und zeigen Sie, dass keine Menge Element ihrer

✎⋆
selbst ist. Ziehen Sie daraus die Folgerung, dass — wenn man das Fundierungsaxiom unterstellt — für jede Menge b gilt, dass die Russellsche Menge für b einfach b selbst ist.

15.74   (Das Fundierungsaxiom und seine Folgen)

✐*

1. Zeigen Sie, dass das Fundierungsaxiom falsch ist, falls es eine Folge von Mengen mit der folgenden Eigenschaft gibt:

$$\ldots \in a_{n+1} \in a_n \in \ldots \in a_2 \in a_1$$

2. Zeigen Sie, dass wir in ZFC beweisen können, dass es keine Mengen $b_1, b_2, \ldots,$ $b_n, \ldots$, gibt, so dass $b_n = \{n, b_{n+1}\}$.

3. In der Informatik versteht man unter einem *Datenstrom* ein geordnetes Paar $\langle x, y \rangle$, dessen erstes Element ein „Atom" und dessen zweites Element wiederum ein Datenstrom ist. Zeigen Sie, dass es keine solchen Datenströme gibt, wenn wir uns im Rahmen von ZFC bewegen und geordnete Paare in der üblichen Weise definieren.

In den letzten Jahren wurden auch Alternativen zum Fundierungsaxiom untersucht. Wir erwähnen nur unseren eigenen Favoriten, das Axiom AFA, welches von Peter Aczel und anderen vorgeschlagen wurde. Die Bezeichnung „AFA" steht dabei für „Anti-Fundierungsaxiom." Mit AFA kann man beweisen, dass es eine Vielzahl von Mengen gibt, welche über Eigenschaften verfügen, die dem Fundierungsaxiom widersprechen. In unserem Buch *The Liar* haben wir AFA verwendet, um die so genannte Lügnerparadoxie zu modellieren und zu analysieren (siehe Übung 19.32, Seite 206).

KAPITEL 16

MATHEMATISCHE INDUKTION

Im ersten Band dieser Einführung haben wir die meisten wichtigen Beweismethoden behandelt, die beim strikten Argumentieren Verwendung finden. Eine äußerst wichtige Methode haben wir allerdings ausgelassen: den Beweis durch *mathematische Induktion*.

Im Großen und Ganzen passen die bisher besprochenen Beweismethoden recht gut zu den verschiedenen Junktoren und Quantoren in dem Sinne, dass oft schon aufgrund der syntaktischen Form von Prämissen oder Konklusion klar ist, welche Beweismethoden anzuwenden sind. Die offenkundigste Ausnahme ist der Beweis durch Widerspruch oder sein formales Gegenstück ¬ **Intro**. Diese Methode kann im Prinzip verwendet werden, um Aussagen jeder Form zu beweisen, unabhängig davon, welchen Hauptjunktor oder -quantor sie besitzen. Der Grund dafür ist, dass jeder Satz S logisch äquivalent zu einem Satz ist, der mit einem Negationszeichen beginnt, nämlich ¬¬S.

Form von induktiv bewiesenen Sätzen

Was die syntaktische Form betrifft, verwendet man die mathematische Induktion typischerweise, um Sätze von der folgenden Form zu beweisen:

$$\forall x\,[P(x) \rightarrow Q(x)]$$

Dabei handelt es sich um die Form derjenigen Sätze, die mit Hilfe des generellen konditionalen Beweises bewiesen werden. Der Beweis durch Induktion ist eine kraftvollere Variante dieser Methode: sozusagen ein genereller konditionaler Beweis auf Anabolika. Ein solcher Beweis funktioniert, wenn diese Sätze ein Prädikat $P(x)$ enthalten, das in einer speziellen Weise definiert ist. Genauer gesagt kann ein induktiver Beweis geführt werden, wenn das Prädikat $P(x)$ definiert wurde im

induktive Definition

Rahmen einer so genannten *induktiven Definition*. Aus diesem Grunde müssen wir induktive Beweise und induktive Definitionen zusammen erörtern. Wie sich herausstellen wird, ist ein induktiver Beweis sehr viel leistungsfähiger als ein üblicher genereller konditionaler Beweis, wann immer ein Prädikat $P(x)$ mit Hilfe einer induktiven Definition definiert wurde.

Induktion in der Wissenschaft

Bevor wir jedoch beide Begriffe erörtern, sollten wir darauf hinweisen, dass beide zu unterscheiden sind von einem dritten Prozess, der auch unter der Bezeichnung *Induktion* bekannt ist. In der Wissenschaft spricht man so von „Induktion", wenn man auf der Grundlage einer endlichen Zahl von Beobachtungen eine allgemeine Schlussfolgerung zieht. Beispielsweise beobachten wir jeden Tag, dass die Sonne aufgeht, dass fallen gelassene Dinge herunterfallen und dass die Leute bei Sonnenschein fröhlicher sind. Aufgrund dessen schließen wir, dass dem immer so ist: dass die Sonne jeden Morgen aufgeht, dass fallen gelassene Dinge stets herunterfallen, dass die Leute bei Sonnenschein immer fröhlicher sind.

Für solche Schlussfolgerungen gibt es natürlich keine strikte logische Rechtfertigung. Vielleicht haben wir korrekt ein generelles Naturgesetz hergeleitet, vielleicht haben wir aber auch nur einen unzusammenhängenden Haufen von Tatsachen beobachtet, denen kein Naturgesetz zugrunde liegt. Nach einer langen Dürre etwa werden die Leute vielleicht einmal eher froh darüber sein, dass es regnet. Induktion in diesem Sinne garantiert nicht, dass die Konklusion notwendigerweise aus den Prämissen folgt. Es handelt sich nicht um eine deduktiv gültige Schlussweise, da es logisch möglich ist, dass die Prämissen wahr sind, die Konklusion aber falsch ist.

Ganz anders verhält es sich mit der mathematischen Induktion, mit der eine allgemeine Schlussfolgerung, welche unendlich viele Instanzen besitzt, auf der Grundlage eines endlichen Beweises gerechtfertigt werden *kann*. Wie ist das möglich? Entscheidend sind die induktiven Definitionen, welche dieses Beweisverfahren gewährleisten. Induktion in unserem Sinne ist ein logisch gültiges Beweisverfahren, das genauso sicher ist wie alle bisher erörterten.

vs. mathematische Induktion

Üblicherweise beginnen (und enden) Darstellungen der mathematischen Induktion mit der Induktion über die natürlichen Zahlen, um Sätze von der folgenden Form zu beweisen:

$$\forall x\,[\mathsf{NatZahl}(x) \to Q(x)]$$

Wir werden jedoch mit anderen Beispielen beginnen, die zeigen, dass die mathematische Induktion ein viel breiteres Anwendungsspektrum besitzt als nur die natürlichen Zahlen. Der Grund dafür, dass sie auf die natürlichen Zahlen angewendet werden kann, ist einfach, dass natürliche Zahlen sich induktiv definieren lassen. Dies gilt aber auch für viele andere Dinge.

ABSCHNITT 16.1

INDUKTIVE DEFINITIONEN UND INDUKTIVE BEWEISE

Im Rahmen induktiver Definitionen werden Dinge in einer bestimmten methodologischen, schrittweisen Art angeordnet. Induktive Beweise machen sich dann die Struktur zu Nutze, welche aus solchen induktiven Definitionen resultiert. Wir besprechen zunächst eine einfache Analogie.

Dominosteine

Als Claire und Max jünger waren, stellten sie gerne lange Reihen von Dominosteinen im ganzen Haus auf. Sie stießen dann den ersten um, so dass auch die übrigen umkippten, wenn sie die Steine richtig aufgestellt hatten. Dabei hatten sie kaum eine Ahnung davon, dass sie damit bereits Induktion praktizierten. Das Aufstellen der Dominosteine entspricht dabei dem Angeben einer induktiven Definition. Das Umstoßen der Steine entspricht einem induktiven Beweis.

Damit alle Dominosteine umfallen, sind zwei Dinge erforderlich. Sie müssen zum einen dicht genug beieinander stehen, so dass ein Dominostein beim Umfallen den nächsten umstößt. Und zum anderen muss man natürlich den ersten Stein umstoßen. In einem induktiven Beweis entsprechen diesen beiden Schritten der so genannte Induktionsschritt (um von einem zum nächsten zu kommen) und der Induktionsanfang (um das Ganze in Gang zu bringen).

Dabei ist es nicht nötig, dass hinter jedem Dominostein nur ein weiterer steht. Es können auch etwa zwei sein, solange der Stein vor ihnen beide umstößt. Auf diese Weise kann man recht kunstvolle Arrangements erstellen, welche sich hier und da verzweigen und zur rechten Zeit schließlich alle durch ein einziges Anstoßen umgekippt werden können. Wie wir sehen werden, gilt dasselbe für die Induktion.

Induktive Definitionen

Auf induktive Definitionen wird in der Logik sehr häufig zurückgegriffen. Implizit haben wir von ihnen auch schon in dieser Einführung Gebrauch gemacht. So handelte es sich beispielsweise bei unserer Definition der Wffs von PL1 um eine induktive Definition. Dasselbe gilt für unsere Definition der Menge der Terme in der Arithmetik erster Stufe. In beiden Definitionen beginnt man damit, die einfachsten Elemente der zu definierenden Menge anzugeben, und führt dann Regeln an, welche festlegen, wie wir ausgehend von den „alten" Elementen der Menge „neue" erzeugen können. So funktionieren induktive Definitionen.

induktive Definitionen

Um dies etwas zu verdeutlichen, wollen wir noch ein weiteres Beispiel betrachten. Angenommen, wir wollten aus irgendeinem Grund eine mehrdeutige Variante der Aussagenlogik untersuchen, vielleicht als mathematisches Modell des Deutschen mit einigen Mehrdeutigkeiten. Wir wählen $A_1, \ldots, A_n$ als primitive Symbole und nennen sie Aussagebuchstaben. Als Nächstes bilden wir hieraus „Wffs" mit Hilfe unserer alten Bekannten $\neg, \wedge, \vee, \rightarrow$ und $\leftrightarrow$. Wir wollen aber Mehrdeutigkeiten zulassen und verwenden daher im Gegensatz zu PL1 keine Klammern. Wie gehen wir nun vor? Um diese Zeichenfolgen von Wffs zu unterscheiden, wollen wir sie *ambige Wffs* nennen. Unserer Intuition gemäß wollen wir Folgendes festlegen:

ambige Wffs

1. Jeder Aussagebuchstabe ist eine ambige Wff.

2. Ist p eine ambige Wff, so auch $\neg p$.

3. Sind p und q ambige Wffs, so sind auch $p \wedge q$, $p \vee q$, $p \rightarrow q$ und $p \leftrightarrow q$ ambige Wffs.

4. Nur solche Objekte, die durch wiederholte Verwendung der Regeln (1)–(3) erzeugt wurden, sind ambige Wffs.

Im Rahmen dieser Definition bestimmt Bedingung (1), welche Objekte zu den grundlegenden ambigen Wffs zählen. Die Bedingung wird auch die *Basisklausel* der Definition genannt. Die obigen Bedingungen (2) und (3) geben an, wie wir neue ambige Wffs aus den bereits gegebenen bilden können. Sie werden *Induktionsklauseln* genannt. Die letzte Bedingung besagt lediglich, dass alle ambigen Wffs durch die zuvor angegebenen Klauseln erzeugt werden können — falls jemand auf die Idee käme, das Brandenburger Tor, der Schauspieler Brad Pitt oder die Menge {2} seien ambige Wffs.

Basisklausel
Induktionsklauseln
Abschlussklausel

Zur Erinnerung

Eine induktive Definition besteht aus

o einer *Basisklausel*, welche die Basiselemente der zu definierenden Menge festlegt,

o einer oder mehreren *Induktionsklauseln*, die angeben, wie wir weitere Elemente erzeugen können, und

o einer *Abschlussklausel*, die besagt, dass jedes Element zu den Basiselementen gehört oder mit Hilfe der Induktionsklauseln gebildet wurde.

Induktive Beweise

Nachdem wir die Menge der ambigen Wffs induktiv definiert haben, können wir Behauptungen über diese Menge beweisen. Wenn wir die Bedingungen unserer induktiven Definition als Prämissen voraussetzen, können wir beispielsweise leicht zeigen, dass $A_1 \lor A_2 \land \neg A_3$ eine ambige Wff ist.

Beweis: Zunächst einmal sind A_1, A_2 und A_3 ambige Wffs aufgrund von Klausel (1). $\neg A_3$ ist daher eine ambige Wff wegen Bedingung (2). Dann ist aber auch $A_2 \land \neg A_3$ eine ambige Wff aufgrund von Bedingung (3). Wenden wir noch einmal Klausel (3) an, ergibt sich die gewünschte ambige Wff $A_1 \lor A_2 \land \neg A_3$. (Sehen Sie eine andere Möglichkeit, diese ambige Wff zu erzeugen, bei der $\land$ vor $\lor$ verwendet wird?)

Dieser Beweis zeigt uns zwar, wie die induktive Definition der ambigen Wffs funktionieren soll, allerdings handelt es sich *nicht* um einen induktiven Beweis. Daher wollen wir versuchen, eine Behauptung über ambige Wffs mit Hilfe der Methode des induktiven Beweises zu zeigen. Genauer gesagt wollen wir sogar einige Behauptungen nachweisen, die uns helfen, Zeichenfolgen zu identifizieren, die *keine* ambigen Wffs sind.

Betrachten wir die Folge $\neg \lor \rightarrow$. Offensichtlich handelt es sich hier nicht um eine ambige Wff. Aber woher wollen wir das wissen? Nun, Klausel (4) besagt, dass die Folge durch wiederholte Anwendungen der Klauseln (1)–(3) gebildet werden kann. Bei näherer Betrachtung dieser Klauseln scheint jedoch klar zu sein, dass alles, was mit ihnen gebildet werden kann, zumindest einen Aussagebuchstaben enthalten muss. Was für eine Art von Beweis soll dies aber sein? Welche Methode verwenden wir, wenn wir behaupten: „Bei näherer Betrachtung dieser Klauseln scheint jedoch klar zu sein, dass ...“? Wir müssen lediglich die folgende einfache Behauptung beweisen:

Satz 1. *Jede ambige Wff enthält mindestens einen Aussagebuchstaben.*

Bei dieser Aussage handelt es sich um ein generelles Konditional, wobei im Antezedens ein induktiv definiertes Prädikat auftritt:

$$\forall p \, [(p \text{ ist eine ambige Wff}) \rightarrow Q(p)]$$

induktive Beweise

Dabei drückt Q die Eigenschaft aus, mindestens einen Aussagebuchstaben zu enthalten. Die Methode des induktiven Beweises ermöglicht gerade, solche Aussagen zu beweisen. Zu diesem Zweck haben wir zwei Dinge zu zeigen. Erstens zeigen wir, dass alle ambigen Basis-Wffs, welche Bedingung (1) erfüllen, die Eigenschaft Q haben. Dieser Basisschritt wird auch als *Induktionsanfang* unseres induktiven Beweises bezeichnet. Zweitens zeigen wir: Wenn gegebenen „alten“ Elementen der ambigen Wffs die Eigenschaft Q zukommt, dann gilt dies auch für die „neuen“ Elemente, die ausgehend von den gegebenen mit Hilfe der induktiven Klauseln (2) und (3) gebildet werden können. Dies nennt man den *Induktionsschritt* des Beweises. Dieser entspricht dem Umkippen der Dominosteine, wenn auch in anderer Reihenfolge: Der Induktionsschritt zeigt, dass, wenn ein Dominostein umfällt, dann auch der nächste umkippt; der Induktionsanfang stößt dabei den ersten Dominostein um. Der gesuchte Beweis sieht nun folgendermaßen aus:

Induktionsanfang

Induktionsschritt

ein induktiver Beweis

Beweis: Wir beweisen die Behauptung durch Induktion über die ambigen Wffs.

Induktionsanfang: Im Falle des Induktionsanfangs müssen wir zeigen, dass alle Aussagebuchstaben Zeichenfolgen sind, in denen mindestens ein Aussagebuchstabe vorkommt. Dem ist aber natürlich so, da sie aus genau einem solchen Aussagebuchstaben bestehen.

Induktionsschritt: Angenommen, p und q sind ambige Wffs, die jeweils mindestens einen Aussagebuchstaben enthalten. Wir wollen zeigen, dass die neuen ambigen Wffs, die mit Hilfe der Klauseln (2) und (3) aus diesen gebildet werden können, auch mindestens einen Aussagebuchstaben enthalten werden. Dies ist aber offenkundig der Fall, da $\neg p$ alle Aussagebuchstaben enthält, die bereits in p vorkommen, weshalb $\neg p$ auch zumindest einen Aussagebuchstaben enthält; ebenso enthalten $p \wedge q$, $p \vee q$, $p \rightarrow q$ und $p \leftrightarrow q$ alle Aussagebuchstaben, die bereits in p und q vorkommen, weshalb diese Formeln auch mindestens ein (sogar mindestens zwei) Vorkommen von Aussagebuchstaben enthalten.

Mittels Induktion können wir somit den Schluss ziehen, dass alle ambigen Wffs mindestens einen Aussagebuchstaben enthalten.

Was den Gehalt betrifft, handelt es sich beim Obigen um einen recht trivialen Beweis. Wichtig ist aber, eine klare Vorstellung von der Form des Beweises und insbesondere von der Form des Induktionsschrittes zu haben. Beim Induktionsschritt handelt es sich stets um einen Unterbeweis, der mit der Annahme beginnt, dass die fragliche Eigenschaft Q auf einige willkürlich ausgewählte Elemente der induktiv definierten Menge zutrifft. Im obigen Beispiel nahmen wir an, dass die ambigen Wffs p und q jeweils Q erfüllen, d.h., dass beide Wffs mindestens einen Aussagebuchstaben enthalten. Diese Annahme nennt man auch *Induktionsannahme*. Ziel des Beweisschrittes ist zu zeigen, dass aus der Induktionsannahme folgt, dass jedes neue Element, das aus diesen gebildet werden kann (in unserem Beispiel die neuen ambigen Wffs), auch die Eigenschaft Q haben muss.

Induktions-annahme

Letztlich wird die Konklusion eines induktiven Beweises durch die letzte Klausel der induktiven Definition gerechtfertigt. Da in unserem Beispiel kein Objekt eine ambige Wff ist außer den Basiselementen und den Folgen, die aus diesen mit Hilfe wiederholter Anwendung unserer beiden Regeln erzeugt werden können, können wir sicher sein, dass alle ambigen Wffs die fragliche Eigenschaft haben.

Versuchen wir uns an einem anderen Beispiel. Angenommen, wir wollen zeigen, dass die Folge $A_1 \neg \rightarrow A_2$ keine ambige Wff ist. Dies ist wiederum ziemlich klar, um es aber zu beweisen, müssen wir eine allgemeine Tatsache über ambige Wffs zeigen, welche den Schluss rechtfertigt, dass die besagte Folge nicht als ambige Wff in Frage kommt. Der Nachweis des Folgenden würde zu diesem Zweck genügen:

Satz 2. *In keiner ambigen Wff tritt das Symbol $\neg$ unmittelbar vor einem der zweistelligen Junktoren $\wedge, \vee, \rightarrow, \leftrightarrow$ auf.*

Noch einmal sei darauf hingewiesen, dass das gewünschte Beweisziel die Form einer generellen konditionalen Aussage besitzt, wobei das Antezedens in unserem induktiv definierten Prädikat besteht:

$$\forall p\,[(p \text{ ist eine ambige Wff}) \rightarrow Q(p)]$$

Dieses Mal drückt Q die Eigenschaft aus, kein $\neg$ zu beinhalten, das unmittelbar vor einem zweistelligen Junktor auftritt. Um dies zu beweisen, benötigen wir wiederum einen Induktionsanfang sowie einen Induktionsschritt. Im Rahmen des Induktionsanfangs ist zu zeigen, dass $Q(p)$ auf diejenigen Ausdrücke p zutrifft, die aufgrund von Klausel (1) zu den ambigen Wffs zählen, also auf die Aussagebuchstaben. Im Rahmen des Induktionsschrittes sind zwei Fälle zu berücksichtigen, einer entspricht dabei Prämisse (2), der andere Prämisse (3). Im Falle von (2) müssen wir zeigen: Wenn eine ambige Wff p die Eigenschaft Q hat, so auch $\neg p$. Im Falle von (3) müssen wir zeigen: Wenn p und q ambige Wffs mit der Eigenschaft Q sind, so auch $p \wedge q$, $p \vee q$, $p \rightarrow q$ und $p \leftrightarrow q$. Wenn wir dies zeigen können, ist aufgrund von Klausel (4) der Beweis durch Induktion abgeschlossen. Da jede ambige Wff aus der wiederholten Anwendung von (1), (2) und (3) resultiert, werden wir somit schließlich gezeigt haben, dass jede ambige Wff die fragliche Eigenschaft besitzt.

Es gibt allerdings ein Problem, sobald wir versuchen, den Beweis detailliert durchzuführen. Sehen Sie es? Versuchen Sie einmal, einen der beiden Teile (2) oder (3) des Induktionsschrittes auszuführen. Woher wollen wir etwa im Falle (2) wissen, dass $\neg p$ die Eigenschaft Q hat, nur weil p diese Eigenschaft besitzt? Nun, wir wissen es nicht. Beispielsweise besitzt $\rightarrow A_1$ die Eigenschaft Q, $\neg \rightarrow A_1$ aber nicht. (Finden Sie ein ähnliches Problem für den Fall (3).)

Paradoxon des Erfinders

Dies ist ein Beispiel des so genannten *Paradoxon des Erfinders* (engl. *inventor's paradox*). Dabei handelt es sich nicht um ein wirkliches Paradox wie im Falle der Russellschen Paradoxie, allerdings hat es kontraintuitive Züge. Wie sich herausstellt, verlaufen induktive Beweise häufig im Sande, und zwar nicht, weil man versucht, etwas Falsches zu beweisen, sondern weil man seine Ziele nicht hoch genug steckt. Man muss mehr beweisen. In diesem Fall müssen wir die folgende stärkere Behauptung nachweisen, damit die Induktion nicht ins Stocken gerät: Für keine ambige Wff gilt, dass sie mit einem zweistelligen Junktor beginnt oder mit einem Negationszeichen endet oder ein Negationszeichen enthält, das unmittelbar einem zweistelligen Junktor vorangeht. Es drücke also Q' diese stärkere Eigenschaft aus. Offenkundig gilt $\forall p\,[Q'(p) \rightarrow Q(p)]$. Somit müssen wir induktiv zeigen, dass

$$\forall p\,[(p \text{ ist eine ambige Wff}) \rightarrow Q'(p)]$$

Der Beweis erweist sich als einfach, und wir überlassen die Durchführung Ihnen.

eine weitere induktive Definition

Wir wollen noch kurz ein weiteres Beispiel einer induktiv definierten Menge betrachten sowie einen darauf aufbauenden induktiven Beweis. Angenommen, wir definieren die Menge *Pal* wie folgt:

1. Jeder Buchstabe des Alphabets (a, b, c, ..., z) ist ein Pal.

2. Ist eine Zeichenfolge α ein Pal, gilt dasselbe auch für die Folge, die sich aus α ergibt, wenn man einen Buchstaben des Alphabets sowohl vor als auch hinter α stellt (die Rede ist also von den Folgen $a\alpha a$, $b\alpha b$, $c\alpha c$, usw.).

3. Kein Objekt ist ein Pal, wenn es nicht durch wiederholte Anwendung der Regeln (1) und (2) erzeugt wurde.

Vergewissern Sie sich davon, dass Sie verstanden haben, wie diese Definition funktioniert. Bilden Sie zum Beispiel eine Folge von sieben Buchstaben, die ein Pal ist.

Wir wollen nun beweisen, dass jedes Pal von hinten nach vorn genauso wie von vorn nach hinten gelesen werden kann —mit anderen Worten: Jedes Pal ist ein Palindrom. Unser induktiver Beweis verfährt folgendermaßen:

Palindrom

> **Beweis:** Wir beweisen induktiv, dass sich jedes Pal vorwärts genauso liest wie rückwärts, d.h., wenn die Reihenfolge der Buchstaben in der Zeichenfolge umgekehrt ist.
>
> *Induktionsanfang:* Die Basiselemente von Pal sind einzelne Buchstaben des Alphabets. Offenbar ist jeder einzelne Buchstabe von vorn genauso zu lesen wie von hinten.
>
> *Induktionsschritt:* Angenommen, das Pal α ist von vorn genauso zu lesen wie von hinten. (Dies ist unsere Induktionsannahme.) Dann müssen wir Folgendes zeigen: Wenn wir einen Buchstaben, etwa l, vor und hinter α anfügen, dann ist das Ergebnis $l\alpha l$ vorwärts genauso zu lesen wie rückwärts. Wenn wir die Reihenfolge von $l\alpha l$ umkehren, erhalten wir $l\alpha'l$, wobei α' die Umkehrung der Zeichenfolge α ist. Nach der Induktionsannahme gilt aber $\alpha = \alpha'$. Somit ist die Umkehrung von $l\alpha l$ identisch mit $l\alpha l$, und das heißt, dass die Folge vorwärts genauso zu lesen ist wie rückwärts.
>
> Mittels Induktion folgern wir, dass jedes Pal ein Palindrom ist.

Zur Erinnerung

Ist eine induktive Definition einer Menge gegeben, erfordert ein induktiver Beweis

- einen *Induktionsanfang*, der zeigt, dass die Eigenschaft auf alle Basiselemente zutrifft, sowie

- einen *Induktionsschritt*, der zeigt, dass die Eigenschaft, *wenn* sie auf einige gegebene Elemente zutrifft, dann auch auf alle Elemente zutrifft, die ausgehend von den gegebenen aufgrund der Induktionsklauseln erzeugt werden können.

Die Annahme, mit welcher der Induktionsschritt beginnt, nennt man auch die *Induktionsannahme*.

Übungen

16.1 Im Schlaraffenland gelten die folgenden beiden Grundsätze:
1. Scheint an einem Tag die Sonne, scheint sie auch am nächsten.
2. Heute scheint die Sonne.

Beweisen Sie, dass die Sonne von nun an immer scheinen wird.

16.2 Der folgende gute Rat stammt von Raymond Smullyan, einem berühmten Logiker und Zauberer: (1) Sagen Sie stets die Wahrheit, und (2) sagen Sie jeden Tag: „Ich werde diesen Satz morgen wiederholen." Beweisen Sie, dass jeder, der beides in die Tat umsetzte, ewig leben würde. Erklären Sie dann, weshalb es nicht funktionieren wird.

16.3 Geben Sie mindestens zwei verschiedene Herleitungen an, die zeigen, dass es sich beim Folgenden um eine ambige Wff handelt: $A_1 \rightarrow A_2 \leftrightarrow \neg A_2$.

16.4 Beweisen Sie induktiv, dass keine ambige Wff mit einem zweistelligen Junktor beginnt, mit einem Negationszeichen endet oder über ein Negationszeichen verfügt, das unmittelbar einem zweistelligen Junktor vorangeht. Schließen Sie daraus, dass die Zeichenfolge $A_1 \neg \rightarrow A_2$ keine ambige Wff ist.

16.5 Beweisen Sie, dass in keiner ambigen Wff jemals zwei zweistellige Junktoren unmittelbar aneinander angrenzen. Schließen Sie daraus, dass $A_1 \rightarrow \vee A_2$ keine ambige Wff ist.

16.6 Modifizieren Sie die induktive Definition der ambigen Wffs zur folgenden Definition der Menge der Semi-Wffs:
1. Jeder Aussagebuchstabe ist eine Semi-Wff.
2. Ist p eine Semi-Wff, so auch die Folge $\neg p)$.
3. Sind p und q Semi-Wffs, so auch $(p \wedge q), (p \vee q), (p \rightarrow q), (p \leftrightarrow q)$.
4. Kein Objekt ist eine Semi-Wff, wenn es nicht durch wiederholte Anwendung von (1), (2) und (3) gebildet wurde.

Beweisen Sie induktiv, dass jede Semi-Wff die folgende Eigenschaft besitzt: die Anzahl der rechten Klammern ist identisch mit der Anzahl der linken Klammern plus der Anzahl der Negationszeichen.

16.7 Oben haben wir bewiesen, dass jedes Pal ein Palindrom ist, also eine Buchstabenfolge, die rückwärts genauso wie vorwärts zu lesen ist. Gilt auch die Umkehrung, d.h., ist auch jedes Palindrom ein Pal? Beweisen Sie es, falls dem so ist. Falls nicht, ändern Sie die Definition so ab, dass es zutrifft.

16.8 (Existenzielle Wffs) In dieser Aufgabe greifen wir ein Problem auf, das sich uns bereits im Zusammenhang mit Übung 14.59 stellte. In dieser Übung hatten wir einen existenziellen Satz als einen solchen definiert, der in seiner pränexen Form nur Existenzquantoren enthält. Zufriedenstellender ist die folgende induktive Definition. Die Menge der existenziellen Wffs wird dabei induktiv mit Hilfe der folgenden Klauseln definiert:

1. Jede atomare Wff sowie jede Negation einer atomaren Wff ist existenziell.

2. Wenn $P_1, \ldots, P_n$ existenziell sind, so auch $(P_1 \vee \ldots \vee P_n)$ und $(P_1 \wedge \ldots \wedge P_n)$.

3. Ist P eine existenzielle Wff, so ist auch im Falle jeder Variablen v die Wff $\exists v\, P$ existenziell.

4. Kein Objekt ist eine existenzielle Wff, es sei denn, es ergibt sich aus den Bedingungen (1)–(3).

Beweisen Sie induktiv die folgenden Sachverhalte:

○ Wenn P eine existenzielle Wff ist, dann ist P logisch äquivalent zu einer pränexen Wff ohne Allquantoren.

○ Angenommen, P ist ein existenzieller Satz der Klötzchensprache. Beweisen Sie Folgendes: Wenn P wahr in einer Welt ist, bleibt es auch wahr, wenn neue Objekte zur Welt hinzugefügt werden. [Sie werden eine etwas stärkere Behauptung beweisen müssen, damit Sie im Rahmen der Induktion vorankommen.]

Ist unsere neue Definition äquivalent zur alten? Falls nicht: Wie müsste sie modifiziert werden, damit sie äquivalent zur alten Definition ist?

16.9 Definieren Sie den Begriff einer universellen Wff, welcher dem Begriff einer existenziellen Wff in der letzten Übung entspricht, bei dem es aber um Allquantoren anstelle von Existenzquantoren geht. Formulieren und beweisen Sie Behauptungen, welche denjenigen entsprechen, die Sie dort bewiesen haben. Zeigen Sie dann, dass jede universelle Wff logisch äquivalent zur Negation einer existenziellen Wff ist.

16.10 Definieren Sie die Klasse der *fundierten Mengen* mit Hilfe der folgenden induktiven Definition:

1. Ist C eine Menge von Objekten, von denen jedes entweder keine Menge oder selbst eine fundierte Menge ist, dann ist C eine fundierte Menge.

2. Kein Objekt außer den durch (1) beschriebenen ist eine fundierte Menge.

In dieser Übung geht es um die Beziehung zwischen fundierten Mengen und der kumulativen Mengenkonzeption, die wir im letzten Kapitel besprochen haben.

1. Welche der folgenden Mengen sind fundiert?

$$\emptyset, \{\emptyset\}, \{\text{Eiffelturm}\}, \{\{\{\ldots\}\}\}$$

2. Angenommen, a ist fundiert. Zeigen Sie, dass auch $\wp a$ fundiert ist.
3. Angenommen, a und b sind fundiert. Ist dann auch das geordnete Paar $\langle a, b \rangle$ (wie wir es im letzten Kapitel definiert haben) fundiert?
4. Angenommen, dass $a = \{1, b\}$ und $b = \{2, a\}$. Sind a und b fundiert?
5. Zeigen Sie, dass aus dem Fundierungsaxiom folgt, dass jede Menge fundiert ist.
6. Wenn man Mengentheorie betreibt, möchte man häufig Sätze der folgenden Form beweisen:

$$\forall x \, [\text{Menge}(x) \rightarrow Q(x)]$$

Einer der Vorzüge der kumulativen Mengenkonzeption, die wir im letzten Kapitel erörtert haben, besteht darin, dass sie es ermöglicht, solche Aussagen „durch Induktion über Mengen" zu beweisen. Wie soll das gehen?

7. Verwenden Sie die mathematische Induktion, um nachzuweisen, dass es keine unendliche Folge fundierter Mengen $a_1, a_2, a_3, \ldots$ gibt derart, dass $a_{n+1} \in a_n$ für jede natürliche Zahl n.

ABSCHNITT 16.2

INDUKTIVE DEFINITIONEN
IN DER MENGENTHEORIE

Die Art und Weise, in der wir induktive Definitionen formuliert haben, scheint hinreichend strikt zu sein. Dennoch wundern Sie sich vielleicht über den Status von Klauseln wie

4. Kein Objekt ist eine ambige Wff, es sei denn, es kann durch wiederholte Anwendung von (1), (2) und (3) gebildet werden.

Diese Klausel unterscheidet sich in ihrem Charakter recht deutlich von den anderen, da in ihr nicht nur die Rede ist von den zu definierenden Objekten, sondern auch von den anderen Klauseln der Definition. Sie fragen sich vielleicht auch, was sich alles hinter der Wendung „wiederholte Anwendungen" verbirgt.

Dass sich Klausel (4) grundlegend von den anderen unterscheidet, zeigt sich etwa darin, dass die anderen Klauseln klarerweise mittels PL1-Formeln ausgedrückt werden können. Wenn beispielsweise das Symbol verket die Verkettungsfunktion ausdrückt (d.h. die Funktion, welche angewandt auf zwei Ausdrücke den zweiten Ausdruck unmittelbar rechts an den ersten anfügt), dann kann (2) folgendermaßen ausgedrückt werden:

$$\forall p \ [\text{ambige Wff}(p) \rightarrow \text{ambige Wff(verket}(\neg, p))]$$

Im Gegensatz dazu gehört Klausel (4) nicht zu den Behauptungen, die im Rahmen von PL1 ohne weiteres ausgedrückt werden können.

Wie sich jedoch herausstellt, können wir induktive Definitionen mit Sätzen erster Stufe ausdrücken, wenn wir uns im Rahmen der Mengentheorie bewegen. Als Beispiel definieren wir im Anschluss mit mengentheoretischen Mitteln die Menge der ambigen Wffs. Die Definition, die wir im Folgenden umgangssprachlich formulieren wollen, kann dabei ohne weiteres in die Sprache der Mengentheorie überführt werden:

Präzisierung der Abschlussklausel

Definition Die Menge S der ambigen Wffs ist die kleinste Menge, welche die folgenden Bedingungen erfüllt:

1. Jeder Aussagebuchstabe ist in S.

2. Ist p in S, so auch $\neg p$.

3. Sind p und q in S, so auch $p \wedge q$, $p \vee q$, $p \rightarrow q$ und $p \leftrightarrow q$.

Hier haben wir die etwas rätselhafte Klausel (4) ersetzt durch die Bedingung, dass die gesuchte Menge die kleinste Menge ist, die (1)–(3) erfüllt. Inwiefern bringt uns das weiter? Zunächst einmal: Was ist gemeint mit der *kleinsten Menge?* Diese Wendung verstehen wir im Sinne der Teilmengenrelation: Gesucht ist eine Menge, welche die Bedingungen (1)–(3) erfüllt und die zudem eine Teilmenge jeder *anderen* Menge ist, die (1)–(3) erfüllt. Woher wollen wir wissen, dass es eine solche kleinste Menge gibt? Um zu zeigen, dass unsere Definition Sinn ergibt, müssen wir ein Lemma beweisen.[1]

die „kleinste" Menge

Lemma 3. *Ist S Schnittmenge einer Ansammlung $\mathcal{X}$ von Mengen, von denen jede (1)–(3) erfüllt, so erfüllt auch S die Bedingungen (1)–(3).*

Wir überlassen Ihnen den Beweis des Lemmas als Übung 16.11.

Aufgrund des Lemmas wissen wir: Wenn wir die Menge der ambigen Wffs als die Schnittmenge *aller* Mengen definieren, die (1)–(3) erfüllen, erfüllt auch die definierte Menge die Bedingungen (1)–(3). Zudem muss es sich um die kleinste derartige Menge handeln, da die Schnittmenge einer Reihe von Mengen stets Teilmenge jeder der Ausgangsmengen ist.

Die Situation wird in Abbildung 16.1 veranschaulicht. Viele Mengen erfüllen die Bedingungen (1)–(3) unserer Definition, von denen die meisten eine Vielzahl von Elementen enthalten, die keine ambigen Wffs sind. So erfüllt beispielsweise die Menge aller endlichen Folgen von Aussagebuchstaben und Junktoren (1)–(3),

---

[1] Ein „Lemma" ist ein Hilfssatz, der an sich nicht von größerem Interesse ist, mit dem man aber ein höheres Ziel verfolgt. Lemmas haben formal denselben Status wie Theoreme oder Sätze, sind aber in der Regel weniger wichtig.

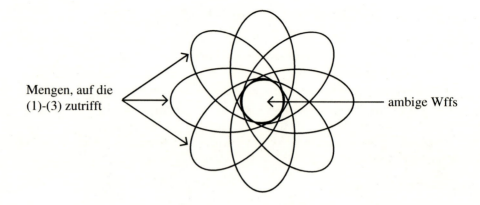

Abbildung 16.1: Die Menge der ambigen Wffs ist die Schnittmenge aller Mengen, die (1)–(3) erfüllen.

sie enthält aber auch Folgen wie $A_1 \neg \rightarrow A_2$, welche keine ambigen Wffs sind. Im Rahmen unserer mengentheoretischen Definition handelt es sich bei der Menge S der ambigen Wffs um die *kleinste* bzw. die *Schnittmenge* aller dieser Mengen.

Rechtfertigung der Induktion

Wir können nun auch präzise erklären, weshalb es sich beim induktiven Beweis um eine gültige Schlussweise handelt. Wenn wir einen induktiven Beweis führen, etwa dass alle ambigen Wffs die Eigenschaft Q besitzen, zeigen wir eigentlich, dass die Menge $\{x \mid Q(x)\}$ die Bedingungen (1)–(3) erfüllt. Wir zeigen, dass alle Basiselemente die Eigenschaft Q haben und dass die Anwendung der Erzeugungsregeln auf Objekte, die Q sind, weitere Dinge ergibt, die Q sind. Wenn aber Q die Bedingungen (1)–(3) erfüllt und S die Schnittmenge aller Mengen ist, die diese Klauseln erfüllen, dann gilt $S \subseteq Q$. Und das heißt: Alle ambigen Wffs besitzen die Eigenschaft Q.

Übungen

16.11 Beweisen Sie Lemma 3.

16.12 Definieren Sie induktiv die Menge der Wffs der Aussagenlogik entsprechend der obigen Definition, aber berücksichtigen Sie diesmal die Klammern in Bedingung (3). Die Menge der Wffs sollte also definiert werden als die kleinste Menge, die bestimmte Bedingungen erfüllt. Vergewissern Sie sich davon, dass es eine solche kleinste Menge gibt.

16.13 Zeigen Sie aufbauend auf Ihre Lösung von Übung 16.12, dass jede Wff genauso viele linke Klammern besitzt wie zweistellige Junktoren.

ABSCHNITT 16.3

INDUKTION ÜBER DIE NATÜRLICHEN ZAHLEN

Viele Studierende haben beim Studium der Induktion in Mathematik-Kursen den Eindruck gewonnen, dass Induktion speziell mit den natürlichen Zahlen zu tun habe. Mittlerweile sollte klar sein, dass es sich bei der Induktion um eine weitaus allgemeinere Beweismethode handelt. Mit Hilfe der Induktion können wir Sachverhalte über viele verschiedene Arten von Mengen beweisen. Wann immer eine Menge induktiv definiert ist, können wir allgemeine Behauptungen über deren Elemente induktiv beweisen. Dennoch bilden die natürlichen Zahlen eines der einfachsten und nützlichsten Anwendungsbeispiele der Induktion.

Wie sind nun aber die natürlichen Zahlen definiert? Intuitiv einleuchtend ist die folgende Definition:

Definition der natürlichen Zahlen

1. 0 ist eine natürliche Zahl.

2. Wenn n eine natürliche Zahl ist, dann ist auch $n + 1$ eine natürliche Zahl.

3. Kein Objekt ist eine natürliche Zahl außer denen, die durch wiederholte Anwendungen von (1) und (2) gebildet werden können.

Mengentheoretisch kann diese Definition wie folgt wiedergegeben werden. Die Menge $\mathbb{N}$ der natürlichen Zahlen ist die kleinste Menge, welche die folgenden Bedingungen erfüllt:

1. $0 \in \mathbb{N}$

2. Wenn $n \in \mathbb{N}$, dann $n + 1 \in \mathbb{N}$

Aufbauend auf dieser Definition können wir Behauptungen über natürliche Zahlen mit Hilfe der Induktion beweisen. Angenommen, Q ist eine Menge natürlicher Zahlen und wir wollen beweisen, dass die Menge alle natürlichen Zahlen enthält:

$$\forall x [x \in \mathbb{N} \to x \in Q]$$

Wenn wir die folgenden beiden Behauptungen beweisen

Induktion über $\mathbb{N}$

1. $0 \in Q$

2. Wenn $n \in Q$, dann $n + 1 \in Q$

dann wissen wir, dass $\mathbb{N} \subseteq Q$, da $\mathbb{N}$ *per definitionem* die kleinste Menge ist, welche diese beiden Bedingungen erfüllt. Dies ist aber nur eine alternative Weise, die universelle Aussage auszudrücken, die wir beweisen wollen.

Im Folgenden wollen wir ein Beispiel durchgehen, das die Induktion über die natürlichen Zahlen veranschaulicht.

Satz 4. *Für jede natürliche Zahl n gilt, dass die Summe der n ersten natürlichen Zahlen gleich $n(n+1)/2$ ist.*

Beweis: Wir wollen die Aussage $\forall n(n \in \mathbb{N} \to Q(n))$ beweisen, wobei $Q(n)$ die folgende Behauptung ist: Die Summe der n ersten natürlichen Zahlen ist $n(n+1)/2$. Wir führen den Beweis induktiv.

Induktionsanfang: Im Rahmen des Induktionsanfangs müssen wir beweisen, dass die Summe der ersten 0-vielen natürlichen Zahlen gleich 0 ist, was natürlich zutrifft. (Falls Ihnen dieser Fall nicht zusagt: Prüfen Sie, dass $Q(1)$ gilt. Sie können des Weiteren auch $Q(2)$ überprüfen, obwohl es nicht nötig ist.)

Induktionsschritt: Um den Induktionsschritt zu beweisen, nehmen wir an, es sei eine natürliche Zahl k gegeben, für die $Q(k)$ gilt, und zeigen dann, dass $Q(k+1)$ gilt. D.h., unsere Induktionsannahme ist, dass die Summe der ersten k natürlichen Zahlen gleich $k(k+1)/2$ ist. Wir müssen zeigen, dass die Summe der ersten $k+1$ natürlichen Zahlen gleich $(k+1)(k+2)/2$ ist. Wie beweisen wir das? Zunächst einmal halten wir einfach fest, dass die Summe der ersten $k+1$ natürlichen Zahlen um $k+1$ größer ist als die Summe der ersten k natürlichen Zahlen. Aufgrund der Induktionsannahme wissen wir bereits, dass die letztere Summe gleich $k(k+1)/2$ ist. Somit ist die Summe der ersten $k+1$ Zahlen gleich

$$\frac{k(k+1)}{2} + (k+1)$$

Bringen wir dies auf den gleichen Nenner, ergibt sich

$$\frac{k(k+1)}{2} + \frac{2(k+1)}{2}$$

Dies klammern wir um und erhalten mit

$$\frac{(k+2)(k+1)}{2}$$

das gewünschte Resultat.

Übungen

16.14 Beweisen Sie induktiv, dass für alle natürlichen Zahlen n gilt: $n \leq 2n$.

16.15 Beweisen Sie induktiv, dass für alle natürlichen Zahlen n gilt: $0 + 1 + \ldots + n \leq n^2$. Ihr Beweis sollte dabei nicht Satz 4 voraussetzen, den wir im Text bewiesen haben, obwohl er ihm strukturell stark ähnelt.

16.16 Beweisen Sie induktiv, dass für alle n gilt:

$$1 + 3 + 5 + \ldots + (2n + 1) = (n + 1)^2$$

16.17 Beweisen Sie, dass für alle natürlichen Zahlen $n \geq 2$ gilt:

$$(1 - \frac{1}{2})(1 - \frac{1}{3}) \ldots (1 - \frac{1}{n}) = \frac{1}{n}$$

16.18 Sie können leicht nachprüfen, dass $1^3 + 2^3 + 3^3 = 36 = 6^2$ und dass $1^3 + 2^3 + 3^3 + 4^3 + 5^3 = 225 = 15^2$. Beweisen Sie, dass die Summe der ersten n Kubikzahlen eine Quadratzahl ist. [Hinweis: Hierbei handelt es sich um eine Instanz des *Paradoxons des Erfinders*. Sie müssen also etwas Stärkeres als diese Behauptung beweisen.]

ABSCHNITT 16.4

DIE AXIOMATISIERUNG DER NATÜRLICHEN ZAHLEN

Beim Vorführen von Beispielen informeller Beweise hatten wir oft Gelegenheit, die natürlichen Zahlen als Beispiele heranzuziehen. Während wir Behauptungen über die natürlichen Zahlen bewiesen, haben wir uns auf jeglichen Sachverhalt über die natürlichen Zahlen bezogen, der offenkundig wahr ist. Wenn wir diese Beweise formalisieren wollten, müssten wir sehr viel genauer angeben, was wir unter den „offenkundig wahren" Sachverhalten über die natürlichen Zahlen verstehen.

Im Laufe der Jahre hat sich der Konsens herauskristallisiert, dass die offenkundig wahren Behauptungen über die natürlichen Zahlen formalisiert werden können im Rahmen der so genannten Peano-Arithmetik oder kurz PA, die nach dem italienischen Mathematiker Giuseppe Peano benannt ist. Dabei handelt es sich um eine bestimmte Theorie erster Stufe, deren zentrales Axiom eine Form von Induktion über natürliche Zahlen ausdrückt.

Peano-Arithmetik (PA)

PA wird im Rahmen einer Sprache erster Stufe ausgedrückt, welche über die Konstanten 0 und 1 verfügt sowie über die zweistelligen Funktionssymbole + und × und das Identitätsprädikat. Ihre Axiome geben die folgenden grundlegenden Tatsachen über den Bereich der natürlichen Zahlen wieder:

1. $\forall x \forall y (x + 1 = y + 1 \rightarrow x = y)$

2. $\forall x (x + 1 \neq 0)$

3. $0 + 1 = 1$

4. $\forall x\,(x+0 = x)$

5. $\forall x\forall y\,[x+(y+1) = (x+y)+1]$

6. $\forall x\,(x \times 0 = 0)$

7. $\forall x\forall y\,[x \times (y+1) = (x \times y)+x]$

Induktions-
schema

Zusätzlich verfügt PA über ein Axiomenschema, welches das Prinzip der mathematischen Induktion über die natürlichen Zahlen wiedergibt. Dieses kann folgendermaßen ausgedrückt werden:

$$[Q(0) \wedge \forall x\,(Q(x) \rightarrow Q(x+1))] \rightarrow \forall x\,Q(x)$$

Dies besagt Folgendes: Wenn $Q(x)$ von der Zahl 0 erfüllt wird und die Erfüllung dieser Formel durch eine Zahl n sicherstellt, dass sie auch von $n+1$ erfüllt wird, dann wird $Q(x)$ von allen natürlichen Zahlen erfüllt. (Eigentlich müsste das Axiom wie die Komprehensionsaxiome im vorangegangenen Kapitel etwas allgemeiner formuliert werden, als wir es getan haben. Die Wff $Q(x)$ könnte neben x noch andere freie Variablen besitzen, und diese müssten durch Allquantoren gebunden werden.)

Es gibt viele andere offenkundige Sachverhalte über die natürlichen Zahlen. Zu diesen zählen die bekannten Kommutativ-, Assoziativ- und Distributivgesetze für die Addition und Multiplikation. Es stellt sich jedoch heraus, dass diese und alle anderen „offenkundigen" Sachverhalte sowie viele sehr komplizierte Tatsachen ausgehend von den obigen Axiomen bewiesen werden können. Der vermutlich einfachste Sachverhalt ist der folgende; wir werden ihn mit Hilfe der obigen Axiome informell beweisen:

$$\forall x\,(x+1 = 1+x)$$

Beweis: Der Beweis erfolgt mittels der formalisierten Version der mathematischen Induktion. Das Prädikat $Q(x)$, um das es dabei geht, ist $(x+1 = 1+x)$. Wir müssen zunächst den Induktionsanfang $Q(0)$ beweisen und dann den Induktionsschritt

$$\forall x\,(Q(x) \rightarrow Q(x+1))$$

Für den Induktionsanfang müssen wir nachweisen, dass $0+1 = 1+0$. Aufgrund von Axiom 3 gilt $0+1 = 1$, und nach Axiom 4 ist $1+0 = 1$. Somit gilt $0+1 = 1+0$, was zu beweisen war.

Nun beweisen wir den Induktionsschritt. Dies erfolgt im Rahmen eines generellen konditionalen Beweises. Es sei n eine Zahl, für die $Q(n)$ gilt. Dies ist unsere Induktionsannahme. Ausgehend von dieser müssen wir zeigen, dass $Q(n+1)$. D.h., unsere Induktionsannahme besagt, dass

$n + 1 = 1 + n$, und wir müssen beweisen, dass $(n + 1) + 1 = 1 + (n + 1)$.
Dazu benötigen wir die folgenden beiden Schritte:

$$
\begin{aligned}
(n + 1) + 1 &= (1 + n) + 1 \quad \text{nach der Induktionsannahme.} \\
&= 1 + (n + 1) \quad \text{nach Axiom 5.}
\end{aligned}
$$

Aufbauend auf diesem Resultat können wir fortschreiten und die Kommutativität der Addition beweisen usw. Es gibt jedoch wahre Aussagen über die natürlichen Zahlen, die nicht ausgehend von PA bewiesen werden können. Darüber hinaus muss jeder Versuch, eine Reihe von Axiomen erster Stufe anzugeben, die von den natürlichen Zahlen gelten, in einem gewissen Sinne scheitern. Wir werden dieses Ergebnis, das auch als Gödels Unvollständigkeitstheorem bekannt ist, in Kapitel 19 besprechen.

Gödels Unvollständigkeitstheorem

Übungen

16.19 Beweisen Sie mit Fitch formal die Aussage $\forall x\,(x + 1 = 1 + x)$ ausgehend von den Peano-Axiomen. Die Problemstellung finden Sie in der Datei Exercise 16.19, welche auch die vier Axiome enthält, die Sie als Prämissen benötigen (einschließlich der geeigneten Instanz des Induktionsschemas). Ihr Beweis sollte parallel zum obigen informellen Beweis verlaufen.

Führen Sie informelle Beweise, die demjenigen im Text in stilistischer Hinsicht ähneln und welche zeigen, dass die folgenden Aussagen Folgerungen aus PA sind. Geben Sie dabei explizit jegliche Prädikate an, auf welche Sie die Induktion anwenden. Beim Beweis der späteren Theoreme dürfen Sie die Ergebnisse der früheren Theoreme voraussetzen.

16.20 $\forall x\,(0 + x = x)$

16.21 $\forall x\,(1 \times x = x)$

16.22 $\forall x\,(0 \times x = 0)$

16.23 $\forall x\,(x \times 1 = 1 \times x)$

16.24 $\forall x \forall y \forall z\,((x + y) + z = x + (y + z))$ [Hinweis: Der Beweis ist relativ einfach; Sie müssen eine Induktion über z führen. D.h., Sie haben für den Induktionsanfang zu zeigen, dass $(x + y) + 0 = x + (y + 0)$. Als Induktionsannahme sollten Sie dann von $(x + y) + n = x + (y + n)$ ausgehen und zeigen, dass $(x + y) + (n + 1) = x + (y + (n + 1))$.]

16.25 $\forall x \forall y\,(x + y = y + x)$

16.26 $\forall x \forall y\,(x \times y = y \times x)$ [Hinweis: Um dies zu zeigen, werden Sie als Lemma zunächst $\forall x \forall y\,((x + 1) \times y = (x \times y) + y)$ beweisen müssen. Zeigen Sie dies mittels Induktion über y.]

ABSCHNITT 16.5

WIE ZEIGT MAN DIE KORREKTHEIT
VON PROGRAMMEN?

Programm-
Spezifikation

Die Induktion stellt eine wichtige Technik dar, um Sachverhalte über Computer-programme zu beweisen, insbesondere über solche, die rekursive Definitionen oder Schleifen enthalten. Stellen Sie sich vor, dass wir einen Programmierer bitten, ein Programm zu schreiben, das die ersten n natürlichen Zahlen addiert. Das Pogramm sollte, wenn es eine natürliche Zahl n als Eingabewert erhält, als Resultat die Summe $0 + 1 + 2 + \ldots + n$ ausgeben. Wir wollen dies die *Spezifikation* des Programms nennen.

rekursives
Programm

Dazu kann man beispielsweise ein so genanntes *rekursives* Programm wie das folgende schreiben:

sumToRec

```
public natural sumToRec(natural n) {
    if(n == 0) return 0;
    else return n + sumToRec(n − 1);
}
```

Dieses Programm ist in einer Java-ähnlichen, imaginären Programmiersprache ge-schrieben. Wir können es folgendermaßen paraphrasieren. Versuchen Sie aber in jedem Fall, das Programm nachzuvollziehen, auch wenn Sie nichts vom Program-mieren verstehen.

> Das Programm definiert eine Funktion sumToRec, deren Argumente natürliche Zahlen sind und welche als Funktionswerte wiederum natürli-che Zahlen ergibt. n sei eine natürliche Zahl, die als Argument der Funk-tion gegeben ist. Falls n gleich 0 ist, dann ist auch der ausgegebene Wert gleich 0; sonst ist der resultierende Wert gleich n plus dem Funktions-wert derselben Funktion angewandt auf das Argument $n − 1$.

Auch wenn es ziemlich klar ist, dass auf diese Weise der richtige Wert ermittelt wird, wollen wir uns ansehen, wie wir dies mit Hilfe eines einfachen induktiven Beweises zeigen können. Das Beweisziel ist zu zeigen, dass das Programm seine Spezifikation erfüllt, dass also für jedes n gilt, dass sumToRec$(n) = 0 + 1 + 2 + \ldots + n$.

Beweis: Der Beweis verfährt induktiv.

Induktionsanfang: Für den Induktionsanfang müssen wir zeigen, dass

sumToRec$(0) = 0$. Beim Argument 0 gibt das Programm aber als Er-gebnis wie erwünscht 0 aus.

Induktionsschritt: Angenommen, das vom Programm ausgegebene Re-sultat ist für das Argument k korrekt, d.h., sumToRec$(k) = 0 + 1 + 2 +$

$\ldots + k$. Wir müssen nun zeigen, dass auch das Resultat korrekt ist, welches auf das Argument $k+1$ ausgegeben wird. Da $k+1$ nicht 0 sein kann, gibt das Programm in diesem Fall den Wert sumToRec$(k) + (k+1)$ aus, wie die Definition zeigt. Nach der Induktionsannahme gilt

$$\text{sumToRec}(k) + (k+1) = (0 + 1 + 2 + \ldots + k) + (k+1)$$

was zu beweisen war. Damit ist unser induktiver Beweis abgeschlossen.

Induktion ist ebenfalls von Nutzen, wenn ein Programm Schleifen anstelle expliziter rekursiver Definitionen enthält, wie im Falle von sumToRec. Es ist allerdings etwas weniger offensichtlich, wie Induktion auf solche Fälle anzuwenden ist. Um dies zu verstehen, wollen wir eine weitere Implementierung derselben Funktion betrachten, die allerdings eine *While*-Schleife enthält:

While-Schleife

```
public natural sumUpTo(natural n) {
    natural sum = 0;
    natural count = 0;

    while(count < n) {
        count += 1;
        sum += count;
    }
    return sum;
}
```

sumUpTo

Auf Deutsch kann das Programm folgendermaßen paraphrasiert werden.

Das Programm definiert eine Funktion sumUpTo, deren Argumente natürliche Zahlen sind. Sei n eine natürliche Zahl, die als Argument eingegeben wird. Den Variablen *sum* und *count*, welche ebenfalls natürliche Zahlen vertreten, wird anfangs beiden 0 zugeordnet. Solange der Wert von *count* kleiner als n ist, werden dann die folgenden beiden Schritte wiederholt: Der Wert von *count* wird um 1 vergrößert, und dann wird *count* zu *sum* addiert. Sobald die Schleife beendet ist, wird der Wert von *sum* ausgegeben.

Wie beweisen wir nun, dass dieses neue Programm seine Spezifikation tatsächlich erfüllt? Ein vollständiger Beweis erfordert, dass wir eine präzise Semantik für jedes Programmierkonstrukt unserer Programmiersprache angeben. Glücklicherweise verwendet unser obiges Programm nur drei solcher Konstrukte.

○ *Einfache Zuweisung.* Ein Beispiel einer einfachen Zuweisung ist die Aussage *sum* = 0. Nachdem eine solche Anweisung ausgeführt wurde, wissen wir, dass der Wert der Programmvariablen auf der linken Seite der Zuweisung (*sum*) im Wert der rechten Seite der Zuweisung besteht (0).

- *Additive Zuweisung.* Ein Beispiel ist die Aussage *sum += count*. Nachdem eine solche Anweisung ausgeführt wurde, ist der Wert der Programmvariablen auf der linken Seite (*sum*) um den Wert der Variablen auf der rechten Seite (*count*) erhöht.

- *While-Schleife.* Im Rahmen einer While-Schleife werden die Anweisungen im Schleifenkörper wiederholt ausgeführt (in unserem Beispiel handelt es sich dabei um die Anweisungen *sum += count* und *count += 1*), bis die Bedingung, die über den Abbruch der Schleife entscheidet (*count < n*), falsch wird. Daraufhin fährt das Programm mit der ersten Anweisung nach der While-Schleife fort.

Korrektheits-beweis von sumUpTo

Um zu beweisen, dass unser Programm die Spezifikation erfüllt, führen wir zwei induktive Argumente an. Das erste zeigt, dass im Falle des Eingabewerts n der Schleifenkörper genau n-mal durchlaufen wird. Das zweite zeigt, dass die Schleife immer eine bestimmte Invariante (d.h. unveränderliche Eigenschaft) besitzt, nämlich dass der Wert von *sum* nach n-vielen Schleifen gleich $0 + 1 + 2 + \ldots + n$ ist. Zusammengenommen ergibt sich das gewünschte Resultat.

Um die erste Behauptung zu beweisen, werden wir etwas Stärkeres zeigen: Für jedes k gilt, dass die Schleife noch genau k-mal durchlaufen wird, wenn beim Test der Schleifenbedingung der Wert von $n - count$ gleich k ist. Damit wäre unsere Behauptung bewiesen, da beim ersten Durchführen des Tests *count* den Wert 0 besitzt, so dass $n - count = n$. Wir beweisen die Behauptung mittels Induktion über k, d.h. über die Größe $n - count$.

Beweis: *Induktionsanfang:* Angenommen, dass $n - count$ beim Erreichen des Tests gleich 0 ist. Dann ist $n = count$, und der Test ist somit falsch. Der Schleifenkörper wird nicht noch einmal durchlaufen. Ist also $n - count$ gleich 0, wird die Schleife wie gewünscht 0 weitere Male ausgeführt.

Induktionsschritt: Unsere Induktionsannahme besagt, dass die Schleife k weitere Male ausgeführt wird, wenn beim Erreichen des Tests $n - count = k$. Wir müssen zeigen, dass die Schleife $k + 1$ weitere Male ausgeführt wird, wenn beim Erreichen des Tests $n - count = k + 1$. Nehmen wir also an, dass $n - count = k + 1$. Der Test im Rahmen der While-Schleife ist somit wahr, da $n - count$ positiv ist und somit *count < n*. Somit wird der Schleifenkörper ausgeführt, und dies resultiert (unter anderem) in der Erhöhung von *count* um 1. Wenn der Test das nächste Mal nach der einen Ausführung des Schleifenkörpers erreicht wird, ist somit $n - count = k$. Nach der Induktionsannahme führt dies zu k weiteren Durchläufen der Schleife. Insgesamt wird also der Schleifenkörper $k + 1$-mal ausgeführt, was zu beweisen war.

Wir wissen nun, dass das obige Programm unabhängig vom Eingabewert n garantiert zu einem Ende kommt und dass es die Schleife genau n-mal ausführt.

Wir wenden uns nun dem Beweis zu, dass der Wert der Variablen *sum* die Summe der ersten n-vielen natürlichen Zahlen ist, wenn das Programm hält. Wiederum beweisen wir eine etwas stärkere Behauptung, nämlich dass nach k-vielen Iterationen der While-Schleife die Werte der Variablen *sum* und *count* durch die folgende Formel bestimmt werden:

$$sum = (0 + 1 + 2 + \ldots + k) \land count = k$$

Man nennt dies eine *Invariante* der Schleife. Sie beschreibt im Wesentlichen, wie das Programm funktioniert: *sum* bildet die Summe des Anfangssegments der natürlichen Zahlen, wobei dieses bei jedem Durchlauf um ein Element ergänzt wird, wohingegen *count* die Anzahl der vollständig durchgeführten Iterationen mitzählt.

Invariante

> **Beweis:** *Induktionsanfang:* Wenn $k = 0$, dann wurde die While-Schleife 0-mal durchgeführt. An diesem Punkt ist $sum = 0$ und $count = 0$, so dass die Formel klarerweise wahr ist.
>
> *Induktionsschritt:* Wir nehmen an, dass die Formel nach k-vielen Iterierungen des Schleifenkörpers gilt, und müssen zeigen, dass sie auch nach $k + 1$-vielen Iterierungen der Schleife gilt. Sei *sum* der Wert von *sum* nach k-vielen Iterierungen der Schleife und *sum'* der Wert von *sum* nach $k + 1$-vielen Iterierungen. Entsprechendes gelte für *count*.
>
> Dann gilt
> $$sum = (0 + 1 + 2 + \ldots + count)$$
>
> aufgrund der Induktionsannahme. Nach $k + 1$-vielen Iterierungen ist der Wert von *count* um 1 erhöht, und der Wert von *sum* ist erhöht um *count'* (da die Schleife *count* vor *sum* erhöht). Somit ergibt sich:
>
> $$
> \begin{aligned}
> sum' &= sum + count' \\
> &= sum + (count + 1) \\
> &= 0 + 1 + 2 + \ldots + count + (count + 1) \\
> &= 0 + 1 + 2 + \ldots + k + (k + 1)
> \end{aligned}
> $$

Damit ist unsere Induktion abgeschlossen.

Schließlich wissen wir, dass *count* gleich n ist, wenn die Schleifenbedingung falsch wird, so dass an diesem Punkt gilt: $sum = 0 + 1 + 2 + \ldots + count = 0 + 1 + 2 + \ldots + n$. Da *sum* der ausgegebene Wert ist, zeigt dies, dass das Programm seine ursprüngliche Spezifikation erfüllt.

Eine dritte Implementierung

Angenommen, ein weiterer Programmierer schreibt den folgenden Code und behauptet, dass auch in seinem neuen Programm eine Funktion implementiert wurde, die unserer Spezifikation genügt.

sumDownFrom

```
public natural sumDownFrom(natural n) {
    natural sum = 0;
    natural count = n;

    while(count > 0) {
        sum += count;
        count -= 1;
    }
    return sum;
}
```

Dieses Programm kann wie folgt paraphrasiert werden:

> *n* sei eine natürliche Zahl. *sum* und *count* sollen ebenfalls natürliche Zahlen repräsentieren und werden mit 0 bzw. *n* initialisiert (d.h. ihr Wert ist zunächst identisch mit 0 bzw. *n*). Wiederhole nun die folgenden beiden Schritte, solange *count* größer als 0 ist: Addiere *count* zu *sum* und ziehe dann 1 von *count* ab. Das gewünschte Ergebnis ist der Wert von *sum*.

Zunächst müssen wir erklären, wie das einzige neue Konstrukt funktioniert, obwohl Sie mittlerweile in der Lage sein sollten zu erraten, was eine „subtraktive Zuweisung" sein soll.

○ *Subtraktive Zuweisung.* Ein Beispiel ist die Aussage *count* −= 1. Nachdem eine solche Anweisung ausgeführt wurde, ist der Wert der Programmvariablen auf der linken Seite um 1 kleiner als vor der Ausführung der Anweisung.

Korrektheitsbeweis von sumDownFrom

Als Erstes müssen wir beweisen, dass für jede natürliche Zahl *n* das Programm nach genau *n* Durchläufen der Schleife terminiert (d.h. beendet wird). Diese Induktion ähnelt dem entsprechenden Beweis für sumUpTo (ist aber einfacher), da hier die Induktion direkt über den Wert von *count* geführt wird. Den Beweis überlassen wir Ihnen als Übungsaufgabe 16.27.

Wir wollen nun beweisen, dass der Wert der Variablen *sum* wie gewünscht die Summe der ersten *n*-vielen natürlichen Zahlen ist, wenn das Programm anhält. Dazu wird wiederum ein induktiver Beweis benötigt. Wir beweisen, dass für jedes $k \leq n$ nach *k*-vielen Iterationen der While-Schleife die Werte der Variablen *sum* und *count* die folgende Gleichung erfüllen:

$$(0 + 1 + 2 + \ldots + count) + sum = 0 + 1 + 2 + \ldots + n$$

Diese Invariante ist bei weitem interessanter als diejenige im Falle von sumUpTo. Wiederum bildet das neue Programm das gewünschte Resultat als Wert der Programmvariablen *sum*, allerdings wird die Summe „von oben" gebildet, beginnend mit n, wozu dann $n - 1$, $n - 2$ und so weiter hinzuaddiert werden bis zur 0, wo das Programm hält. Die Invariante der Schleife gibt dies wieder, indem sie besagt, dass man stets das noch fehlende Anfangssegment $(0 + \ldots + count)$ zum Wert von *sum* hinzuaddieren muss, um das gewünschte Resultat zu erhalten. Das Anfangssegment wird dabei aber immer kürzer und kürzer, bis schließlich $count = 0$ und das Programm anhält.

Beweis: *Induktionsanfang:* Nach 0 Iterationen der While-Schleife ist $count = n$ und $sum = 0$, so dass aus der besagten Gleichung

$$(0 + 1 + 2 + \ldots + n) + 0 = 0 + 1 + 2 + \ldots + n$$

wird, was offenkundig wahr ist.

Induktionsschritt: Wir nehmen an, dass die Gleichung nach k-vielen Iterationen des Schleifenkörpers gilt, und müssen zeigen, dass sie ebenfalls nach $k + 1$-vielen Iterationen der Schleife gilt. Es sei *sum* der Wert von *sum* nach k-vielen Iterationen der Schleife und sum' der Wert von *sum* nach $k + 1$-vielen Iterationen. Entsprechendes gelte für *count*.

Somit kann unsere Induktionsannahme wie folgt ausgedrückt werden:

$$(0 + 1 + 2 + \ldots + count) + sum = 0 + 1 + 2 + \ldots + n$$

Wir müssen zeigen, dass dies auch gilt für sum' und $count'$. Nach $k + 1$-vielen Iterationen ist der Wert von *sum* um *count* vergrößert und der Wert von *count* um 1 verkleinert, so dass sich Folgendes ergibt:

$$
\begin{aligned}
0 + 1 + \ldots + count' + sum' &= 0 + 1 + \ldots + (count - 1) + (sum + count) \\
&= 0 + 1 + \ldots + (count - 1) + count + sum \\
&= (0 + 1 + \ldots + count) + sum \\
&= 0 + 1 + \ldots + n
\end{aligned}
$$

Damit ist unsere Induktion abgeschlossen.

Schließlich wissen wir, dass *count* gleich 0 sein muss, wenn die Testbedingung der Schleife falsch wird, so dass an diesem Punkt gilt: $0 + \ldots + count + sum = 0 + sum = 0 + 1 + \ldots + n$. Nach n-vielen Iterationen terminiert somit das Programm mit $\text{sumDownFrom}(n) = 0 + 1 + \ldots + n$.

Diese Beweise könnten als etwas schwerfällige Demonstrationen ziemlich naheliegender Sachverhalte über die Beispielprogramme anmuten, die wir betrachtet haben. Das mag sein. Aber im Falle komplizierterer Programme, wie sie im

Rahmen komplexerer Anwendungen auftreten, werden viele solcher rekursiven Konstruktionen und Schleifen verwendet, und ihre Eigenschaften sind häufig alles andere als offensichtlich. (Deshalb funktioniert Software oft auch nicht!) Programmierer müssen in der Lage sein, solche induktiven Beweise leicht durchzudenken, ob sie diese nun ausformulieren oder nicht, um sicherzustellen, dass ihre Programme so funktionieren, wie sie es wollen.

Übungen

16.27 Beweisen Sie, dass das Programm sumDownFrom nach genau n-vielen Iterationen der *While*-Schleife hält, falls der Eingabewert eine natürliche Zahl n ist.

16.28 Beweisen Sie, dass die folgende Funktion die Fakultät ihres Argumentes n, also $n!$, berechnet. (0! ist dabei definiert als 1, während für jede andere natürliche Zahl n gilt: $n! = 1 \times 2 \times \ldots \times n$.)

```
public natural fact(natural n) {
    natural f = 1;
    natural count = n;

    while(count > 0) {
        f ×= count;
        count −= 1;
    }
    return f;
}
```

Das Konstrukt $f \times = count$ multipliziert den Wert von f mit *count*.

16.29 In der Programmiersprache Java selbst gibt es keine Möglichkeit zu fordern, dass eine Programmvariable eine natürliche Zahl als Wert enthalten muss. Das Beste, was man stattdessen tun kann, ist zu spezifizieren, dass die Variable als Wert eine ganze Zahl enthalten muss, d.h. dass der Wert positiv oder negativ sein kann.

Das unten angegebene Programm ist identisch mit dem obigen sumUpTo-Beispiel, bis auf die Tatsache, dass es das Java-Schlüsselwort „int" verwendet, um die Art der Programmvariablen n, *count* und *sum* zu spezifizieren.

Geben Sie eine Spezifikation für dieses Programm an und beweisen Sie, dass das Programm diese Spezifikation umsetzt. [Hinweis: Es ist am einfachsten zu entscheiden, was das Programm tut, wenn es mit einer negativen Zahl durchgespielt wird; drücken Sie dann mit der Spezifikation aus, dass dies die Art und Weise ist, in der das Programm funktionieren *sollte*. Führen Sie daraufhin den Beweis.]

```
public int sumTo(int n) {
    int sum = 0;
    int count = 0;

    while(count < n) {
        count += 1;
        sum += count;
    }
    return sum;
}
```

16.30
✎*
Alle Programmiersprachen besitzen Obergrenzen hinsichtlich der Größe, welche die Werte von Variablen für ganze Zahlen annehmen können. Dadurch ist es komplizierter zu beweisen, dass ein gegebenes Programm seiner Spezifikation gerecht wird. Die größte in Java verfügbare ganze Zahl ist $2^{32} - 1$. Welchen Einfluss hat dies auf den Korrektheitsbeweis des ersten Programms in diesem Abschnitt?

16.31
✎**
In diesem Kapitel haben wir keine eigentliche Theorie induktiver Definitionen vorgestellt. Vielmehr haben wir eine Reihe von Beispielen induktiver Definitionen angeführt und dargelegt, wie sich diese zu induktiven Beweisen verhalten. Mehr müssen die meisten Studierenden auch nicht wissen. Es gibt jedoch eine umfassende Theorie induktiver Definitionen. In dieser Übung skizzieren wir deren Anfänge. Wer dieser Theorie weiter nachgehen möchte, sollte in Aczel's Kapitel über induktive Definitionen im *Handbook of Mathematical Logic* nachschlagen.

D sei eine Menge. Unter einem *monotonen Operator auf D* verstehen wir eine Funktion Γ, die jedem $X \subseteq D$ eine Teilmenge $\Gamma(X) \subseteq D$ zuweist, welche die folgende „Monotonie"-Bedingung erfüllt:

$$\forall X \, \forall Y \, [X \subseteq Y \rightarrow \Gamma(X) \subseteq \Gamma(Y)]$$

Wir können uns jede unserer induktiven Definitionen so vorstellen, als sei sie durch einen solchen monotonen Operator gegeben, und jeden solchen monotonen Operator können wir uns so vorstellen, als liefere er uns eine induktive Definition. In den ersten vier Teilen dieser Übung werden Beispiele monotoner Operatoren vorgeführt, der Rest untersucht dann das Verhältnis zwischen solchen Operatoren und induktiven Definitionen.

1. D sei die Menge der reellen Zahlen, und es sei $\Gamma(X) =$

$$X \cup \{x + 1 \mid x = 0 \lor x \in X\}$$

Zeigen Sie, dass es sich bei Γ um einen monotonen Operator handelt. Zeigen Sie, dass $\Gamma(\mathbb{N}) = \mathbb{N}$, wobei $\mathbb{N}$ die Menge der natürlichen Zahlen ist. Zeigen Sie, dass $\mathbb{N} \subseteq X$, falls $\Gamma(X) = X$.

2. D sei die Menge der Zeichenketten, welche aus den Junktoren und Aussagebuchstaben gebildet werden können, die in der Definition der ambigen Wffs verwendet wurden. $\Gamma(X)$ sei die Menge aller Aussagebuchstaben zusammen mit allem, was durch eine Anwendung der Junktoren auf ein Element von X gebildet werden kann. Falls also $A_1A_1 \in X$, dann wären alle folgenden Ausdrücke Elemente von $\Gamma(X)$: $\neg A_1A_1$, $A_1A_1 \wedge A_1A_1$ und so weiter. Zeigen Sie, dass Γ ein monotoner Operator ist. Zeigen Sie, dass $\Gamma(S) = S$, wenn S die Menge der ambigen Wffs ist.

3. Angenommen, f ist eine n-stellige Funktion von einer Menge D nach D. Es sei $\Gamma_f(X) =$

$$X \cup \{f(d_1,\ldots,d_n) \mid d_1,\ldots,d_n \in X\}$$

Zeigen Sie, dass Γ ein monotoner Operator ist.

4. Γ_1 und Γ_2 seien monotone Operatoren. Definieren Sie einen neuen Operator durch

$$\Gamma(X) = \Gamma_1(X) \cup \Gamma_2(X)$$

Zeigen Sie, dass auch Γ monoton ist.

5. Es sei nun Γ ein monotoner Operator auf einer Menge D.

   (a) Zeigen Sie, dass $\Gamma(\Gamma(D)) \subseteq \Gamma(D)$

   (b) Eine Teilmenge X von D heiße *abgeschlossen unter* Γ, wenn $\Gamma(X) \subseteq X$. Nach dem bisher Gesagten wissen wir, dass es mindestens eine Menge gibt, die abgeschlossen unter Γ ist. (Um welche Menge handelt es sich?) Es sei I die Schnittmenge aller Mengen, die abgeschlossen unter Γ sind. Beweisen Sie, dass I abgeschlossen unter Γ ist. Die Menge I ist somit die kleinste Menge, die abgeschlossen unter Γ ist. Diese Menge bezeichnet man auch als *induktiv definiert durch* den monotonen Operator Γ.

   (c) Welche Menge wird durch die Operatoren in den Übungen 1 und 2 induktiv definiert?

   (d) I sei die durch Γ induktiv definierte Menge. Beweisen Sie, dass $\Gamma(I) = I$.

6. Es sei $I_0 = \emptyset$, $I_1 = \Gamma(I_0)$, $I_2 = \Gamma(I_1)$, ..., $I_{n+1} = \Gamma(I_n)$ für jede natürliche Zahl n. Diese Mengen heißen „endliche Iterationen" von Γ. Zeigen Sie (induktiv!) dass für jedes n gilt, dass $I_n \subseteq I$, wobei I die durch Γ induktiv definierte Menge ist.

7. In vielen Fällen handelt es sich bei der durch Γ induktiv definierten Menge einfach um die Vereinigung all dieser endlichen Iterationen. Dies gilt in allen Fällen von induktiven Definitionen, die wir in dieser Einführung behandelt haben. Weshalb? Beweisen Sie, um dies zu beantworten, dass die durch Γ induktiv definierte Menge die Vereinigung aller ihrer endlichen Iterationen ist, wenn Γ „endlich basiert" ist, was wir sogleich definieren: Ein Operator Γ wird *endlich basiert* genannt, wenn es der Fall ist, dass

$$\forall X \, \forall x \, [x \in \Gamma(X) \rightarrow \exists Y \subseteq X (Y \text{ endlich } \wedge \, x \in \Gamma(Y))]$$

8. Ist ein monotoner Operator nicht endlich basiert, ist es in der Regel nötig, Γ „ins Transfinite" zu iterieren, wenn man die Menge „von unten" aufbauen will. Der Versuch, solchen transfiniten Induktionen Sinn abzugewinnen, war Cantors ursprüngliche Motivation bei der Entwicklung seiner Mengentheorie. Wir haben die Mengentheorie nicht weit genug verfolgt, um diese Probleme hier zu behandeln. Vielleicht möchten Sie sich aber ein Beispiel für dieses Phänomen überlegen. Dabei werden Sie natürlich auf einen Operator zurückgreifen müssen, der nicht endlich basiert ist.

KAPITEL 17

FORTGESCHRITTENE THEMEN DER AUSSAGENLOGIK

In diesem Kapitel beschäftigen wir uns mit einigen fortgeschrittenen Ideen und Resultaten der Aussagenlogik, also der Logik ohne Quantoren. Den wichtigsten Teil des Kapitels nimmt der Beweis des Vollständigkeitssatzes für das aussagenlogische Beweissystem $\mathscr{F}_T$ ein, das Sie im ersten Band kennengelernt haben. Dieses Resultat wurde in Abschnitt 8.3 (Band I) besprochen. Es wird im letzten Kapitel von Nutzen sein, wenn es darum geht, den Vollständigkeitssatz für das gesamte System $\mathscr{F}$ zu beweisen. In den letzten beiden Abschnitte dieses Kapitels behandeln wir aussagenlogische Themen, die für die Informatik eine wichtige Rolle spielen.

ABSCHNITT 17.1

BEWERTUNGSFUNKTIONEN UND WAHRHEITSTAFELN

Wahrheitstafeln modellieren

Unsere Diskussion der Wahrheitstafeln im ersten Band verlief recht informell. Wir haben beispielsweise keine präzise Definition der Wahrheitstafeln gegeben. Für manche Anwendungen ist diese informelle Herangehensweise ausreichend. Sobald es aber darum geht, Theoreme über PL1 zu beweisen, also etwa den Vollständigkeitssatz für $\mathscr{F}_T$, müssen Wahrheitstafeln mathematisch präzise beschrieben werden. Wie schon angekündigt, werden wir diese Beschreibung mit mengentheoretischen Mitteln vornehmen.

Um von den Einzelheiten der Wahrheitstafeln zu abstrahieren und das zu fassen, was an ihnen wesentlich ist, gehen wir wie folgt vor. Wir definieren eine *Bewertungsfunktion* bzw. Wahrheitswertbelegung für eine Sprache erster Stufe als eine Funktion h, die die Menge aller atomaren Sätze der Sprache in die Menge {WAHR, FALSCH} abbildet. Somit gibt uns h für jeden atomaren Satz A der Sprache einen Wahrheitswert, $h(A)$, nämlich entweder WAHR oder FALSCH. Intuitiv kann man sich eine solche Funktion h als Repräsentation einer Zeile der Referenzspalten einer großen Wahrheitstafel vorstellen.

Semantik modellieren

Wenn eine Bewertungsfunktion h gegeben ist, können wir erklären, was es bedeutet, dass h einen beliebigen Satz der Sprache wahr oder falsch macht. Dazu gibt es viele äquivalente Möglichkeiten. Eine natürliche Möglichkeit besteht darin, h zu einer Funktion $\hat{h}$ fortzusetzen, die für alle Sätze definiert ist und wiederum Werte aus der Menge {WAHR, FALSCH} annimmt. Wenn wir uns also h als Repräsentation einer Zeile der Referenzspalten vorstellen, dann füllt $\hat{h}$ die zugehörigen Werte aller Wahrheitstafeln für alle Sätze der Sprache aus, d.h. die Werte, die der Zeile h entsprechen. Die Funktion $\hat{h}$ ist so definiert, wie man dies aufgrund der Wahrheitstafeln erwarten würde:

1. $\hat{h}(Q) = h(Q)$ für atomare Sätze Q;

2. $\hat{h}(\neg Q) = $ WAHR genau dann, wenn $\hat{h}(Q) = $ FALSCH;

3. $\hat{h}(Q \wedge R) = $ WAHR genau dann, wenn $\hat{h}(Q) = $ WAHR und $\hat{h}(R) = $ WAHR;

4. $\hat{h}(Q \vee R) = $ WAHR genau dann, wenn $\hat{h}(Q) = $ WAHR oder $\hat{h}(R) = $ WAHR oder beides;

5. $\hat{h}(Q \rightarrow R) = $ WAHR genau dann, wenn $\hat{h}(Q) = $ FALSCH oder $\hat{h}(R) = $ WAHR oder beides;

6. $\hat{h}(Q \leftrightarrow R) = $ WAHR genau dann, wenn $\hat{h}(Q) = \hat{h}(R)$.

Eine Bewertungsfunktion h weist allen atomaren Sätzen der Sprache Werte zu. Um die Wahrheitstafel für einen Satz S auszufüllen, müssen wir, intuitiv gesprochen, nur die Referenzspalten für diejenigen atomaren Sätze ausfüllen, die in S auch vorkommen. In Übung 17.3 sollen Sie beweisen, dass die einzigen Werte von h, die für $\hat{h}(S)$ eine Rolle spielen, die der atomaren Bestandteile von S sind.

Dieses präzise Modell der Bewertungsfunktion erlaubt es uns, unsere Definition einer Tautologie und eines WT-erfüllbaren Satzes mathematisch exakt zu reformulieren. Wir definieren nämlich, dass S genau dann eine *Tautologie* ist, wenn S unter jeder Bewertungsfunktion h wahr ist, d.h. $\hat{h}(S) = $ WAHR. Allgemeiner nennen wir einen Satz S eine *tautologische Folgerung* aus einer Menge $\mathcal{T}$ von Sätzen genau dann, wenn jede Bewertungsfunktion, unter der alle Sätze aus $\mathcal{T}$ wahr sind, auch S wahr macht. Ähnlich definieren wir, dass ein Satz S WT-*erfüllbar* ist genau dann, wenn es eine Bewertungsfunktion h gibt, für die $\hat{h}(S) = $ WAHR. Analog nennen wir eine Menge $\mathcal{T}$ von Sätzen genau dann WT-*erfüllbar*, wenn es eine einzelne Bewertungsfunktion h gibt, unter der alle Sätze in $\mathcal{T}$ wahr sind.

Tautologien und Folgerungen modellieren

WT-*erfüllbar*

Satz 1. Der Satz S ist eine tautologische Folgerung aus der Satzmenge $\mathcal{T}$ genau dann, wenn die Menge $\mathcal{T} \cup \{\neg S\}$ nicht WT-erfüllbar ist.

Den Beweis dieses Resultats sollen Sie in einer Übungsaufgabe führen.

Beachten Sie Folgendes: Wenn $\mathcal{T}$ endlich ist, kann man die Frage, ob S eine tautologische Folgerung aus $\mathcal{T}$ ist, auf die Frage zurückführen, ob ein einzelner Satz nicht WT-erfüllbar ist, nämlich die Konjunktion aus allen Sätzen von $\mathcal{T}$ und $\neg$S.

> **Zur Erinnerung**
>
> Eine Bewertungsfunktion ist nichts weiter als eine Funktion von den atomaren Sätzen in die Menge {WAHR, FALSCH}. Sie gibt eine einzelne Zeile in der Wahrheitstafel für die gesamte Sprache an.

Übungen

17.1 Erinnern Sie sich an den Sheffer-Strich aus Übung 7.29 im ersten Band und an das dreistellige Symbol ♣, das wir ebenfalls in Band I besprochen hatten. Angenommen, wir hätten diese als primitive Symbole zu unserer Sprache hinzugenommen. Schreiben Sie die Einträge für $\hat{h}(Q \mid R)$ und $\hat{h}(♣(P, Q, R))$ auf, die notwendig wären, um die obige Definition zu vervollständigen.

17.2 Geben Sie einen informellen Beweis für Satz 1 auf Seite 113.

17.3 Es seien h_1 und h_2 Bewertungsfunktionen, die für alle atomaren Sätze in S übereinstimmen (also denselben Wert haben). Zeigen Sie, dass $\hat{h}_1(S) = \hat{h}_2(S)$. [Hinweis: Verwenden Sie Induktion über den Aufbau von Wffs.]

ABSCHNITT 17.2

DIE VOLLSTÄNDIGKEIT DER AUSSAGENLOGIK

Wir können nun den Vollständigkeitssatz für die Aussagenlogik beweisen, den wir zuerst in Band I (S. 225) formuliert hatten. Wir hatten die Notation $\mathscr{F}_T$ für den Teil von $\mathscr{F}$ verwendet, der nur die Einführungs- und Beseitigungsregeln für $\wedge, \vee, \neg, \rightarrow, \leftrightarrow$ und $\bot$ enthält. Wenn eine Satzmenge $\mathscr{T}$ und ein weiterer Satz S gegeben ist, so drücken wir durch $\mathscr{T} \vdash_T S$ aus, dass es einen formalen Beweis für S im System $\mathscr{F}_T$ gibt, der nur Prämissen aus $\mathscr{T}$ verwendet. Dabei wird nicht vorausgesetzt, dass jeder Satz aus $\mathscr{T}$ in dem Beweis auch tatsächlich verwendet wird. Es könnte beispielsweise sein, dass $\mathscr{T}$ unendlich ist; in einem konkreten Beweis können aber natürlich nur endlich viele Sätze vorkommen. Dies hat die folgende Konsequenz: Wenn $\mathscr{T} \vdash_T S$ und $\mathscr{T}$ eine Teilmenge einer Satzmenge $\mathscr{T}'$ ist, dann gilt auch $\mathscr{T}' \vdash_T S$. Das Ergebnis, das wir beweisen wollen, können wir nun folgendermaßen formulieren:

Vollständigkeit von $\mathscr{F}_T$ **Theorem** (Vollständigkeit von $\mathscr{F}_T$) Wenn ein Satz S eine tautologische Folgerung aus einer Satzmenge $\mathscr{T}$ ist, dann gilt $\mathscr{T} \vdash_T S$.

Vielleicht denken Sie, dass man den Vollständigkeitssatz dadurch beweist, dass man annimmt, S sei eine tautologische Folgerung aus $\mathscr{T}$, und dann versucht, einen Beweis für S aus $\mathscr{T}$ zu konstruieren. Weil wir nun aber nichts über die Bedeutung des Satzes S oder der Sätze aus $\mathscr{T}$ wissen, würde diese Strategie uns nicht weiterhelfen. Tatsächlich beweist man den Vollständigkeitssatz, indem man die Kontraposition beweist: Wenn $\mathscr{T} \nvdash_T S$ (d.h., wenn es keinen Beweis für S aus $\mathscr{T}$ gibt), dann ist S keine tautologische Folgerung aus $\mathscr{T}$. Wir werden also zeigen, dass es, falls $\mathscr{T} \nvdash_T S$, eine Bewertungsfunktion h gibt, die alle Sätze aus $\mathscr{T}$ wahr, S aber falsch macht. Mit anderen Worten, wir zeigen, dass dann $\mathscr{T} \cup \{\neg S\}$ WT-erfüllbar ist. Das folgende Lemma ist nützlich für den Beweis.

Lemma 2. $\mathscr{T} \cup \{\neg S\} \vdash_T \bot$ genau dann, wenn $\mathscr{T} \vdash_T S$.

Beweis: Angenommen, $\mathscr{T} \cup \{\neg S\} \vdash_T \bot$, d.h. es gibt einen Beweis für $\bot$ mit den Prämissen $\neg S$ und gewissen Sätzen $P_1, \ldots, P_n$ aus $\mathscr{T}$. Durch Umstellen dieser Prämissen können wir annehmen, dass der Beweis die folgende Form hat:

$$
\begin{array}{|l}
P_1 \\
\vdots \\
P_n \\
\underline{\neg S} \\
\\
\vdots \\
\bot
\end{array}
$$

Aus diesem Beweis können wir nun einen formalen Beweis für S aus $\mathscr{T}$ ableiten. Wir beginnen einen Beweis mit den Prämissen $P_1, \ldots, P_n$. Dann eröffnen wir sofort einen Unterbeweis mit der Annahme $\neg S$. In diesem Unterbeweis wiederholen wir den ursprünglichen Beweis für $\bot$. Wir schließen nun den Unterbeweis ab und wenden ¬ **Intro** an, um $\neg\neg S$ aus den Prämissen $P_1, \ldots, P_n$ abzuleiten. Eine Anwendung von ¬ **Elim** führt uns dann zu S. Der so erstellte Beweis sieht folgendermaßen aus:

$$
\begin{array}{l}
P_1 \\
\vdots \\
P_n \\
\quad\quad \neg S \\
\quad\quad \vdots \\
\quad\quad \bot \\
\neg\neg S \\
S
\end{array}
$$

Dieser formale Beweis zeigt, dass $\mathcal{T} \vdash_T S$, wie gewünscht. Die andere Richtung des Lemmas ist einfach zu beweisen; wir überlassen sie Ihnen als Übungsaufgabe 17.13.

Unser Lemma zeigt, dass die Annahme $\mathcal{T} \nvdash_T S$ gleichbedeutend damit ist, anzunehmen, dass $\mathcal{T} \cup \{\neg S\} \nvdash_T \bot$. Diese Beobachtungen können wir in positiver und leichter zu merkender Form ausdrücken, wenn wir den folgenden Begriff einführen: Wir nennen eine Satzmenge $\mathcal{T}$ *formal konsistent* genau dann, wenn *formale Konsistenz* $\mathcal{T} \nvdash_T \bot$, d.h. genau dann, wenn es keinen Beweis für $\bot$ aus $\mathcal{T}$ in $\mathcal{F}_T$ gibt. Mit Hilfe dieses Begriffs können wir den folgenden Satz formulieren, der sich als äquivalent zum Vollständigkeitssatz erweist:

Theorem (Andere Formulierung des Vollständigkeitssatzes) Jede formal konsistente Satzmenge ist WT-erfüllbar.

Der Vollständigkeitssatz folgt aus diesem Satz, wenn man ihn auf die Satzmenge $\mathcal{T} \cup \{\neg S\}$ anwendet. Im Rest dieses Abschnitts beweisen wir diesen Satz. Der Beweis ist seinem Aufbau nach recht einfach.

Beweisskizze

Vollständigkeitssatz für formal vollständige Satzmengen: Wir zeigen zuerst, dass der Satz für alle solchen formal konsistenten Satzmengen gilt, welche die zusätzliche Eigenschaft der formalen Vollständigkeit haben. Eine *formal vollständige Satzmengen* Satzmenge $\mathcal{T}$ heißt *formal vollständig*, wenn für jeden Satz S der Sprache entweder $\mathcal{T} \vdash_T S$ oder $\mathcal{T} \vdash_T \neg S$. Dies ist eine recht ungewöhnliche Eigenschaft für Satzmengen, denn sie besagt, dass die Menge so ausdrucksstark ist, dass sie jede Frage, die in der Sprache ausgedrückt werden kann, beantwortet, denn für jeden Satz ist entweder der Satz selbst oder dessen Negation ausgehend von $\mathcal{T}$ beweisbar.

Erweiterung zu formal vollständigen Satzmengen: Nachdem wir gezeigt haben, dass jede formal konsistente und formal vollständige Menge von Sätzen erfüllbar ist, werden wir zeigen, dass sich jede formal konsistente Satzmenge zu einer Menge erweitern lässt, die sowohl formal konsistent als auch formal vollständig ist.

Den Beweis zusammensetzen: Da diese erweiterte Menge WT-erfüllbar ist, ist auch die ursprüngliche Menge WT-erfüllbar, denn eine Bewertungsfunktion, welche die erweiterte Menge erfüllt, erfüllt auch die ursprüngliche Menge.

Im Rest dieses Abschnitts füllen wir diese Skizze aus.

Vollständigkeit für formal vollständige Satzmengen

Das folgende Lemma ist zentral für den Beweis, dass jede formal konsistente und formal vollständige Satzmenge WT-erfüllbar ist.

Lemma 3. Es sei $\mathscr{T}$ eine formal konsistente und formal vollständige Menge von Sätzen, und es seien R und S irgendwelche Sätze der Sprache.

1. $\mathscr{T} \vdash_T (R \wedge S)$ genau dann, wenn $\mathscr{T} \vdash_T R$ und $\mathscr{T} \vdash_T S$

2. $\mathscr{T} \vdash_T (R \vee S)$ genau dann, wenn $\mathscr{T} \vdash_T R$ oder $\mathscr{T} \vdash_T S$

3. $\mathscr{T} \vdash_T \neg S$ genau dann, wenn $\mathscr{T} \nvdash_T S$

4. $\mathscr{T} \vdash_T (R \rightarrow S)$ genau dann, wenn $\mathscr{T} \nvdash_T R$ oder $\mathscr{T} \vdash_T S$

5. $\mathscr{T} \vdash_T (R \leftrightarrow S)$ genau dann, wenn entweder $\mathscr{T} \vdash_T R$ und $\mathscr{T} \vdash_T S$ oder $\mathscr{T} \nvdash_T R$ und $\mathscr{T} \nvdash_T S$

Beweis: Wir beginnen mit dem Beweis von (1). Da es sich um ein „genau dann, wenn" handelt, müssen wir zeigen, dass aus jeder Seite die jeweils andere folgt. Wir nehmen zunächst an, dass $\mathscr{T} \vdash_T (R \wedge S)$. Wir müssen zeigen, dass $\mathscr{T} \vdash_T R$. Der Beweis, dass $\mathscr{T} \vdash_T S$, wird dann genauso verlaufen. Da $\mathscr{T} \vdash_T (R \wedge S)$, gibt es einen formalen Beweis für $(R \wedge S)$ mit Prämissen aus $\mathscr{T}$. Wir nehmen diesen Beweis und fügen einen Schritt hinzu. In diesem Schritt notieren wir den erwünschten Satz R und rechtfertigen dies durch die Regel $\wedge$ **Elim**.

Angenommen nun, $\mathscr{T} \vdash_T R$ und $\mathscr{T} \vdash_T S$. Es gibt also Beweise für jeden der beiden Sätze R und S mit Prämissen aus $\mathscr{T}$. Wir müssen diese beiden Beweise nun zu einem einzigen zusammensetzen. Angenommen, der Beweis für R benutzt die Prämissen $P_1, \ldots, P_n$ und sieht folgendermaßen aus:

$$
\begin{array}{|l}
P_1 \\
\quad \vdots \\
P_n \\
\hline
\quad \vdots \\
R
\end{array}
$$

Ebenso nehmen wir an, dass der Beweis für S die Prämissen $Q_1, \ldots, Q_k$ benutzt und wie folgt aussieht:

$$
\begin{array}{|l}
Q_1 \\
\quad \vdots \\
Q_k \\
\hline
\quad \vdots \\
S
\end{array}
$$

Um diese beiden Beweise zu einem einzigen zusammenzusetzen, notieren wir zunächst die Prämissen der beiden Beweise in Form einer Liste über dem Fitch-Strich. Unter dem Strich notieren wir dann die Schritte aus dem Beweis für R und anschließend die aus dem Beweis für S. Dabei müssen wir die zur Rechtfertigung angegebenen Zeilennummern anpassen, aber ansonsten ist das Ergebnis ein zulässiger Beweis in $\mathscr{F}_T$. Am Ende dieses Beweises fügen wir einen einzelnen Schritt hinzu, und zwar R∧S, gerechtfertigt mittels ∧ **Intro**. Der zusammengesetzte Beweis sieht folgendermaßen aus:

$$
\begin{array}{|l}
P_1 \\
\quad \vdots \\
P_n \\
Q_1 \\
\quad \vdots \\
Q_k \\
\hline
\quad \vdots \\
R \\
\quad \vdots \\
S \\
R \wedge S
\end{array}
$$

Jetzt zu (2). Die eine Hälfte, von rechts nach links, verläuft sehr einfach durch Anwendung der Regel ∨ **Intro**. Wir müssen nun die andere Richtung beweisen, d.h. wir wollen zeigen: Wenn $\mathcal{T} \vdash_T (R \vee S)$, dann $\mathcal{T} \vdash_T R$ oder $\mathcal{T} \vdash_T S$. (Das gilt im Allgemeinen nicht, aber wir haben es hier mit einer formal konsistenten und formal vollständigen Satzmenge zu tun.)

Angenommen, $\mathcal{T} \vdash_T (R \vee S)$. Mit Blick auf einen Widerspruchsbeweis nehmen wir aber an, dass $\mathcal{T} \nvdash_T R$ und $\mathcal{T} \nvdash_T S$. Da $\mathcal{T}$ formal vollständig ist, ergibt sich $\mathcal{T} \vdash_T \neg R$ und $\mathcal{T} \vdash_T \neg S$. Wir haben also zwei formale Beweise p_1 und p_2 mit Prämissen aus $\mathcal{T}$, wobei p_1 die Konklusion $\neg R$ hat und p_2 die Konklusion $\neg S$. Wie wir schon gesehen haben, können wir diese beiden Beweise zu einem einzelnen langen Beweis zusammensetzen, der diese beiden Konklusionen beweist. Mittels ∧ **Intro** können wir somit $\neg R \wedge \neg S$ beweisen. Diesen Beweis können wir nun aber durch den Beweis der de Morganschen Äquivalenz aus Übung 6.25 (Band I) erweitern, so dass sich ein Beweis für $\neg(R \vee S)$ ergibt. Somit gilt $\mathcal{T} \vdash_T \neg(R \vee S)$. Nach unserer Annahme gilt aber auch $\mathcal{T} \vdash_T (R \vee S)$. Wenn wir nun die beiden Beweise für $\neg(R \vee S)$ und für $R \vee S$ zusammensetzen, erhalten wir einen Beweis für $\bot$, indem wir einen einzelnen, durch $\bot$ **Intro** gerechtfertigten Schritt anfügen. Das bedeutet aber, dass $\mathcal{T}$ formal inkonsistent ist, was unserer Annahme der formalen Konsistenz widerspricht.

Eine Richtung von (3) folgt direkt aus der Definition von formaler Vollständigkeit; die andere Richtung folgt leicht aus der Definition von formaler Konsistenz.

Die Teile (4) und (5) können ähnlich beweisen werden wie (2), und wir lassen sie als Übungsaufgaben.

Mit Hilfe dieses Lemmas können wir nun den ersten Schritt in unserer Beweisskizze vervollständigen.

Satz 4. Jede formal konsistente und formal vollständige Satzmenge ist WT-erfüllbar.

Beweis: Es sei $\mathcal{T}$ eine formal konsistente und formal vollständige Satzmenge. Wir definieren eine Bewertungsfunktion h für die atomaren Sätze der Sprache wie folgt. Wenn $\mathcal{T} \vdash_T A$, dann setzen wir $h(A) = $ WAHR; anderenfalls setzen wir $h(A) = $ FALSCH. Die Funktion $\hat{h}$ ist somit für alle Sätze der Sprache, die atomaren wie die komplexen, definiert. Wir behaupten nun:

Für alle Wffs S gilt: $\hat{h}(S) = $ WAHR genau dann, wenn $\mathcal{T} \vdash_T S$.

Der Beweis hierfür zeigt eindrücklich, wie wichtig Beweise per Induktion über Wffs sind. Die Behauptung ist wahr für alle atomaren Wffs, denn so ist h definiert worden, und $\hat{h}$ und h stimmen für atomare Formeln überein. Wir zeigen nun: Wenn die Behauptung für Wffs R und S gilt, dann gilt sie auch für $(R \wedge S)$, $(R \vee S)$, $\neg R$, $(R \rightarrow S)$ und $(R \leftrightarrow S)$. Das folgt alles einfach aus Lemma 3. Wir betrachten den Fall der Disjunktion als Beispiel. Wir müssen zeigen, dass $\hat{h}(R \vee S) = \text{WAHR}$ genau dann, wenn $\mathscr{T} \vdash_T (R \vee S)$. Für die Richtung von links nach rechts nehmen wir an, dass $\hat{h}(R \vee S) = \text{WAHR}$. Nach der Definition von $\hat{h}$ ist nun entweder $\hat{h}(R) = \text{WAHR}$ oder $\hat{h}(S) = \text{WAHR}$ oder beides. Nach Induktionsannahme gilt dann $\mathscr{T} \vdash_T R$ oder $\mathscr{T} \vdash_T S$ oder beides. Aus dem Lemma ergibt sich daher $\mathscr{T} \vdash_T (R \vee S)$, was zu zeigen war. Die andere Richtung beweist man in ähnlicher Weise.

Wir haben somit gezeigt, dass die Bewertungsfunktion h alle Sätze, die aus $\mathscr{T}$ beweisbar sind, wahr macht. Da die Sätze, die $\mathscr{T}$ enthält, sicherlich aus $\mathscr{T}$ beweisbar sind (etwa durch **Reit**), folgt, dass h alle Sätze in $\mathscr{T}$ wahr macht. Also ist $\mathscr{T}$ WT-erfüllbar, was zu beweisen war.

Erweiterung zu formal vollständigen Satzmengen

Für den nächsten Schritt in unserem Vollständigkeitsbeweis müssen wir einen Weg finden, um von formal konsistenten Mengen von Wffs zu Mengen von Wffs zu gelangen, die *sowohl* formal konsistent *als auch* formal vollständig sind. Das nächste Lemma zeigt, dass das gar nicht so schwierig ist, wie es vielleicht erscheinen mag.

Lemma 5. Eine Satzmenge $\mathscr{T}$ ist genau dann formal vollständig, wenn für alle atomaren Sätze A gilt, dass $\mathscr{T} \vdash_T A$ oder $\mathscr{T} \vdash_T \neg A$.

Beweis: Die Richtung von links nach rechts ergibt sich direkt aus der Definition von formaler Vollständigkeit. Die Richtung von rechts nach links zeigen wir mittels eines weiteren Beweises per Induktion über Wffs. Angenommen, dass $\mathscr{T} \vdash_T A$ oder $\mathscr{T} \vdash_T \neg A$ gilt für alle atomaren Sätze A. Wir zeigen nun induktiv, dass dann für jeden Satz S gilt, dass $\mathscr{T} \vdash_T S$ oder $\mathscr{T} \vdash_T \neg S$. Der Induktionsanfang ergibt sich aus unserer Annahme. Wir wollen nun den Fall der Disjunktion beweisen. Wir nehmen also an, dass S von der Form P $\vee$ Q ist. Per Induktionsannahme wissen wir, dass $\mathscr{T}$ jeden der beiden Sätze P und Q entscheidet. Wenn $\mathscr{T}$ einen von ihnen zu beweisen erlaubt, dann ergibt sich $\mathscr{T} \vdash_T P \vee Q$ durch $\vee$ **Intro**. Angenommen nun, $\mathscr{T} \vdash_T \neg P$ und $\mathscr{T} \vdash_T \neg Q$. Indem wir die beiden Beweise zusammenführen und einen weiteren Schritt anfügen, ergibt sich ein Beweis für $\neg P \wedge \neg Q$. Diesen Beweis können wir zu einem Beweis für $\neg(P \vee Q)$ fortsetzen, womit wie gewünscht gezeigt ist, dass $\mathscr{T} \vdash_T \neg S$. Die anderen Induktionsschritte verlaufen ähnlich.

Wir füllen nun den zweiten Schritt in unserer Beweisskizze für den Vollständigkeitssatz aus.

Satz 6. Jede formal konsistente Satzmenge $\mathcal{T}$ lässt sich zu einer formal konsistenten und formal vollständigen Menge von Sätzen erweitern.

> **Beweis:** Wir erstellen eine Liste $A_1, A_2, A_3, \ldots$ aller atomaren Sätze unserer Sprache, z.b. in alphabetischer Ordnung. Dann gehen wir die Sätze der Reihe nach durch. Sobald ein Satz A_i vorkommt, für den weder A_i noch $\neg A_i$ ausgehend von unserer Menge beweisbar ist, nehmen wir A_i zur Menge hinzu. Beachten Sie, dass hierdurch die Menge niemals formal inkonsistent werden kann. Wenn man $\bot$ aus der neuen Menge beweisen könnte, dann könnte man $\neg A_i$ mittels Lemma 2 aus der vorhergehenden Menge beweisen. Aber dann hätten wir A_i nicht zu unserer Menge hinzugenommen.
>
> Als Ergebnis dieses Prozesses erhalten wir eine Menge von Sätzen, die nach dem vorangehenden Lemma formal vollständig ist. Diese Menge ist auch formal konsistent — schließlich ist ein Beweis für $\bot$ endlich lang und enthält somit auch nur eine endliche Anzahl von Prämissen. Daher könnte ein Beweis für $\bot$ schon auf einer der Stufen des Prozesses geführt werden, sobald man nämlich alle diese Prämissen schon hinzugefügt hätte.

Den Beweis zusammensetzen

Um nichts auszulassen, fügen wir nun alle bisherigen Ergebnisse zu einem Beweis des Vollständigkeitssatzes für $\mathcal{F}_T$ zusammen.

> **Beweis:** Angenommen, $\mathcal{T} \nvdash_T S$. Nach Lemma 2 ist damit $\mathcal{T} \cup \{\neg S\}$ formal konsistent. Diese Satzmenge kann nach Satz 4 zu einer formal konsistenten und formal vollständigen Menge erweitert werden, die WT-erfüllbar ist. Es sei h eine Bewertungsfunktion, die diese Satzmenge erfüllt. Damit macht h alle Elemente von $\mathcal{T}$ wahr, S aber falsch. Hierdurch ist gezeigt, dass S keine tautologische Folgerung aus $\mathcal{T}$ ist.

Aus dem Vollständigkeitssatz ergibt sich eine interessante und für die Logik wichtige Folgerung, der sog. *Kompaktheitssatz* oder *Endlichkeitssatz*. Diesen formulieren wir folgendermaßen:

Kompaktheitssatz

Theorem (Kompaktheitssatz für die Aussagenlogik) Es sei $\mathcal{T}$ irgendeine Menge von aussagenlogischen Sätzen. Wenn jede endliche Teilmenge von $\mathcal{T}$ WT-erfüllbar ist, dann ist auch $\mathcal{T}$ selbst WT-erfüllbar.

Beweis: Wir beweisen die Kontraposition der Behauptung. Angenommen, $\mathscr{T}$ ist nicht WT-erfüllbar. Nach dem Vollständigkeitssatz ist die Menge $\mathscr{T}$ daher nicht formal konsistent. Das bedeutet, dass $\mathscr{T} \vdash_T \bot$. Ein Beweis von $\bot$ aus $\mathscr{T}$ kann aber nur endlich viele Prämissen aus $\mathscr{T}$ enthalten. Es seien $P_1, \ldots, P_n$ diese Prämissen. Nach dem Korrektheitssatz ist $P_1, \ldots, P_n$ nicht WT-erfüllbar. Also gibt es eine endliche Teilmenge von $\mathscr{T}$, die nicht WT-erfüllbar ist.

Zur Erinnerung

1. Den Vollständigkeitssatz beweist man, indem man zeigt, dass jede formal konsistente Menge $\mathscr{T}$ von Sätzen WT-erfüllbar ist. Dazu geht man in zwei Schritten vor.

2. Im ersten Schritt zeigt man das Resultat für solche Satzmengen $\mathscr{T}$, die zusätzlich formal vollständig sind.

3. Im zweiten Schritt zeigt man, dass sich jede formal konsistente Satzmenge zu einer Menge erweitern lässt, die sowohl formal konsistent als auch formal vollständig ist.

Übungen

17.4 Betrachten Sie die folgende Satzmenge $\mathscr{T}$:

$$\{(A \wedge B) \to \neg A, \ C \vee A, \ \neg A \to A, \ B\}$$

Die Fitch-Dateien Exercise 17.4A und Exercise 17.4B enthalten Beweise, die zeigen, dass $\mathscr{T} \vdash_T \neg A$ und $\mathscr{T} \vdash_T \neg\neg A$. Erzeugen Sie aus diesen beiden Beweisen einen einzelnen Beweis, der zeigt, dass $\mathscr{T} \vdash_T \bot$. Schicken Sie den zusammengesetzten Beweis als Proof 17.4 ab.

Nehmen Sie für die folgenden drei Übungen an, dass Ihre Sprache nur zwei Prädikate enthält, nämlich Cube und Small, und zwei Individuenkonstanten, a und b, und all die Sätze, die sich hieraus mit Hilfe der wahrheitsfunktionalen Junktoren erzeugen lassen.

17.5 Es sei $\mathscr{T}$ die folgende Satzmenge:

$$\{\neg(\text{Cube}(a) \vee \text{Small}(a)), \ \text{Cube}(b) \to \text{Cube}(a), \ \text{Small}(a) \vee \text{Small}(b)\}$$

Zeigen Sie, dass diese Menge formal konsistent und formal vollständig ist. Für Ersteres werden Sie den Korrektheitssatz heranziehen müssen. Für Letzteres ist Lemma 5 nützlich.

17.6 Es sei $\mathscr{T}$ wiederum die folgende Satzmenge:

$$\{\neg(\text{Cube}(a) \lor \text{Small}(a)), \text{Cube}(b) \to \text{Cube}(a), \text{Small}(a) \lor \text{Small}(b)\}$$

Nach Satz 4 gibt es eine Bewertungsfunktion h, die alle diese Sätze wahr macht. Geben Sie für jeden der atomaren Sätze der Sprache an, welchen Wahrheitswert h ihm zuweist.

17.7 Diesmal sei $\mathscr{T}$ die folgende Satzmenge (beachten Sie den Unterschied im ersten Satz):

$$\{\neg(\text{Cube}(a) \land \text{Small}(a)), \text{Cube}(b) \to \text{Cube}(a), \text{Small}(a) \lor \text{Small}(b)\}$$

Diese Menge ist nicht formal vollständig. Benutzen Sie das Verfahren aus dem Beweis von Satz 6, um die Menge zu einer formal konsistenten und formal vollständigen Menge zu erweitern. (Verwenden Sie dabei die alphabetische Anordnung der atomaren Sätze.) Welche Menge ergibt sich? Welche Bewertungsfunktion h erfüllt diese Menge? Schicken Sie eine Welt ab, in der alle Sätze aus ihrer formal vollständigen Menge wahr sind.

17.8 Angenommen, unsere Sprache verfügt über unendlich viele atomare Sätze $A_1, A_2, A_3, \ldots$. Es sei $\mathscr{T}$ die folgende Menge von Sätzen:

$$\{A_1 \to A_2, A_2 \to A_3, A_3 \to A_4, \ldots\}$$

Es gibt unendlich viele verschiedene Bewertungsfunktionen, die diese Menge erfüllen. Geben Sie eine allgemeine Beschreibung dieser Belegungen an. Welche dieser Belegungen ergäbe sich nach der Methode, die wir im Beweis des Vollständigkeitssatzes verwendet haben?

Jede der folgenden vier Übungen enthält ein Argument. Klassifizieren Sie diese Argumente als (A) beweisbar in $\mathscr{F}_T$, (B) beweisbar in $\mathscr{F}$, aber nicht in $\mathscr{F}_T$, oder (C) nicht beweisbar in $\mathscr{F}$. Geben Sie explizit an, wo Sie sich in Ihrer Begründung auf den Korrektheits- oder Vollständigkeitssatz für $\mathscr{F}_T$ oder für $\mathscr{F}$ beziehen. (Natürlich haben wir Letzteren noch nicht bewiesen.) Denken Sie an unsere Konvention aus Kapitel 10 (Band I), wonach in der Definition von tautologischer Folgerung ein Satz, der mit einem Quantor beginnt, als atomar aufgefasst wird.

17.9

$\forall x\,\text{Dodec}(x) \to \forall x\,\text{Large}(x)$
$\forall x\,\text{Dodec}(x)$

$\forall x\,\text{Large}(x)$

17.10

$\forall x\,(\text{Dodec}(x) \to \text{Large}(x))$
$\forall x\,\text{Dodec}(x)$

$\forall x\,\text{Large}(x)$

17.11

$\forall x\,\text{Dodec}(x) \to \forall x\,\text{Large}(x)$
$\exists x\,\text{Dodec}(x)$

$\exists x\,\text{Large}(x)$

17.12

$\forall x\,(\text{Dodec}(x) \to \text{Large}(x))$
$\exists x\,\text{Dodec}(x)$

$\exists x\,\text{Large}(x)$

17.13 Beweisen Sie die Hälfte von Lemma 2, die wir nicht bewiesen haben, also die Richtung von rechts nach links.

17.14 Beweisen Sie die Richtung von rechts nach links für Teil (4) von Lemma 3.

17.15 Beweisen Sie die Richtung von links nach rechts für Teil (4) von Lemma 3.

17.16 Führen Sie im induktiven Beweis von Satz 4 den Schritt für Sätze der Form R → S aus.

ABSCHNITT 17.3

HORNFORMELN

In Kapitel 4 (Band I) lernten wir, wie man einen Satz ohne Quantoren in konjunktive Normalform (KNF) überführt, also in einen Satz, der eine Konjunktion darstellt, deren Konjunkte Disjunktionen aus Literalen sind. Literale sind hierbei atomare Sätze und deren Negationen. Wir nennen ein Literal *positiv* bzw. *negativ*, je nachdem, ob es ein atomarer Satz oder die Negation eines atomaren Satzes ist.

positive und negative Literale

Eine bestimmte Art von Sätzen in KNF spielt in der Informatik eine große Rolle: die sog. Hornformeln. Sie heißen nicht ihrer Form wegen so, sondern sind nach dem amerikanischen Logiker Alfred Horn benannt, der als Erster eine entsprechende Definition gab und Eigenschaften dieser Sätze studierte. Eine *Hornformel* ist ein Satz in KNF mit der folgenden zusätzlichen Eigenschaft: Jede Disjunktion von Literalen in dem Satz enthält *höchstens ein* positives Literal. Weiter unten werden wir sehen, dass sich Hornformeln in etwas intuitiverer Weise charakterisieren lassen, wenn man den Junktor → einsetzt. Vorläufig beschränken wir uns jedoch auf Sätze, die nur die Junktoren ∧, ∨ und ¬ enthalten.

Hornformeln

Die folgenden Sätze sind alle in KNF, aber keiner von ihnen ist eine Hornformel:

¬Zuhause(claire) ∧ (Zuhause(max) ∨ Glücklich(carl))
(Zuhause(claire) ∨ Zuhause(max) ∨ ¬Glücklich(claire)) ∧ ¬Glücklich(carl)
Zuhause(claire) ∨ Zuhause(max) ∨ ¬Zuhause(carl)

Der erste Satz ist keine Hornformel, weil das zweite Konjunkt zwei positive Literale enthält, nämlich Zuhause(max) und Glücklich(carl). Der zweite ist deswegen keine Hornformel, weil das erste Konjunkt die beiden positiven Literale Zuhause(claire) und Zuhause(max) enthält. Wissen Sie, warum der dritte Satz keine Hornformel ist?

Im Unterschied zu jenen Sätzen handelt es sich bei den folgenden Sätzen sehr wohl um Hornformeln:

¬Zuhause(claire) ∧ (¬Zuhause(max) ∨ Glücklich(carl))
Zuhause(claire) ∧ Zuhause(max) ∧ ¬Zuhause(carl)
Zuhause(claire) ∨ ¬Zuhause(max) ∨ ¬Zuhause(carl)
Zuhause(claire) ∧ Zuhause(max) ∧ (¬Zuhause(max) ∨ ¬Zuhause(max))

Bei jedem Satz zeigt sich, dass jedes Konjunkt höchstens ein positives Literal als Disjunkt enthält. Überprüfen Sie dies, um sicherzugehen, dass Sie die Definition verstehen. (Beachten Sie, dass die Definition der KNF auch einige entartete Fälle zulässt, wie wir in Kapitel 4 ausgeführt hatten.)

Die Definition einer Hornformel erscheint Ihnen vielleicht etwas *ad hoc*. Wieso sollte gerade diese Klasse von KNF-Sätzen etwas Besonderes sein? Wenn wir das materiale Konditional verwenden, können wir die Sätze in eine intuitivere Form bringen. Betrachten Sie den folgenden Satz:

konditionale Form von Hornformeln

$$(\text{Zuhause}(\text{claire}) \wedge \text{Zuhause}(\text{max})) \rightarrow \text{Glücklich}(\text{carl})$$

Wenn wir $\rightarrow$ durch den äquivalenten Ausdruck mit $\neg$ und $\vee$ ersetzen und dann de Morgans Gesetz anwenden, erhalten wir die folgende äquivalente Form:

$$\neg\text{Zuhause}(\text{claire}) \vee \neg\text{Zuhause}(\text{max}) \vee \text{Glücklich}(\text{carl})$$

Dies ist eine Disjunktion von Literalen, und nur eines davon ist positiv. Hornformeln sind gerade Konjunktionen von Sätzen dieser Form.

Es folgen einige weitere Beispiele. Angenommen, A, B, C und D sind atomare Sätze. Indem wir $\rightarrow$ durch seine Definition ersetzen und die de Morganschen Gesetze anwenden, sehen wir, dass jeder der Sätze links äquivalent ist zu der Hornformel rechts.

$$(A \rightarrow B) \wedge ((B \wedge C) \rightarrow D) \quad \Leftrightarrow \quad (\neg A \vee B) \wedge (\neg B \vee \neg C \vee D)$$
$$((B \wedge C \wedge D) \rightarrow A) \wedge \neg A \quad \Leftrightarrow \quad (\neg B \vee \neg C \vee \neg D \vee A) \wedge \neg A$$
$$A \wedge ((B \wedge C) \rightarrow D) \quad \Leftrightarrow \quad A \wedge (\neg B \vee \neg C \vee D)$$

Eine „typische" Hornformel ist eine Konjunktion von Sätzen, von welchen jeder eine Disjunktion aus mehreren negativen Literalen und einem positiven Literal ist, also etwa

$$\neg A_1 \vee \ldots \vee \neg A_n \vee B$$

Dies kann man mittels $\wedge$ und $\rightarrow$ wie folgt umformulieren:

$$(A_1 \wedge \ldots \wedge A_n) \rightarrow B$$

Dies ist der typische Fall. Es gibt aber wichtige Grenzfälle: Disjunktionen mit einem positiven Literal, aber *ohne negative Literale*, oder Disjunktionen aus einigen negativen Literalen *ohne positives Literal*. Mit Hilfe eines logischen Tricks können wir jedoch auch diese in dieselbe konditionale Form bringen. Der Trick besteht darin, zwei etwas seltsame atomare Sätze einzuführen, nämlich $\top$ und unseren alten Bekannten $\bot$. Der erste sei immer wahr; der zweite ist natürlich immer falsch. Mit Hilfe dieser Sätze lässt sich

$$\neg A_1 \vee \ldots \vee \neg A_n$$

umformulieren als:

$$(A_1 \wedge \ldots \wedge A_n) \to \bot$$

Ganz ähnlich können wir den einsamen atomaren Satz B als $\top \to B$ umformulieren. Wir fassen diese Beobachtungen in dem folgenden Ergebnis zusammen.

Satz 7. Jede Hornformel ist äquivalent zu einer Konjunktion von Konditionalsätzen von einer der folgenden drei Formen, wobei die A_i und B für gewöhnliche atomare Sätze stehen:

1. $(A_1 \wedge \ldots \wedge A_n) \to B$

2. $(A_1 \wedge \ldots \wedge A_n) \to \bot$

3. $\top \to B$

Ineffizienz der Wahrheitstafeln

Mit Hilfe der Wahrheitstafelmethode könnte man einen Computer so programmieren, dass er überprüft, ob ein Satz WT-erfüllbar ist oder nicht, denn die Wahrheitstafelmethode verläuft völlig mechanisch. Sie können sich den **Taut Con**-Mechanismus so vorstellen, obwohl er tatsächlich schlauer vorgeht als nach dieser „Augen zu und durch"-Methode. Im Allgemeinen ist allerdings wirklich jede Vorgehensweise, die Formeln auf WT-Erfüllbarkeit prüft, recht „teuer"; sie muss eine Menge Ressourcen einsetzen. So hat etwa die Wahrheitstafel für einen Satz aus 50 atomaren Sätzen 2^{50} Zeilen, das ist eine sehr große Zahl. Für Hornformeln müssen wir jedoch effektiv nur eine einzige Zeile überprüfen. Das macht diese Klasse von Sätzen so wichtig.

Erfüllbarkeitsalgorithmus für Hornformeln

Die effiziente Methode, um Hornformeln auf Erfüllbarkeit zu prüfen, ist als *Erfüllbarkeitsalgorithmus für Hornformeln* bekannt. Sie ist wirklich recht einfach. Wir beschreiben die Methode nun und wenden sie dann auf eine Reihe von Beispielen an. Die Grundidee hinter der Methode besteht darin, eine einzeilige Wahrheitstafel zu konstruieren, indem man hin und her springt und die Konjunkte des Satzes verwendet, um herauszufinden, unter welche atomaren Sätze man WAHR eintragen muss. Wir werden den Algorithmus zweimal formulieren, einmal für Hornformeln in KNF-Form und dann auch für die konditionale Form.

Erfüllbarkeitsalgorithmus für Hornformeln: Wir betrachten eine Hornformel S, die aus den atomaren Sätzen $A_1, \ldots, A_n$ aufgebaut ist. Wir beschreiben nun eine effiziente Testmethode für die Eigenschaft, WT-erfüllbar zu sein.

1. Wir beginnen wie beim Aufstellen einer Wahrheitstafel, d.h. wir schreiben zunächst alle atomaren Sätze in eine Zeile, gefolgt von S. Wir schreiben aber noch nicht WAHR oder FALSCH unter irgendeinen dieser Sätze.

2. Nun prüfen wir, ob irgendwelche der Sätze selbst Konjunkte von S sind. Falls ja, schreiben wir WAHR in die Referenzspalte unter diese atomaren Sätze.

3. Falls nun einige der atomaren Sätze den Wert WAHR erhalten haben, dann verwenden wir diese, um soviel wie möglich von der rechten Seite der Tabelle auszufüllen. Wenn Sie beispielsweise unter A_5 schon WAHR eingetragen haben, dann schreiben sie FALSCH überall dort, wo $\neg A_5$ vorkommt. Danach müssen möglicherweise weitere atomare Sätze mit WAHR belegt werden. Wenn beispielsweise $\neg A_1 \vee A_3 \vee \neg A_5$ ein Konjunkt von S und sowohl $\neg A_1$ als auch $\neg A_5$ schon FALSCH zugewiesen bekamen, dann schreiben Sie WAHR unter A_3. Fahren Sie hiermit fort, bis Sie weiter nichts mehr tun können.

4. Es gibt nun zwei Möglichkeiten. Die eine ist, dass Sie schließlich gezwungen werden, einem der Konjunkte von S, und somit auch S selbst, FALSCH zuzuweisen. In diesem Fall ist der Satz nicht WT-erfüllbar. Wenn dies aber nicht eintritt, dann ist S WT-erfüllbar. Sie können dann nämlich alle übrigen Spalten unter atomaren Sätzen mit FALSCH belegen. Daraus ergibt sich eine Bewertungsfunktion, unter der S wahr wird, wie wir unten zeigen werden. (Es kann auch andere Bewertungsfunktionen geben, unter denen S wahr ist; unser Algorithmus erzeugt lediglich eine davon.)

Wir wenden diesen Algorithmus nun auf ein Beispiel an.

Sie sind dran
. . . .

1. Wir betrachten den Satz ◀

   Zuhause(claire) $\wedge$ $\neg$Zuhause(max) $\wedge$ (Zuhause(max) $\vee$ $\neg$Zuhause(claire))

   Damit dies gut auf die Seite passt, kürzen wir die beiden atomaren Sätze Zuhause(claire) und Zuhause(max) durch C bzw. M ab. Öffnen Sie Boole und erzeugen Sie die folgende Tabelle (das geht leichter, wenn Sie im **Edit**-Menü den Punkt **By Row** anwählen):

C	M	C $\wedge$ $\neg$M $\wedge$ (M $\vee$ $\neg$C)

2. Nach dem ersten Schritt unserer obigen Methode müssen wir unter alle atomaren Sätze, die selbst ein Konjunkt von S sind, WAHR eintragen. In unserem Fall heißt das, dass wir unter C ein WAHR eintragen. Geben Sie also T (für „true") in die Referenzspalte für C ein. ◀

3. Wir prüfen nun, wieviel von der rechten Seite der Tabelle wir ausfüllen können. Benutzen Sie Boole um herauszufinden, welche Spalten rechts auf Spalten ◀

links Bezug nehmen, die bereits ausgefüllt sind. Es gibt nur eine davon, nämlich die unter $\neg C$. Füllen Sie diese aus, so dass Sie die folgende Tabelle erhalten:

C	M	$C \wedge \neg M \wedge (M \vee \neg C)$
T		F

▶ 4. Wenn wir nun das letzte Konjunkt betrachten, sehen wir, dass auch M ein WAHR erhalten muss, wenn das ganze Konjunkt wahr werden soll. Also tragen wir das ein und erhalten

C	M	$C \wedge \neg M \wedge (M \vee \neg C)$
T	T	F

▶ 5. Das bedeutet nun aber, dass das zweite Konjunkt FALSCH zugewiesen bekommt und somit der ganze Satz ein FALSCH erhält.

C	M	$C \wedge \neg M \wedge (M \vee \neg C)$	
T	T	F	F

Unser Satz ist also nicht WT-erfüllbar.

▶ 6. Vervollständigen Sie die Zeile der Tabelle und speichern Sie sie als Table Horn 1.

. . . . *Geschafft!*

Wir formulieren nun den Erfüllbarkeitsalgorithmus für Hornformeln in konditionaler Form; vielen leuchtet er so besser ein. Wir wenden ihn dann auf ein Beispiel an.

Algorithmus für konditionale Hornformeln

Erfüllbarkeitsalgorithmus für Hornformeln in konditionaler Form: Angenommen, wir haben eine Hornformel S in konditionaler Form, die aus den atomaren Sätzen $A_1, \ldots, A_n$ sowie aus $\top$ und $\bot$ besteht.

1. Falls es Konjunkte der Form $\top \to A_i$ gibt, schreiben wir WAHR in die Referenzspalte unter jedes dieser A_i.

2. Falls eines der Konjunkte die Form $(B_1 \wedge \ldots \wedge B_k) \to A$ hat und jedes der $B_1, \ldots, B_k$ schon WAHR zugewiesen bekam, dann weisen wir A den Wert WAHR zu.

3. Wiederholen Sie Schritt 2 so oft wie möglich.

4. Es gibt wieder zwei Möglichkeiten. Im einen Fall müssen Sie schließlich einem Konditional der Form $(B_1 \wedge \ldots \wedge B_k) \to \bot$ den Wert FALSCH zuweisen, weil Sie schon allen der B_i den Wert WAHR zugewiesen haben. In diesem Fall müssen Sie auch S ein FALSCH zuweisen, und S ist nicht WT-erfüllbar. Falls dies jedoch nicht eintritt, tragen Sie in die übrigen Referenzspalten atomarer Sätze FALSCH ein; so erhalten Sie eine Bewertungsfunktion, die alle Konditionale und somit auch S selbst wahr macht.

Dieses Mal betrachten wir den Satz

$$(\neg A \vee \neg B) \wedge (\neg B \vee C) \wedge B$$

In konditionaler Form erhalten wir

$$((A \wedge B) \to \bot) \wedge (B \to C) \wedge (\top \to B)$$

Wir geben die Tabelle nicht explizit an, sondern gehen die Methode nur schrittweise durch. Zunächst sehen wir, dass wir B den Wert WAHR zuweisen müssen, um den Satz zu erfüllen, denn eines der Konjunkte ist $\top \to B$. Dies zwingt uns im zweiten Konjunkt $B \to C$ dazu, auch C den Wert WAHR zuzuweisen. Weiter gibt es aber nun nichts zu tun. Also können wir A den Wert FALSCH zuweisen und erhalten eine Belegung, die das verbliebene Konditional und somit den ganzen Satz wahr macht.

Korrektheit des Algorithmus

Woher wissen wir, dass der Algorithmus korrekt ist? Nun, bislang wissen wir das noch nicht. Die Beispiele haben Sie möglicherweise davon überzeugt, reichen aber nicht hin. Wir müssen einen Beweis führen.

Theorem Der Erfüllbarkeitsalgorithmus für Hornformeln ist korrekt, d.h. er klassifiziert genau die WT-erfüllbaren Hornformeln als WT-erfüllbar.

Beweis: Wir müssen zwei Dinge beweisen: zum einen, dass jeder WT-erfüllbare Satz vom Algorithmus auch so klassifiziert wird; zum anderen, dass jeder vom Algorithmus als WT-erfüllbar klassifizierte Satz auch tatsächlich WT-erfüllbar ist. Wir werden das für die Version des Algorithmus für Hornformeln in konditionaler Form tun. Vorher präzisieren wir jedoch den Algorithmus. Wir definieren Mengen $\mathcal{T}_0, \mathcal{T}_1, \ldots$ von atomaren Sätzen (einschließlich $\top$ und $\bot$) wie folgt. Es sei $\mathcal{T}_0 = \{\top\}$. Nun sei $\mathcal{T}_1$ die Menge, die $\top$ enthält sowie all die atomaren Sätze A, für die $\top \to A$ ein Konjunkt von S ist. Allgemeiner definieren wir $\mathcal{T}_{n+1}$, gegeben $\mathcal{T}_n$, als Vereinigung von $\mathcal{T}_n$ mit allen atomaren Sätzen A derart, dass für irgendwelche $B_1, \ldots, B_k$ aus $\mathcal{T}_n$ das Konditional $(B_1 \wedge \ldots \wedge B_k) \to A$ ein Konjunkt von S ist. Es gilt somit $\mathcal{T}_n \subseteq \mathcal{T}_{n+1}$ für jedes n. Da S nur endlich viele atomare Sätze enthält, muss schließlich $\mathcal{T}_N = \mathcal{T}_{N+1}$ sein. Der Algorithmus erklärt S genau dann für WT-erfüllbar, wenn $\bot \notin \mathcal{T}_N$. Außerdem behauptet er, dass in allen Fällen, in denen $\bot$ kein Element von $\mathcal{T}_N$ ist, eine Bewertungsfunktion für S dadurch erzielt werden kann, dass man jedem atomaren Satz aus $\mathcal{T}_N$ den Wert WAHR zuweist und allen anderen FALSCH.

Um die erste Hälfte zu beweisen, zeigen wir, dass $\bot \notin \mathcal{T}_N$, falls S WT-erfüllbar ist. Ein leichter Beweis per Induktion über n zeigt, dass $h(A) =$ WAHR für jedes $A \in \mathcal{T}_n$. Daher gilt $\bot \notin \mathcal{T}_N$, denn $h(\bot) =$ FALSCH.

Um die andere Hälfte zu beweisen, nehmen wir an, dass $\perp \notin \mathscr{T}_N$ und definieren eine Belegung h, indem wir $h(A) =$ WAHR für $A \in \mathscr{T}_N$ setzen und $h(A) =$ FALSCH für alle anderen atomaren Sätze von S. Wir müssen nun zeigen, dass $\hat{h}(S) =$ WAHR. Es genügt dafür, zu zeigen, dass $\hat{h}(C) =$ WAHR für jedes Konditional C, das als Konjunkt in S vorkommt. Wir müssen drei Arten von Konditionalen betrachten:

Fall 1: Das Konjunkt ist von der Form $\top \to A$. In diesem Fall ist A schon in $\mathscr{T}_1$. Damit weist $\hat{h}$ aber A und somit auch dem ganzen Konditional den Wert WAHR zu.

Fall 2: Das Konjunkt hat die Form $(A_1 \wedge \ldots \wedge A_n) \to B$. Falls jedem der A_i der Wert WAHR zugewiesen wurde, dann gehören diese alle zu $\mathscr{T}_N$, und daher ist auch B in $\mathscr{T}_{N+1} = \mathscr{T}_N$. Damit weist aber $\hat{h}$ auch B und somit dem ganzen Konditional den Wert WAHR zu. Wenn andererseits einem der A_i der Wert FALSCH zugewiesen wird, dann ist das Konditional ebenfalls wahr unter $\hat{h}$.

Fall 3: Das Konjunkt ist von der Form $(A_1 \wedge \ldots \wedge A_n) \to \perp$. Da wir annehmen, dass $\perp \notin \mathscr{T}_N$, muss zumindest eines der A_i nicht in $\mathscr{T}_N$ sein; diesem wird daher unter h der Wert FALSCH zugewiesen. Damit ist aber das Antezedens des Konditionals unter $\hat{h}$ falsch, und das ganze Konditional ist wiederum wahr.

Zur Erinnerung

1. Eine Hornformel ist ein aussagenlogischer Satz in KNF von der Form, dass in jeder Disjunktion von Literalen höchstens ein positives Literal vorkommt.

2. Der Erfüllbarkeitsalgorithmus für Hornformeln ist eine effiziente Methode um zu Testen, ob eine Hornformel WT-erfüllbar ist.

Übungen

17.17 Falls Sie den **Sie sind dran**-Abschnitt ausgelassen haben, bearbeiten Sie ihn jetzt. Schicken Sie die Datei Table Horn 1 ab.

17.18 Einen Satz in KNF kann man sich als eine Liste von Sätzen vorstellen, von denen jeder
eine Disjunktion von Literalen ist. Falls es sich um eine Hornformel handelt, enthält jede
dieser Disjunktionen höchstens ein positives Literal. Öffnen Sie Horn's Sentences. Wie
Sie sehen, handelt es sich um eine Liste von Sätzen, die alle Disjunktionen von Literalen
sind und höchstens ein positives Literal enthalten. Benutzen Sie den oben angegebenen
Algorithmus, um eine Welt zu konstruieren, in der all diese Sätze wahr sind, und speichern
Sie diese als World 17.18.

17.19 Öffnen Sie Horn's Other Sentences. Diese Datei enthält eine Liste von disjunktiven Hornformeln. Verwenden Sie den oben angegebenen Algorithmus um zu versuchen, eine Welt
zu konstruieren, in der alle diese Sätze wahr sind. Falls dies möglich ist, speichern Sie diese Welt als World 17.19. Falls nicht, erklären Sie, wodurch der Algorithmus dies anzeigt.

17.20 Überführen Sie die folgenden Hornformeln in konditionale Form. Wie üblich nehmen wir
an, dass A, B und C atomare Sätze darstellen.
  1. $A \wedge (\neg A \vee B \vee \neg C) \wedge \neg C$
  2. $(\neg A \vee \neg B \vee C) \wedge \neg C$
  3. $(\neg A \vee B) \wedge (A \vee \neg B)$

*Benutzen Sie Boole, um den Erfüllbarkeitsalgorithmus auf die folgenden Hornformeln anzuwenden
(von denen zwei in konditionaler Form sind). Geben Sie die Zeile, die aus der Anwendung des Algorithmus resultiert, vollständig an. Die Tabelle, die Sie abschicken, sollte also eine einzige Zeile
enthalten, die der Belegung entspricht, die Sie durch Anwendung des Algorithmus erhalten. A, B, C
und D stehen für atomare Sätze. (Falls Sie den Menüpunkt **Verify Table** aufrufen, um Ihre Tabelle
zu überprüfen, wird Boole Sie darauf hinweisen, dass die Tabelle zu wenige Zeilen enthält. Diese
Meldung können Sie ignorieren.)*

17.21 $A \wedge (\neg A \vee B) \wedge (\neg B \vee C)$

17.22 $A \wedge (\neg A \vee B) \wedge \neg D$

17.23 $A \wedge (\neg A \vee B) \wedge \neg B$

17.24 $\neg A \wedge (\neg A \vee B) \wedge \neg B$

17.25 $((A \wedge B) \rightarrow C) \wedge (A \rightarrow B) \wedge A \wedge ((C \wedge B) \rightarrow D)$

17.26 $((A \wedge B) \rightarrow C) \wedge (A \rightarrow B) \wedge A \wedge ((C \wedge B) \rightarrow \bot)$

Die Programmiersprache Prolog basiert auf Hornformeln. Allerdings verwendet sie eine etwas andere Notation: Die Klausel

$$(A_1 \wedge \ldots \wedge A_n) \rightarrow B$$

wird häufig so geschrieben:

$$B :- A_1, \ldots, A_n$$

oder

$$B \leftarrow A_1, \ldots, A_n$$

und man liest „B, falls A_1 bis A_n". In den folgenden Übungen wird diese Prolog-Notation verwendet.

17.27 Betrachten Sie das folgende Prolog-„Programm".

$$\text{VorfahreVon}(a,b) \leftarrow \text{MutterVon}(a,b)$$
$$\text{VorfahreVon}(b,c) \leftarrow \text{MutterVon}(b,c)$$
$$\text{VorfahreVon}(a,b) \leftarrow \text{VaterVon}(a,b)$$
$$\text{VorfahreVon}(b,c) \leftarrow \text{VaterVon}(b,c)$$
$$\text{VorfahreVon}(a,c) \leftarrow \text{VorfahreVon}(a,b), \text{VorfahreVon}(b,c)$$
$$\text{MutterVon}(a,b) \leftarrow \text{WAHR}$$
$$\text{VaterVon}(b,c) \leftarrow \text{WAHR}$$
$$\text{VaterVon}(b,d) \leftarrow \text{WAHR}$$

Die ersten fünf Klauseln drücken einige generelle Tatsachen über die Relationen *Mutter von*, *Vater von* und *Vorfahre von* aus. (In Prolog darf man Variablen benutzen, so dass man ein Schema nur einmal angeben muss. Anstelle der ersten beiden Klauseln könnten wir also einfach VorfahreVon$(x,y) \leftarrow$ MutterVon(x,y) schreiben.) Die beiden letzten Klauseln beschreiben besondere Tatsachen betreffend *a, b, c* und *d*. Benutzen Sie den Erfüllbarkeitsalgorithmus für Hornformeln, um zu überprüfen, ob diese Menge von Hornformeln (in konditionaler Form) erfüllbar ist.

17.28 Das Prolog-Programm aus Übung 17.27 kann man sich auch als Teil einer Datenbank vorstellen. Um herauszufinden, ob daraus B folgt, fügt Prolog der Datenbank den Satz

$$\bot \leftarrow B$$

hinzu und wendet den Horn-Algorithmus auf die erweiterte Datenbank an. Wenn der Algorithmus keine Bewertungsfunktion findet, antwortet Prolog „ja", ansonsten „nein". Rechtfertigen Sie dies.

17.29 Benutzen Sie das Verfahren aus Aufgabe 17.28 um festzustellen, ob die folgenden Sätze aus dem Prolog-Programm von Aufgabe 17.27 folgen.

1. VorfahreVon(a,c)
2. VorfahreVon(c,d)
3. MutterVon(a,b)
4. MutterVon(a,d)

17.30 Angenommen, Sie haben eine Hornformel, die so in konditionale Form gebracht werden kann, dass kein Konjunkt der Form 3 in Satz 7 vorkommt. Zeigen Sie, dass dieser Satz erfüllbar ist. Zeigen Sie auch, dass eine konditionale Hornformel erfüllbar ist, wenn kein Konjunkt der Form 2 vorkommt.

ABSCHNITT 17.4

DAS RESOLUTIONSVERFAHREN

Menschen sind recht gut darin herauszufinden, ob ein Satz eine tautologische Folgerung aus einem anderen ist oder nicht. Falls ja, können wir für gewöhnlich einen Beweis geben, vor allem, wenn wir die wichtigsten Beweismethoden erlernt haben. Falls nein, können wir üblicherweise eine Bewertungsfunktion angeben, die die Prämissen wahr macht und die Konklusion falsch. Für Computeranwendungen benötigen wir jedoch einen verläßlichen und effizienten Algorithmus um herauszufinden, ob ein Satz eine tautologische Folgerung aus einem anderen Satz oder einer Menge von Sätzen ist.

Ein Satz S ist, wie wir gesehen haben, genau dann eine tautologische Folgerung aus den Prämissen $P_1, \ldots, P_n$, wenn die Menge $\{P_1, \ldots, P_n, \neg S\}$ nicht WT-erfüllbar ist, wenn also die Konjunktion dieser Sätze nicht erfüllbar ist. Daher laufen die Aufgaben, auf tautologische Folgerung oder auf nicht-WT-Erfüllbarkeit zu testen, auf dasselbe hinaus. In der Wahrheitstafelmethode besitzen wir eine verläßliche Methode hierfür. Leider kann dies sehr viel Zeit oder Papier (oder Computerspeicher) kosten. Falls wir in Fitch diese Methode verwendet hätten, wären wir mit sehr vielen Aufgaben an die Grenzen Ihres Computers gestoßen.

Wie wir gesehen haben, gibt es für Hornformeln eine viel effizientere Methode, welche die Wichtigkeit von Hornformeln für die Logik-Programmierung begründet. In diesem Abschnitt stellen wir eine Methode vor, die sich für beliebige Sätze in KNF einsetzen lässt. Sie ist im Allgemeinen nicht so effizient wie der Algorithmus für Hornformeln, aber sie ist häufig viel effizienter als das sture Überprüfen von Wahrheitstafeln. Ein weiterer Vorzug der Methode ist, dass sie sich auf die gesamte Sprache erster Stufe mit Quantoren ausdehnen lässt. Die Methode ist als Resolutionsverfahren bekannt, und sie liegt vielen Computeranwendungen der Logik zu Grunde. Obwohl sie nicht der Algorithmus ist, den wir tatsächlich in Fitch implementiert haben, sind die beiden Methoden eng verwandt.

Der grundlegende Begriff für die Resolutionsmethode ist der einer *Menge von Klauseln*. Eine *Klausel* ist einfach eine endliche Menge von Literalen. So ist beispielsweise

Menge von Klauseln

$$C_1 = \{\neg \mathsf{Small(a)}, \mathsf{Cube(a)}, \mathsf{BackOf(b,a)}\}$$

eine Klausel, und

$$C_2 = \{\mathsf{Small(a)}, \mathsf{Cube(b)}\}$$

leere Klauseln

ebenso. Das Zeichen $\square$ steht für die leere Klausel. Wir sagen, dass eine Klausel C von einer Bewertungsfunktion h erfüllt wird, wenn mindestens einem der Literale aus C von $\hat{h}$ der Wert WAHR zugewiesen wird.[1] Die leere Klausel $\square$ kann klarerweise von keiner Belegung WT-erfüllt werden, da sie keine Elemente enthält, die wahr gemacht werden könnten. Falls $C \neq \square$, dann erfüllt h die Menge C genau dann, wenn die Disjunktion dieser Sätze unter $\hat{h}$ den Wert WAHR erhält.

Wir sagen, dass eine nichtleere Menge $\mathscr{S}$ von Klauseln durch eine Bewertungsfunktion h erfüllt wird, wenn jede Klausel C in $\mathscr{S}$ von h erfüllt wird. Dies ist wiederum äquivalent dazu, dass $\hat{h}$ den KNF-Satz erfüllt, der durch Konjunktion derjenigen Disjunktionen entsteht, die den Klauseln von $\mathscr{S}$ entsprechen.

Das Ziel unserer Arbeit am Resolutionsverfahren ist es, einen möglichst effizienten Algorithmus zu finden, um festzustellen, ob eine Menge von Klauseln WT-erfüllbar ist. Die grundlegende Einsicht des Ansatzes besteht darin, dass es bisweilen einfacher ist, anstelle für die betrachtete Menge für eine abgeleitete größere Menge $\mathscr{S}'$ zu zeigen, dass diese nicht WT-erfüllbar ist. Solange die Methode, die $\mathscr{S}'$ aus $\mathscr{S}$ erzeugt, sicherstellt, dass beide Mengen von denselben Belegungen erfüllt werden, kann man mit der größeren Menge arbeiten. Man könnte diese Methode auch mehrfach anwenden, bis es offensichtlich ist, dass die betrachteten Mengen nicht WT-erfüllbar sind. Unsere Methode hierfür ist das sog. *Resolutionsverfahren.*

Resolutions-verfahren

Resolutionsverfahren:

1. Wir beginnen mit einer Menge $\mathscr{T}$ von Sätzen in KNF, von der wir hoffen zeigen zu können, dass sie nicht WT-erfüllbar ist. Jeden dieser Sätze überführen wir in offensichtlicher Weise in eine Menge von Klauseln: Disjunktionen von Literalen werden durch Klauseln aus diesen Literalen ersetzt, und Konjunktionen werden durch Mengen von Klauseln ersetzt. Die Menge all dieser Klauseln nennen wir $\mathscr{S}$. Unser Ziel ist nun zu zeigen, dass $\mathscr{S}$ *nicht* WT-erfüllbar ist.

Resolventen

2. Um zu zeigen, dass $\mathscr{S}$ *nicht* WT-erfüllbar ist, fügen wir nun in systematischer Weise Klauseln hinzu derart, dass die entstehende Menge durch dieselben Bewertungsfunktionen erfüllt wird wie die ursprüngliche Menge. Die hinzugefügten neuen Klauseln nennt man *Resolventen* von alten Klauseln. Wenn man schließlich zu einer Menge von Klauseln kommt, die $\square$ enthält und also offensichtlich nicht erfüllt werden kann, dann wissen wir, dass die ursprüngliche Menge $\mathscr{S}$ nicht erfüllt werden konnte.

---

[1]Wir haben nun zwei unvereinbare Definitionen dafür gegeben, wann eine Belegung eine Menge von Literalen erfüllt: Einmal im Hinblick auf die Erfüllung einer Satzmenge, die als eine Theorie aufgefasst wird, und einmal für die Satzmenge als Resolutionsklausel. Es wäre besser, zwei verschiedene Wörter zu verwenden, dies ist aber nicht üblich. Sie müssen also auf den Kontext achten um herauszufinden, welche Verwendungsweise gemeint ist.

Um unsere Erklärung der Resolutionsmethode zu vervollständigen, müssen wir noch angeben, was eine Resolvente ist. Der Verständlichkeit halber geben wir zunächst einige Beispiele. Es seien C_1 und C_2 die oben angeführten Klauseln. Wie Sie feststellen können, muss eine Belegung h, welche die Menge $\{C_1, C_2\}$ erfüllen soll, zumindest einem der Sätze Cube(a), Cube(b) oder BackOf(b, a) den Wert WAHR zuweisen. Es sei daher $C_3 = \{\text{Cube(a)}, \text{Cube(b)}, \text{BackOf(b, a)}\}$ eine zusätzliche Klausel. Die Mengen von Klauseln $\{C_1, C_2\}$ und $\{C_1, C_2, C_3\}$ werden von genau denselben Belegungen erfüllt. Die Klausel C_3 ist eine Resolvente der ursprünglichen Klauselmenge.

Als nächstes Beispiel seien C_1, C_2 und C_3 die folgenden drei Klauseln:

$$
\begin{aligned}
C_1 &= \{\text{Zuhause(max)}, \text{Zuhause(claire)}\} \\
C_2 &= \{\neg\text{Zuhause(claire)}\} \\
C_3 &= \{\neg\text{Zuhause(max)}\}
\end{aligned}
$$

Eine Belegung, die sowohl C_1 als auch C_2 erfüllen soll, muss auch die Klausel

$$
C_4 = \{\text{Zuhause(max)}\}
$$

erfüllen. Also fügen wir diese Resolvente C_4 zu unserer Menge hinzu. Für die neue Klauselmenge $\{C_1, C_2, C_3, C_4\}$ erkennt man nun aber durch bloßes Hinschauen, dass sie nicht erfüllt werden kann; C_3 und C_4 widersprechen sich direkt. Die ursprüngliche Menge ist also nicht WT-erfüllbar.

Vor dem Hintergrund dieser Beispiele definieren wir nun, wann eine Klausel R eine Resolvente zweier anderer Klauseln C_1 und C_2 ist.

Definition Eine Klausel R ist eine *Resolvente* der Klauseln C_1 und C_2, wenn es *Definition von* einen atomaren Satz gibt, der in der einen Klausel vorkommt und dessen Negation *Resolvente* in der anderen Klausel vorkommt, wobei R die Menge der übrigen Literale in den beiden Klauseln ist.

Es folgen ein paar weitere Beispiele. A, B, C und D stehen für atomare Sätze, □ wie oben für die leere Klausel.

$$\frac{\{A, D\} \ \{\neg A\}}{\{D\}}$$

$$\frac{\{A, \neg A\} \ \{A\}}{\{A\}}$$

$$\frac{\{B, C\} \ \{\neg B, \neg D\}}{\{C, \neg D\}}$$

$$\frac{\{D\} \ \{\neg D\}}{\square}$$

Die wichtigste Tatsache über das Resolutionsverfahren wird durch den folgenden Satz ausgedrückt. Den Beweis skizzieren wir in Übung 17.45.

Theorem (Vollständigkeit des Resolutionsverfahrens) Wenn $\mathscr{S}$ eine nicht WT-erfüllbare Menge von Klauseln ist, dann läßt sich durch wiederholte Anwendung des Resolutionsverfahrens stets $\square$ herleiten.

Das folgende Beispiel illustriert das Resolutionsverfahren. Angenommen, S ist der folgende Satz in KNF:

$$\neg A \wedge (B \vee C \vee B) \wedge (\neg C \vee \neg D) \wedge (A \vee D) \wedge (\neg B \vee \neg D)$$

Wir wenden Schritt 1 an und formen den Satz S zu den folgenden Klauseln um:

$$\{\neg A\}, \ \{B, C\}, \ \{\neg C, \neg D\}, \ \{A, D\}, \ \{\neg B, \neg D\}$$

Unser nächstes Ziel ist es, mittels Resolution zu zeigen, dass diese Menge von Klauseln (und damit der ursprüngliche Satz S) nicht WT-erfüllbar ist.

Die folgende Abbildung zeigt wiederholte Anwendungen von Schritt 2:

Beweis durch
Resolution
Da wir ausgehend von den Klauseln von $\mathscr{S}$ durch das Resolutionsverfahren zur leeren Klausel kamen, wissen wir, dass die ursprüngliche Satzmenge $\mathscr{T}$ nicht WT-erfüllbar ist. Ein solches Diagramm nennt man bisweilen auch *Beweis durch Resolution*.

Ein Beweis durch Resolution zeigt, dass eine Menge von Sätzen oder von Klauseln nicht WT-erfüllbar ist. Er kann aber auch dazu verwendet werden, zu zeigen, dass ein Satz C eine tautologische Folgerung aus den Prämissen $P_1, \ldots, P_n$ ist. Dies beruht auf der weiter oben festgehaltenen Beobachtung, dass S genau dann eine Folgerung aus den Prämissen $P_1, \ldots, P_n$ ist, wenn die Menge $\{P_1, \ldots, P_n, \neg S\}$ nicht WT-erfüllbar ist.

Zur Erinnerung

1. Jede Menge aussagenlogischer Sätze lässt sich als eine Menge von Klauseln ausdrücken.

2. Das Resolutionsverfahren ist ein wichtiges Hilfsmittel um festzustellen, ob eine Menge von Klauseln WT-erfüllbar ist. Der wichtigste Begriff ist der einer Resolvente für eine Menge von Klauseln.

3. Eine Klausel R ist dann eine Resolvente für die Klauseln C_1 und C_2, wenn es einen atomaren Satz in der einen Klausel gibt, dessen Negation in der anderen Klausel enthalten ist, und wenn R die Menge aller übrigen Literale in den beiden Klauseln ist.

Übungen

17.31 Öffnen Sie Alan Robinson's Sentences. Die Sätze in dieser Datei sind in keiner Welt gemeinsam erfüllbar. Es sind sogar schon die ersten sechs Sätze nicht gemeinsam erfüllbar. Zeigen Sie, dass die ersten fünf gemeinsam erfüllbar sind, indem Sie eine Welt konstruieren, in der sie alle wahr sind. Schicken Sie diese Welt als World 17.31 ab. Zeigen Sie weiter, dass jeder Satz ab dem siebten mittels Resolution aus früheren Sätzen hervorgeht, wenn wir die Disjunktionen als Klauseln lesen. Der letzte „Satz", □, ist offensichtlich nicht erfüllbar, und daher sind auch die ersten sechs Sätze nicht gemeinsam erfüllbar. Geben Sie hierfür einen Beweis durch Resolution ab.

17.32 Geben Sie mittels Fitch einen gewöhnlichen Beweis dafür, dass die ersten sechs Sätze von Alan Robinson's Sentences nicht erfüllbar sind.

17.33 Erstellen Sie einen Beweis durch Resolution, der zeigt, dass der folgende KNF-Satz nicht erfüllbar ist:

$$(A \lor \neg C \lor B) \land \neg A \land (C \lor B \lor A) \land (A \lor \neg B)$$

17.34 Erstellen Sie einen Beweis durch Resolution, der zeigt, dass der folgende Satz nicht erfüllbar ist. Da der Satz nicht in KNF ist, müssen Sie ihn erst in KNF bringen.

$$\neg\neg A \land (\neg A \lor ((\neg B \lor C) \land B)) \land \neg C$$

17.35 Mit dem Resolutionsverfahren kann man auch zeigen, dass ein Satz logisch wahr ist. Um zu zeigen, dass ein Satz logisch wahr ist, muss man nur zeigen, dass seine Negation nicht erfüllbar ist. Benutzen Sie das Resolutionsverfahren um zu zeigen, dass der folgende Satz logisch wahr ist:

$$A \lor (B \land C) \lor (\neg A \land \neg B) \lor (\neg A \land B \land \neg C)$$

Geben Sie für die folgenden Argumente Beweise durch Resolution. Denken Sie daran, dass ein Resolutionsbeweis zeigen muss, dass die Prämissen und die Negation der Konklusion zusammen eine unerfüllbare Menge bilden.

17.36
$$\neg B$$
$$\neg A \lor C$$
$$\neg(C \land \neg B)$$
$$\overline{\neg A}$$

17.37
$$C \lor A$$
$$\neg C$$
$$\overline{A \lor B}$$

17.38
$$\neg A \lor B$$
$$C \lor \neg(A \land B)$$
$$\overline{\neg A \lor (B \land C)}$$

17.39
$$A \to B$$
$$A$$
$$\overline{B}$$

17.40
$$B \to C$$
$$\overline{(A \land B) \to C}$$

17.41
$$A \lor B$$
$$A \to C$$
$$B \to D$$
$$\overline{C \lor D}$$

17.42
✎

A ∨ (B ∧ C)
¬E
(A ∨ B) → (D ∨ E)
¬A
────────
C ∧ D

17.43
✎

¬A → B
C → (D ∨ E)
D → ¬C
A → ¬E
────────
C → B

17.44 (Korrektheit des Resolutionsverfahrens) Es sei $\mathscr{S}$ eine nichtleere Menge von Klauseln.
✎*

1. Es seien C_1 und C_2 Klauseln aus $\mathscr{S}$, und es sei R eine Resolvente von C_1 und C_2. Zeigen Sie, dass $\mathscr{S}$ und $\mathscr{S} \cup \{R\}$ von denselben Belegungen erfüllt werden.

2. Schließen Sie daraus, dass es unmöglich ist, durch wiederholte Resolution zu □ zu gelangen, falls $\mathscr{S}$ erfüllbar ist.

17.45 (Vollständigkeit des Resolutionsverfahrens) In dieser Aufgabe skizzieren wir einen Beweis
✎** des oben angegebenen Satzes, wonach das Resolutionsverfahren vollständig ist.

1. Angenommen, $\mathscr{S}$ ist eine Menge von Klauseln, und die einzigen Literale, die in den Klauseln vorkommen, sind A und ¬A. Zeigen Sie für den Fall, dass $\mathscr{S}$ nicht erfüllbar ist, dass □ eine Resolvente von Klauseln aus $\mathscr{S}$ ist.

2. Nehmen Sie nun an, dass $\mathscr{S}$ eine Menge von Klauseln ist und dass nur die Literale A, B, ¬A und ¬B in den Klauseln vorkommen. Bilden Sie zwei neue Mengen von Klauseln wie folgt. Erzeugen Sie zunächst die Mengen S^B und $S^{\neg B}$, wobei die erste von diesen alle Klauseln aus $\mathscr{S}$ enthält, in denen B nicht vorkommt, und die zweite all die Klauseln aus $\mathscr{S}$ enthält, in denen ¬B nicht vorkommt. Beachten Sie, dass sich diese Mengen überschneiden können, denn einige Klauseln in $\mathscr{S}$ könnten weder das eine noch das andere enthalten. Nehmen Sie an, dass $\mathscr{S}$ nicht erfüllbar ist. Es sei nun h irgendeine Bewertungsfunktion. Zeigen Sie, dass für den Fall, dass $h(B) =$ WAHR, die Belegung h die Menge S^B nicht erfüllen kann. Zeigen Sie in ähnlicher Weise, dass für den Fall, dass $h(B) =$ FALSCH, die Belegung h die Menge $S^{\neg B}$ nicht erfüllt.

3. Wir führen die Konstruktion fort und erzeugen neue Mengen von Klauseln, S_B und $S_{\neg B}$. Die Erstere entsteht aus S^B, indem aus jeder Klausel, die ¬B enthält, dieses entfernt wird. Die Letztere entsteht aus $S^{\neg B}$, indem B aus den Klauseln entfernt wird. Zeigen Sie, dass die obige Beobachtung über h auch auf diese neuen Mengen zutrifft. Allerdings kommen nun weder B noch ¬B in irgendwelchen Klauseln aus diesen Mengen vor. Es folgt, dass keine Belegung S_B erfüllt, und dass keine Belegung $S_{\neg B}$ erfüllt.

4. Wir führen den Beweis fort. Zeigen Sie, dass für den Fall, dass $\mathscr{S}$ nicht erfüllbar ist, □ als Resolvente sowohl von S_B als auch von $S_{\neg B}$ erzielt werden kann. Nun hilft das Resultat weiter, das wir in Schritt 1 hergeleitet haben.

5. Zeigen Sie mit Hilfe dieses Resultats, dass für den Fall, dass $\mathscr{S}$ nicht erfüllbar ist, sich □ oder $\{\neg B\}$ als Resolvente aus S^B erzielen lässt. Zeigen Sie in ähnlicher Weise, dass sich □ oder $\{B\}$ als Resolvente aus $S^{\neg B}$ erzeugen lässt.

6. Folgern Sie daraus, dass für den Fall, dass $\mathscr{S}$ nicht erfüllbar ist, □ schließlich als Resolvente von $\mathscr{S}$ erzeugt werden kann.

7. Sie haben nun gezeigt, dass eine nicht erfüllbare Menge $\mathscr{S}$ von Klauseln, die aus nur zwei atomaren Sätzen aufgebaut ist, schließlich □ als Resolvente hat. Sehen Sie, wie sich diese Methode für den Fall von drei atomaren Sätzen verallgemeinern lässt? Sie werden hierzu die Resultate für einen und für zwei atomare Sätze brauchen.

8. Wenn Sie das Induktionskapitel durchgearbeitet haben, vervollständigen Sie nun diesen Beweis zu einem allgemeinen Beweis für Satz 17.4. Außer der Induktion kommt hierbei nichts Neues ins Spiel.

KAPITEL 18

FORTGESCHRITTENE THEMEN DER PRÄDIKATENLOGIK

In diesem Kapitel wollen wir einige fortgeschrittene Themen der Prädikatenlogik erster Stufe erörtern. In den ersten drei Abschnitten geht es dabei um ein mathematisches Rahmenwerk, mit dem die Semantik von PL1 in strikter Weise behandelt werden kann. In diesem Rahmen können wir unsere informellen Begriffe der Gültigkeit bzw. PL1-Wahrheit sowie den der PL1-Folgerung präzise fassen und zu guter Letzt das Korrektheitstheorem für das gesamte System $\mathscr{F}$ beweisen. In den folgenden Abschnitten werden die Unifikation und das Resolutionsverfahren behandelt, welche für die Informatik von Bedeutung sind. Das Vollständigkeitstheorem für $\mathscr{F}$ greifen wir dann im nächsten Kapitel auf, welches die Abschnitte über Unifikation und das Resolutionsverfahren nicht voraussetzt.

ABSCHNITT 18.1
PL1-STRUKTUREN

Als wir die Aussagenlogik behandelten, besprachen wir die Idee, dass sich die logische Folgerung aufgrund der Bedeutungen der wahrheitsfunktionalen Junktoren ergibt. Wir entwickelten dann den strikten Begriff der tautologischen Folgerung als präzise Annäherung an den intuitiven Begriff der logischen Folgerung. Diesen Grad an Präzision verdanken wir der Wahrheitstafelmethode, die wir später zu Bewertungsfunktionen erweiterten. Bewertungsfunktionen besitzen gegenüber Wahrheitstafeln zwei Vorteile: Erstens ist es uns durch sie möglich, den Begriff der tautologischen Folgerung auf unendliche Satzmengen anzuwenden, da Bewertungsfunktionen allen atomaren Sätzen gleichzeitig Wahrheitswerte zuordnen und somit auch Wahrheit oder Falschheit jedes Satzes der zugrunde gelegten Sprache festlegen. Zweitens ermöglichen sie uns, dies mit aller mathematischen Strenge zu tun.

In Kapitel 10 (Band I) hatten wir eine weitere Annäherung an den intuitiven Folgerungsbegriff erörtert, nämlich den Begriff der PL1-Folgerung, also der Folgerung aufgrund der Bedeutungen von $\forall, \exists$ und $=$ sowie der wahrheitsfunktionalen Junktoren. Wir beschrieben dort etwas vage eine Technik, um bestimmen zu können, wann ein Satz eine PL1-Folgerung aus anderen Sätzen darstellt; allerdings verfügten wir nicht über ein Gegenstück zu Wahrheitstafeln, das präzise genug war, um Behauptungen über den Begriff der PL1-Folgerung wie das Korrektheitstheorem für $\mathscr{F}$ beweisen zu können.

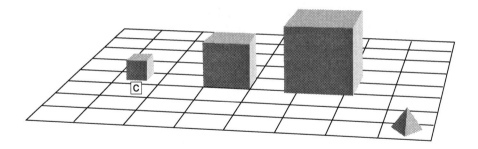

Abbildung 18.1: Mary Ellen's World.

Nachdem wir uns nun einige Werkzeuge der Mengentheorie zu Eigen gemacht haben, können wir dieses Problem lösen. In diesem Abschnitt definieren wir den Begriff einer PL1-Struktur. Eine PL1-Struktur entspricht einer Bewertungsfunktion in der Aussagenlogik. Sie repräsentiert die Umstände, welche die Wahrheitswerte aller Sätze einer Sprache bestimmen; dabei trägt sie allerdings auch der Identität und den PL1-Quantoren $\forall$ und $\exists$ Rechnung. Somit wird es uns auch möglich sein, präzise Definitionen der PL1-Wahrheit und PL1-Folgerung zu geben.

PL1-Strukturen

Bei unserer intuitiven Erklärung der Semantik quantifizierter Sätze griffen wir auf den Begriff des „Gegenstandsbereichs" zurück und definierten Wahrheit und Erfüllung relativ zu einem solchen Bereich. Wir hatten angenommen, dass dieser Begriff intuitiv einleuchtet und dass Sie mit ihm vertraut sind sowohl durch den Umgang mit Tarski's World als auch durch alltägliche Gespräche mit anderen über Situationen in der realen Welt. Der Begriff einer PL1-Struktur ergibt sich auf natürliche Weise, wenn man diese Bereiche mit Hilfe der Mengentheorie modelliert.

Wir wollen mit einer sehr einfachen Sprache beginnen, die einen Teil der Klötzchensprache ausmacht. Angenommen, wir verfügen nur über drei Prädikate, nämlich Cube, Larger und = sowie über einen Namen, sagen wir c. Selbst in einer derart einfachen Sprache gibt es unendlich viele Sätze. Wie sollen wir in strikter Weise die Umstände repräsentieren, durch welche die Wahrheitswerte der Sätze dieser Sprache festgelegt werden?

Betrachten wir als Beispiel Mary Ellen's World, die in Abbildung 18.1 dargestellt ist. Diese Welt besteht aus drei Würfeln, jeweils einem von jeder Größe, und einem kleinen Tetraeder. Der kleine Würfel heißt c. Unser Ziel besteht darin, ein mathematisches Objekt zu konstruieren, das jeden Zug dieser Welt repräsentiert, der für die Wahrheitswerte der Sätze in unserer Spielzeugsprache relevant ist. Später werden wir dies für beliebige Sprachen erster Stufe verallgemeinern.

Welten modellieren

Da Sätze in Mary Ellen's World bewertet werden sollen, müssen wir natürlich zum einen repräsentieren, dass die Welt vier Objekte enthält. Wir bewerkstelligen

Gegenstands-
bereich

dies, indem wir auf eine Menge $D = \{b_1, b_2, b_3, b_4\}$ mit vier Objekten zurückgreifen, wobei b_1 das am weitesten links befindliche Klötzchen repräsentiert, b_2 das nächste und so weiter. Somit repräsentiert b_4 das einzige Tetraeder. Diese Menge D nennt man den *Gegenstandsbereich* unserer PL1-Struktur.

Um PL1-Strukturen so überschaubar wie möglich zu halten, repräsentieren wir nur diejenigen Eigenschaften des Gegenstandsbereiches, die relevant für die Wahrheit der Sätze einer gegebenen PL1-Sprache sind. In Hinblick auf unsere augenblicklich verwendete Teilsprache gibt es viele Eigenschaften von Mary Ellen's World, die für die Wahrheit von Sätzen völlig unerheblich sind. Da wir beispielsweise nichts über Standorte sagen können, ist es nicht erforderlich, dass unsere mathematische Struktur entsprechende Tatsachen bezüglich der Standorte unserer Klötzchen berücksichtigt. Demgegenüber können wir aber etwas über Größe und Formen sagen. Wir können etwa sagen, dass ein Objekt (k)ein Würfel ist und dass ein Gegenstand (nicht) größer als ein anderer ist. Daher werden wir derartige Tatsachen repräsentieren müssen. Wir bewerkstelligen dies, indem wir dem Prädikat Cube eine bestimmte Teilmenge Cu des Gegenstandsbereiches D zu-

Extensionen von
Prädikaten

ordnen, nämlich die Menge der Würfel. Diese Menge nennt man die *Extension* des Prädikats Cube in unserer PL1-Struktur. Im Rahmen der Modellierung der oben beschriebenen Welt handelt es sich bei dieser Extension um die Menge $Cu = \{b_1, b_2, b_3\}$. Um entsprechend Tatsachen über die relativen Größen der Gegenstände zu repräsentieren, ordnen wir dem Prädikat Larger eine Menge La von geordneten Paaren $\langle x, y \rangle$ zu, wobei $x, y \in D$. Falls $\langle x, y \rangle \in La$, dann repräsentiert dies die Tatsache, dass x größer als y ist. Im Rahmen unseres Beispiels wäre etwa Folgendes der Fall

$$La = \{\langle b_2, b_1 \rangle, \langle b_3, b_1 \rangle, \langle b_3, b_2 \rangle, \langle b_2, b_4 \rangle, \langle b_3, b_4 \rangle\}$$

La bezeichnet man auch als die *Extension* von Larger in der PL1-Struktur.

Zur Vervollständigung unserer Repräsentation müssen wir nur noch eine Sache berücksichtigen, zumindest soweit es die gerade betrachtete Sprache betrifft. Wir müssen noch die Individuenkonstante c mit dem von ihr benannten Klötzchen verknüpfen. Das heißt, wir müssen im Rahmen unserer Struktur irgendwie festlegen, dass c ein Name von Klötzchen b_1 und nicht von einem anderen Klötzchen ist. Oder, um es etwas technischer auszudrücken, wir müssen die Tatsache repräsen-

Referenzobjekte
von Konstanten

tieren, dass in unserer Welt b_1 das *Referenzobjekt* des Namens c ist. Somit müssen wir den Namen c mit dem Objekt b_1 verknüpfen, das er benennt. Im Allgemeinen besteht die einfachste Weise dies zu tun darin, auf eine Funktion zurückzugreifen, welche jedem Namen in der Sprache dasjenige Objekt im Gegenstandsbereich zuweist, welches er eben benennt. Diese Funktion könnte man als Benennungsfunktion bezeichnen. (In unserer endgültigen Definition werden wir eine etwas andere Funktion verwenden.)

Identität

Bislang haben wir das Identitätsprädikat = vernachlässigt. Dies ist darin begründet, dass seine Extension fest steht, sobald wir über einen Gegenstandsbereich D verfügen. Ihm wird als Bedeutung stets die Identitätsrelation zugewiesen, so dass seine Extension die Menge der Paare $\langle a, a \rangle$ ist, wobei $a \in D$. Im vorliegenden Fall ist diese Extension die Menge $\{\langle b_1, b_1 \rangle, \langle b_2, b_2 \rangle, \langle b_3, b_3 \rangle, \langle b_4, b_4 \rangle\}$.

Wir wollen uns noch etwas eingehender mit unserer Miniatursprache beschäftigen und uns fragen, wie wir andere Welten repräsentieren würden. Im Allgemeinen benötigen wir dazu: einen Gegenstandsbereich D, eine Teilmenge Cu von D, welche als Extension des Prädikats Cube dient, eine Menge La geordneter Paare aus D als Extension des Prädikats Larger sowie eine Zuordnung des Namens c zu seinem Bezugsobjekt, welches dem Gegenstandsbereich D angehört. Um mit einem einzigen Objekt die gesamte Welt mit allen relevanten Tatsachen zu repräsentieren, fassen wir den Gegenstandsbereich, die Extensionen der Prädikate und die Referenzobjekte der Namen zu einem mathematischen Objekt zusammen. Wie man dabei genau vorgeht, ist nicht allzu wichtig; verschiedene Lehrbücher schlagen verschiedene Wege ein. Die eleganteste Vorgehensweise, die auch wir verwenden wollen, greift auf eine einzige Funktion $\mathfrak{M}$ zurück. („$\mathfrak{M}$" steht dabei für „Modell", einer weiteren gebräuchlichen Bezeichnung für das, was wir eine Struktur nennen.)

Die Funktion $\mathfrak{M}$ ist definiert auf den Prädikaten der Sprache, ihren Namen und dem Quantorensymbol $\forall$. Eine solche Funktion nennt man eine *PL1-Struktur,* falls die folgenden Bedingungen erfüllt sind:

Definition einer PL1-Struktur

1. $\mathfrak{M}(\forall)$ ist eine nicht-leere Menge D, welche der *Gegenstandsbereich* von $\mathfrak{M}$ genannt wird.

2. Wenn P ein n-stelliges Prädikatensymbol der Sprache ist, dann ist $\mathfrak{M}(\mathsf{P})$ eine Menge von n-Tupeln $\langle x_1, \ldots, x_n \rangle$ von Elementen aus D. Diese Menge nennt man die *Extension* von P in $\mathfrak{M}$. Die Extension des Identitätssymbols wird festgelegt als Menge der Paare $\langle x, x \rangle$ für jedes $x \in D$.

3. Ist c ein Name der Sprache, dann ist $\mathfrak{M}(\mathsf{c})$ ein Element von D, welches das *Referenzobjekt* von c in $\mathfrak{M}$ genannt wird.

Anstelle von $\mathfrak{M}(\mathsf{Cube})$ ist es gebräuchlicher, $\mathsf{Cube}^{\mathfrak{M}}$ zu notieren und im Falle anderer Prädikate und Namen entsprechend zu verfahren. Üblicherweise schreibt man auch einfach $D^{\mathfrak{M}}$ für den Gegenstandsbereich $\mathfrak{M}(\forall)$ oder einfach nur D, falls sich aus dem Kontext ergibt, von welcher Struktur $\mathfrak{M}$ die Rede ist.

Wir wollen noch etwas weiter auf die Anforderungen eingehen, die wir an PL1-Strukturen gestellt haben. Falls es uns bei der Definition des Begriffes einer Struktur nur darum gegangen wäre, mengentheoretische Modelle der Klötzchenwelten zu entwickeln, dann wäre es naheliegend gewesen, viel stärkere Bedingungen zu formulieren als wir es getan haben. Beispielsweise hätten wir fordern können, dass $D^{\mathfrak{M}}$ eine Menge von Klötzchen ist (anstelle irgendwelcher Objekte), dass $\mathsf{Cube}^{\mathfrak{M}}$ stets die Menge der Würfel in $D^{\mathfrak{M}}$ repräsentiert und dass $\mathsf{Larger}^{\mathfrak{M}}$

stets die geordneten Paare $\langle x, y \rangle$ enthält, bei welchen x größer als y ist. Diese Anforderungen stellten Analogien dar zu unserer Bedingung, dass die Extension des Identitätssymbols immer der realen Identitätsrelation entspricht.

Denken Sie aber daran, was wir zu erfassen versuchen. Wir sind daran interessiert, die Folgerungsrelation erster Stufe zu charakterisieren, und wie wir ausgeführt haben, lässt diese Relation die spezifischen Bedeutungen von Prädikaten bis auf = außer Acht. Wenn wir die spezifischen Bedeutungen von Cube und Larger ignorieren, achten wir lediglich darauf, welche Objekte im Gegenstandsbereich die atomaren Wffs Cube(x) und Larger(x,y) erfüllen. Daher lassen wir in unserer Definition zu, dass diesen Prädikaten beliebige Mengen als Extensionen zugeordnet werden, solange dabei die Stelligkeit der Relationen beachtet wird.

Übungen

18.1 Geben Sie eine vollständige Beschreibung einer PL1-Struktur $\mathfrak{M}$ an, die Mary Ellen's World repräsentiert. Dies haben wir oben bereits getan bis auf die Zusammenfassung zu einer einzigen Funktion.

18.2 Öffnen Sie Mary Ellen's World. Die Struktur $\mathfrak{M}$, die wir zur Modellierung dieser Welt verwendet haben hinsichtlich der Teilsprache, die nur Cube, Larger und c enthält, ist auch ein gutes Modell vieler anderer Welten. Im Folgenden listen wir eine Reihe von Veränderungsvorschlägen auf. Einige Vorschläge sind zulässig in dem Sinne, dass nach ihrer Umsetzung das Modell $\mathfrak{M}$ nach wie vor die Welt hinsichtlich dieser Sprache repräsentiert. Andere Vorschläge sind nicht zulässig in diesem Sinne. Führen Sie die zulässigen Vorschläge aus, aber keine anderen.

1. Bewegen Sie alles um eine Zeile nach hinten.
2. Vertauschen Sie die Positionen des Tetraeders und des großen Würfels.
3. Machen Sie aus dem Tetraeder ein Dodekaeder.
4. Machen Sie aus dem großen Würfel ein Dodekaeder.
5. Machen Sie das Tetraeder groß (bzw. dasjenige, was mal das Tetraeder war, falls Sie es verändert haben).
6. Fügen Sie der Welt einen Würfel hinzu.
7. Fügen Sie der Welt ein Dodekaeder hinzu.

Öffnen Sie nun Mary Ellen's Sentences. Überprüfen Sie, ob alle obigen Sätze wahr sind in der Welt, die Sie erschaffen haben. Falls nicht, haben Sie unzulässige Veränderungen vorgenommen. Schicken Sie Ihre modifizierte Welt ein.

18.3 Im Text haben wir Mary Ellen's World in Hinblick auf eine Teilsprache von Tarski's World modelliert. Wie müßte unsere Struktur modifiziert werden, wenn wir die Sprache um die folgenden Ausdrücke erweiterten: Tet, Dodec, Between? D.h., beschreiben Sie eine PL1-Struktur, welche Mary Ellen's World in ihrem ursprünglichen Zustand beschreibt in Hinblick auf die erweiterte Sprache. [Hinweis: Eine der gesuchten Extensionen ist die leere Menge.]

18.4 Betrachten wir eine PL1-Sprache mit einem zweistelligen Prädikat Outgrabe. Angenommen, wir interessierten uns aus irgendeinem Grund für PL1-Strukturen $\mathfrak{M}$ für diese Sprache mit dem speziellen Gegenstandsbereich {*Alice, Hutmacher*}. Geben Sie alle Mengen von geordneten Paaren an, die als Extension des Symbols Outgrabe in Frage kommen. Wie viele gäbe es, wenn der Gegenstandsbereich drei Elemente besäße?

18.5 Im Abschnitt 14.4 (Seite 26) hatten wir versprochen zu zeigen, wie die Semantik generalisierter Quantoren in strikter Weise formuliert werden kann. Wie können wir den Begriff einer PL1-Struktur erweitern, um der Hinzunahme eines generalisierten Quantors Q Rechnung zu tragen? Wir hatten festgestellt, dass ein Satz wie $Qx(A(x), B(x))$ intuitiv gesehen besagt, dass eine bestimmte zweistellige Relation Q besteht zwischen der Menge A der Dinge, die $A(x)$ erfüllen und der Menge B der Dinge, die $B(x)$ in $\mathfrak{M}$ erfüllen. Es ist also naheliegend, generalisierte Quantoren mit Hilfe einer zweistelligen Relation auf $\wp(D^{\mathfrak{M}})$ zu interpretieren. Welcher Quantor entspricht welcher der folgenden zweistelligen Relationen auf Mengen?

    1. $A \subseteq B$
    2. $A \cap B = \emptyset$
    3. $A \cap B \neq \emptyset$
    4. $|A \cap B| = 1$
    5. $|A \cap B| \leq 3$
    6. $|A \cap B| > |A - B|$

18.6 Während wir nicht präzise sagen können, welche zweistellige Relation eine Sprecherin genau im Sinn haben könnte, wenn sie bestimmte Quantoren wie *viele* verwendet, können wir unseren Ansatz dennoch nutzen, um die Natur bestimmter logischer Eigenschaften wie Konservativität, Monotonie usw. zu illustrieren, die wir in Abschnitt 14.5 besprochen hatten. Jede der folgenden Eigenschaften zweistelliger Relationen Q auf Teilmengen von D entspricht einer Eigenschaft von Quantoren. Geben Sie an, um welche es sich jeweils handelt.

    1. $Q(A,B)$ genau dann, wenn $Q(A, A \cap B)$
    2. Wenn $Q(A,B)$ und $A \subseteq A'$, dann $Q(A',B)$
    3. Wenn $Q(A,B)$ und $A' \subseteq A$, dann $Q(A',B)$
    4. Wenn $Q(A,B)$ und $B' \subseteq B$, dann $Q(A,B')$
    5. Wenn $Q(A,B)$ und $B \subseteq B'$, dann $Q(A,B')$

Abschnitt 18.2

Noch einmal zu Wahrheit und Erfüllung

In Kapitel 9 (Band I) hatten wir den Begriff der Wahrheit im Rahmen eines Gegenstandsbereiches eher informell charakterisiert. Wie Sie sich erinnern werden, mussten wir, um zu definieren, was es für einen quantifizierten Satz ($\forall x\,S(x)$ oder $\exists x\,S(x)$) heißt wahr zu sein, auf den Erfüllungsbegriff zurückgreifen, also darauf, was es für ein Objekt b heißt, eine Wff $S(x)$ in einem Gegenstandsbereich zu erfüllen. Dies hatten wir definiert als Wahrheit des einfacheren Satzes $S(c)$, wobei c ein neuer Name für b war.

Modellierung von Erfüllung und Wahrheit

Nachdem wir nun den Begriff der PL1-Struktur eingeführt haben, können wir Wahrheit und Erfüllung in strikterer Weise behandeln. Dabei wollen wir lediglich sehen, was aus unseren informellen Überlegungen wird, wenn wir mathematisch vorgehen. In diesem Abschnitt sollten Sie daher nicht auf etwas Überraschendes stoßen, es sei denn, dass die strikte Fassung dieser intuitiven Begriffe recht kompliziert ist.

Im Rahmen unserer früheren Ausführungen haben wir erklärt, was es für ein Objekt b im Gegenstandsbereich heißt, eine Wff $S(v)$ mit einer freien Variablen v zu erfüllen. Dies reichte für unsere Belange bei der Diskussion der Wahrheit und des Henkin-Hintikka-Spiels aus. Für fortgeschrittenere Überlegungen ist es aber wichtig zu verstehen, was es bedeutet, dass mehrere Objekte eine Wff $P(x_1,\ldots,x_n)$ mit n-vielen freien Variablen erfüllen, wobei $n \geq 0$ beliebig ist. Beim Fall $n = 0$ handelt es sich dabei um den wichtigen Spezialfall, in dem es *keine* freien Variablen gibt, d.h. in dem P ein Satz ist.

Variablenbelegung

Es sei $\mathfrak{M}$ eine PL1-Struktur mit Gegenstandsbereich D. Eine *Variablenbelegung* in $\mathfrak{M}$ ist definiert als eine (möglicherweise partielle) Funktion g, welche auf einer Menge von Variablen definiert ist und Werte in der Menge D annimmt. Ist so beispielsweise $D = \{a,b,c\}$, dann handelt es sich bei allen folgenden Funktionen um Variablenbelegungen in $\mathfrak{M}$:

1. die Funktion g_1, welche der Variablen x den Wert b zuweist;

2. die Funktion g_2, welche der Variablen x den Wert a, y den Wert b und z den Wert c zuweist;

3. die Funktion g_3, welche allen Variablen der Sprache den Wert b zuweist;

4. die Funktion g_4, bei welcher es sich um die leere Funktion handelt, die also keiner Variablen einen Wert zuweist.

leere Variablenbelegung ($g_\emptyset$)

Der Spezialfall der leeren Variablenbelegung g_4 ist dabei wichtig; wir wollen ihn als $g_\emptyset$ bezeichnen.

Ist eine Wff P gegeben, nennen wir eine Variablenbelegung g *geeignet* für P, falls alle freien Variablen von P zum Definitionsbereich von g gehören, d.h. wenn *g* jeder freien Variablen von P einen Gegenstand zuweist. Demnach wären die obigen vier Variablenbelegungen g_1, g_2, g_3 und g_4 jeweils für die folgenden Arten von Wffs geeignet:

geeignete Variablenbelegungen

1. g_1 ist geeignet für jede Wff, welche als einzige freie Variable x oder gar keine freien Variablen enthält;

2. g_2 ist geeignet für jede Wff, deren freie Variablen eine Teilmenge von $\{x, y, z\}$ bilden;

3. g_3 ist geeignet für jede Wff; und

4. g_4 (welche wir als $g_\emptyset$ bezeichnen wollten) ist geeignet für jede Wff ohne freie Variablen, d.h. für Sätze, nicht aber für Wffs mit freien Variablen.

Als Nächstes kommen wir zur Definition der Wahrheit, wobei wir die Erfüllungsrelation zu Hilfe nehmen. Im Rahmen unserer zuvor gegebenen Definition mussten wir auf die Ersetzung von Namen für Variablen zurückgreifen. Die Definition, die wir nun angeben wollen, ist zwar äquivalent zur früheren, vermeidet aber den besagten Umweg. Sie funktioniert aufgrund einer allgemeineren Definition der Erfüllung. Insbesondere wollen wir definieren, was es heißt, dass eine Variablenbelegung *g* eine Wff $P(x_1, \ldots, x_n)$ in $\mathfrak{M}$ erfüllt. Wir werden dies induktiv definieren und dabei Fälle unterscheiden, welche den verschiedenen Möglichkeiten entsprechen, wie Wffs aus atomaren Wffs aufgebaut werden können. Damit werden wir das Problem schrittweise auf den Basisfall der atomaren Wffs reduzieren, für den wir explizit angeben, was Erfüllung bedeutet.

In den beiden Induktionsklauseln für diejenigen P, die mit einem Quantor beginnen, müssen Variablenbelegungen modifiziert werden. Nehmen wir beispielsweise an, dass die Variablenbelegung *g* für x definiert ist und wir angeben wollen, wann *g* die Wff $\forall z\, \text{Mag}(x, z)$ erfüllt. Hierzu müssen wir ein Objekt *b* aus dem Gegenstandsbereich wählen und diejenige Variablenbelegung g' betrachten, welche sich von *g* lediglich darin unterscheidet, dass sie der Variablen z den Wert *b* zuweist. Wir sagen dann, dass *g* unsere Wff $\forall z\, \text{Mag}(x, z)$ erfüllt genau dann, wenn jede solche modifizierte Variablenbelegung g' die Wff $\text{Mag}(x, z)$ erfüllt. Um dies etwas einfacher ausdrücken zu können, bezeichnen wir die so modifizierte Variablenbelegung als „$g[z/b]$". Im Allgemeinen ist also $g[v/b]$ diejenige Variablenbelegung, deren Definitionsbereich derjenige von *g* plus der Variablen v ist und welche dieselben Werte wie *g* zuordnet, außer dass die neue Variablenbelegung der Variablen v den Wert *b* zuordnet.

modifizierte Variablenbelegungen

Im Folgenden geben wir eine Reihe von Beispielen, welche auf unsere früheren Beispiele von Variablenbelegungen zurückgreifen, die wir bereits besprochen haben:

1. g_1 weist der Variablen x den Wert *b* zu, somit weist $g_1[y/c]$ der Variablen x

den Wert b und der Variablen y den Wert c zu. Demgegenüber weist $g_1[\text{x}/c]$ nur x einen Wert zu, nämlich c.

2. g_2 weist der Variablen x den Wert a, y den Wert b und z den Wert c zu. Dann weist $g_2[\text{x}/b]$ den Variablen x und y den Wert b sowie der Variablen z den Wert c zu. Die Variablenbelegung $g_2[\text{u}/c]$ weist den Variablen u,x,y bzw. z je die Werte c, a, b bzw. c zu.

3. g_3 weist allen Variablen der Sprache den Wert b zu. Bei $g_3[\text{y}/b]$ handelt es sich um dieselbe Variablenbelegung wie bei g_3. Eine andere Variablenbelegung ist aber $g_3[\text{y}/c]$. Sie weist der Variablen y den Wert c zu und jeder anderen Variablen den Wert b.

4. g_4, die leere Funktion, weist keiner Variablen irgendwelche Werte zu. Somit handelt es sich bei $g_4[\text{x}/b]$ um die Funktion, welche der Variablen x den Wert b zuordnet. Beachten Sie, dass diese Funktion identisch mit g_1 ist.

Variablenbelegungen erlauben uns, freie Variablen so zu behandeln, als besäßen sie vorübergehend ein Denotat bzw. Bezugsobjekt, und zwar eines, das den Variablen nicht durch die Struktur zugewiesen wird, sondern eines, das ihnen zugeordnet wird zum Zwecke der induktiven Definition der Erfüllung. Wenn somit eine Variablenbelegung g geeignet für eine Wff P ist, dann besitzen unter $\mathfrak{M}$ und g alle Terme (Konstanten und Variablen) in P ein Denotat. Für jeden Term t notieren wir $[\![t]\!]_g^{\mathfrak{M}}$ für das Denotat von t. Demnach ist $[\![t]\!]_g^{\mathfrak{M}}$ mit $t^{\mathfrak{M}}$ identisch, falls t eine Individuenkonstante ist, und identisch mit $g(\text{t})$, falls t eine Variable ist.

$[\![t]\!]_g^{\mathfrak{M}}$

Wir sind nun in der Lage zu definieren, was es heißt, dass eine Variablenbelegung g eine Wff P im Rahmen einer PL1-Struktur $\mathfrak{M}$ erfüllt. Dabei ist es stets erforderlich, dass g für P geeignet ist, d.h. definiert für alle freien Variablen von P und eventuell auch noch für andere freie Variablen. Des Weiteren ist zur folgenden Definition zu bemerken, dass sie in keiner Weise überraschend ist. Das sollte auch so sein, da wir ja nur versuchen, die intuitiv einleuchtende Idee der Erfüllung einer Formel durch Folgen von Objekten zu präzisieren. Wir schlagen vor, dass Sie das Beispiel am Ende der Definition durcharbeiten und dabei auf die Definition zurückgreifen, wo es nötig ist, anstatt zu versuchen, sich gleich die gesamte Definition anzueignen.

Definition der Erfüllung

Definition (Erfüllung) P sei eine Wff und g sei eine für P geeignete Variablenbelegung in $\mathfrak{M}$.

1. **Der atomare Fall.** Angenommen, P ist von der Form $R(t_1, \ldots, t_n)$, wobei R ein n-stelliges Prädikat ist. Dann erfüllt g die Wff P in $\mathfrak{M}$ genau dann, wenn das n-Tupel $\langle [\![t_1]\!]_g^{\mathfrak{M}}, \ldots, [\![t_n]\!]_g^{\mathfrak{M}} \rangle$ Element von $R^{\mathfrak{M}}$ ist.

2. **Negation.** Angenommen, P ist von der Form $\neg Q$. Dann erfüllt g die Wff P in $\mathfrak{M}$ genau dann, wenn g die Wff Q nicht erfüllt.

3. **Konjunktion.** Angenommen, P ist von der Form $Q \land R$. Dann erfüllt g die Wff P in $\mathfrak{M}$ genau dann, wenn g sowohl Q als auch R erfüllt.

4. **Disjunktion.** Angenommen, P ist von der Form $Q \lor R$. Dann erfüllt g die Wff P in $\mathfrak{M}$ genau dann, wenn g die Wff Q oder R oder beide erfüllt.

5. **Konditional.** Angenommen, P ist von der Form $Q \rightarrow R$. Dann erfüllt g die Wff P in $\mathfrak{M}$ genau dann, wenn g die Wff Q nicht erfüllt oder g R erfüllt oder beides.

6. **Bikonditional.** Angenommen, P ist von der Form $Q \leftrightarrow R$. Dann erfüllt g die Wff P in $\mathfrak{M}$ genau dann, wenn g sowohl Q als auch R erfüllt oder keines von beiden.

7. **Universelle Quantifikation.** Angenommen, P ist von der Form $\forall v\, Q$. Dann erfüllt g die Wff P in $\mathfrak{M}$ genau dann, wenn für jedes $d \in D^{\mathfrak{M}}$ gilt, dass $g[v/d]$ die Wff Q erfüllt.

8. **Existenzielle Quantifikation.** Angenommen, P ist von der Form $\exists v\, Q$. Dann erfüllt g die Wff P in $\mathfrak{M}$ genau dann, wenn es ein $d \in D^{\mathfrak{M}}$ gibt, so dass $g[v/d]$ die Wff Q erfüllt.

Üblicherweise notiert man $\mathfrak{M} \models P\,[g]$

$$\mathfrak{M} \models P\,[g]$$

um auszudrücken, dass die Variablenbelegung g die Wff P in der Struktur $\mathfrak{M}$ erfüllt.

Nun wollen wir ein sehr einfaches Beispiel durcharbeiten. Dabei sei $\mathfrak{M}$ eine Struktur mit dem Gegenstandsbereich $D = \{a, b, c\}$. Ebenfalls nehmen wir an, dass unsere Sprache das zweistellige Prädikat Mag enthält und dass seine Extension die folgende Menge von Paaren ist:

$$\text{Mag}^{\mathfrak{M}} = \{\langle a, a \rangle, \langle a, b \rangle, \langle c, a \rangle\}$$

D.h., a mag sich selbst und b, c mag a und b mag niemanden. Betrachten wir nun die Wff

$$\exists y\, (\text{Mag}(x, y) \land \neg \text{Mag}(y, y))$$

mit x als der einzigen freien Variablen. Wenn die obige Definition ihren Zweck erfüllt, sollte herauskommen, dass eine Variablenbelegung g diese Wff erfüllt gerade dann, wenn g der Variablen x das Objekt a zuweist. Denn a ist das einzige Individuum, das eine Person mag, die sich nicht selbst mag.

Wir wollen nun die Definition der Erfüllung daraufhin untersuchen, ob sie auch zu diesem Ergebnis kommt. Zunächst einmal ist zu beachten, dass g der Variablen x *irgendeinen* Wert zuordnen muss, da die Variablenbelegung für die Formel geeignet sein muss. Den besagten Wert wollen wir e nennen; e ist eines der Objekte a, b oder c. Als Nächstes ergibt sich aufgrund der Klausel für $\exists$, dass g unsere Wff gerade dann erfüllt, wenn es einen Gegenstand $d \in D$ gibt, so dass $g[y/d]$ die folgende Wff erfüllt:

$$\mathrm{Mag}(x, y) \wedge \neg \mathrm{Mag}(y, y)$$

Aber $g[y/d]$ erfüllt diese Wff genau dann, wenn es $\mathrm{Mag}(x, y)$, aber nicht $\mathrm{Mag}(y, y)$ erfüllt, was sich aus den Klauseln für die Konjunktion und Negation ergibt. Wenn wir den atomaren Fall betrachten, sehen wir, dass Letzteres gerade dann der Fall ist, wenn das Paar $\langle e, d \rangle$ Element der Extension von Mag ist, das Paar $\langle d, d \rangle$ aber nicht. Dies kann aber nur sein, wenn $e = a$ und $d = b$. Die einzige Möglichkeit, dass unsere Ausgangsbelegung g unsere Wff erfüllen kann, besteht wie erwartet darin, dass sie der Variablen x den Wert a zuweist.

Zu beachten ist im obigen Beispiel, dass wir mit einer Wff mit einer freien Variablen und einer Variablenbelegung begonnen haben, die für diese Variable definiert war. Um unsere Analyse durchzuführen, mussten wir dann aber dazu übergehen, eine Wff mit zwei freien Variablen zu betrachten und entsprechende Variablenbelegungen, die für diese beiden freien Variablen definiert waren. Das ist in der Regel auch so. Letzten Endes sind wir ja eigentlich interessiert an der Wahrheit von Sätzen, also Wffs ohne freie Variablen. Um dies aber definieren zu können, müssen wir zunächst etwas Allgemeineres definieren, nämlich die Erfüllung von Wffs mit freien Variablen durch Variablenbelegungen, die auf diesen Variablen definiert sind. Nachdem wir die Erfüllung definiert haben, können wir uns nun auch dem speziellen Fall zuwenden, in dem Wffs über keine freien Variablen verfügen, und ihn für unsere Wahrheitsdefinition verwenden.

Definition der Wahrheit

Definition (Wahrheit) L sei eine PL1-Sprache und $\mathfrak{M}$ sei eine Struktur für L. Ein Satz P der Sprache L ist *wahr* in $\mathfrak{M}$ genau dann, wenn die leere Variablenbelegung $g_\emptyset$ den Satz P in $\mathfrak{M}$ erfüllt. Anderenfalls ist P falsch in $\mathfrak{M}$.

$\mathfrak{M} \models P$

Im Sinne unserer Notation $\mathfrak{M} \models Q[g]$ (für den Fall, dass g eine Wff Q in $\mathfrak{M}$ erfüllt) wollen wir auch notieren:

$$\mathfrak{M} \models P$$

falls der Satz P in $\mathfrak{M}$ wahr ist.

Betrachten wir noch einmal die gerade besprochene Struktur und überprüfen wir, ob der Satz

$$\exists x \exists y \, (\mathrm{Mag}(x, y) \wedge \neg \mathrm{Mag}(y, y))$$

gemäß dieser Definition so bewertet wird, wie es sein sollte. Zunächst einmal wollen wir festhalten, dass es sich um einen Satz handelt, d.h. er enthält keine freien Variablen. Die leere Variablenbelegung ist also in diesem Fall geeignet. Erfüllt die leere Variablenbelegung nun den Satz? Gemäß der Erfüllungsdefinition ist dies der Fall genau dann, wenn es ein Objekt gibt, das wir der Variablen x zuweisen können, so dass die resultierende Variablenbelegung Folgendes erfüllt:

$$\exists y\,(\mathsf{Mag}(x,y) \land \neg \mathsf{Mag}(y,y))$$

Wir haben aber bereits gesehen, dass es ein solches Objekt gibt, nämlich *a*. Also ist der Satz wahr in $\mathfrak{M}$; bzw. formal: $\mathfrak{M} \models \exists x\,\exists y\,(\mathsf{Mag}(x,y) \land \neg \mathsf{Mag}(y,y))$.

Als Nächstes betrachten wir den Satz

$$\forall x\,\exists y\,(\mathsf{Mag}(x,y) \land \neg \mathsf{Mag}(y,y))$$

Erfüllt die leere Variablenbelegung diesen Satz? Dem ist so genau dann, wenn für jedes Objekt *e* im Gegenstandsbereich gilt: Wenn wir *e* der Variablen x zuordnen, dann erfüllt die resultierende Variablenbelegung *g* die folgende Wff:

$$\exists y\,(\mathsf{Mag}(x,y) \land \neg \mathsf{Mag}(y,y))$$

Wie wir aber schon gezeigt haben, erfüllt *g* dies nur, wenn *g* der Variablen x den Wert *a* zuordnet. Falls x etwa *b* zugeordnet wird, dann erfüllt die entsprechende Variablenbelegung die Wff nicht. Also erfüllt die leere Variablenbelegung unseren Satz nicht, d.h. der Satz ist nicht wahr in $\mathfrak{M}$. Dann ist aber seine Negation wahr in $\mathfrak{M}$; d.h. formal: $\mathfrak{M} \models \neg\forall x\,\exists y\,(\mathsf{Mag}(x,y) \land \neg \mathsf{Mag}(y,y))$.

Später werden eine Reihe von Aufgaben gestellt, welche Ihnen helfen sollen einzusehen, dass dies tatsächlich den informellen, intuitiven Begriff modelliert. Vorher wollen wir aber einen Satz formulieren, der beim Beweis des Korrektheitstheorems für PL1 eine wichtige Rolle spielen wird. Es ist intuitiv einleuchtend, dass die Wahrheit eines Satzes in einer Struktur nur von den im Rahmen der Struktur spezifizierten Bedeutungen der Prädikate und Individuenkonstanten abhängen sollte, die wirklich im Satz vorkommen. Dass dem so ist, folgt aus der folgenden, etwas stärkeren Behauptung.

Satz 1. $\mathfrak{M}_1$ und $\mathfrak{M}_2$ seien Strukturen mit demselben Gegenstandsbereich; zudem ordnen sie den Prädikaten und Konstanten in einer Wff P dieselben Interpretationen zu. g_1 und g_2 seien Variablenbelegungen, die den freien Variablen in P dieselben Objekte zuweisen. Dann gilt $\mathfrak{M}_1 \models \mathsf{P}[g_1]$ gdw. $\mathfrak{M}_2 \models \mathsf{P}[g_2]$.

Der Beweis dieses Satzes verfährt per Induktion über Wffs und ist eine gute Übung um festzustellen, ob Sie die Definition der Erfüllung verstanden haben. Daher bitten wir Sie, den Beweis im Rahmen von Übung 10 zu führen.

Nachdem wir über den Wahrheitsbegriff verfügen, können wir die wichtigen Begriffe der PL1-Folgerung und PL1-Wahrheit definieren. Diese stellen unsere neuen Annäherungen an die intuitiven Begriffe der logischen Folgerung und logischen Wahrheit dar. In den folgenden Definitionen nehmen wir eine PL1-Sprache als gegeben an und gehen davon aus, dass alle Sätze zu dieser Sprache gehören.

Als Struktur bezeichnen wir eine beliebige PL1-Struktur, die alle Prädikate und Individuenkonstanten der besagten Sprache interpretiert.

Definition der PL1-Folgerung

Definition (PL1-Folgerung) Ein Satz Q ist eine *PL1-Folgerung* aus einer Menge $\mathcal{T} = \{P_1, \ldots\}$ von Sätzen genau dann, wenn jede Struktur, die alle Sätze aus $\mathcal{T}$ wahr macht, auch Q wahr macht.

Wie Sie sehen, ist diese Definition die genaue Entsprechung unserer Definition der tautologischen Folgerung. Der einzige Unterschied besteht darin, dass wir anstelle der Zeilen einer Wahrheitstafel (oder Bewertungsfunktionen) PL1-Strukturen in der Definition verwenden. Entsprechend modifizieren wir auch unsere Definition der Tautologie, um zur folgenden Definition der PL1-Wahrheit zu kommen.

Definition der PL1-Wahrheit

Definition (PL1-Wahrheit) Ein Satz P ist eine *PL1-Wahrheit* genau dann, wenn jede Struktur P wahr macht.

Wir werden im Rahmen unserer Diskussion von Sätzen erster Stufe und entsprechenden Satzmengen auch auf andere Begriffe zurückgreifen, die denen entsprechen, die wir in der Aussagenlogik eingeführt haben. Beispielsweise nennen wir einen Satz *PL1-erfüllbar*, wenn es eine PL1-Struktur gibt, die den Satz wahr macht; entsprechend nennen wir eine Menge von Sätzen *PL1-erfüllbar*, wenn es eine Struktur gibt, die alle Elemente der Menge zugleich wahr macht. Gelegentlich werden wir dabei das „PL1" weglassen, falls aufgrund des Kontextes klar ist, auf welche Art der Erfüllbarkeit wir uns beziehen.

PL1-erfüllbar

Sie haben sich vielleicht schon gefragt, wie Tarski's World zu seinem Namen kam. Dies ist unsere Art, Alfred Tarski Tribut zu zollen, dem Logiker, der die Hauptrolle bei der Entwicklung der semantischen Konzeption der Logik spielte. Tarski entwickelte den Begriff einer PL1-Struktur, den Erfüllungsbegriff und analysierte als erster Wahrheit, PL1-Wahrheit und PL1-Folgerung in dem Sinne, den wir hier skizziert haben.

Eine Bemerkung zum Abschluss. Wenn Sie weiter Logik studieren, werden Sie entdecken, dass unsere Darstellung der Erfüllung etwas allgemeiner war als üblich. Tarski sowie die meisten seiner Nachfolger betrachteten lediglich totale Variablenbelegungen, also Variablenbelegungen, die auf allen Variablen definiert sind. Um dann Wahrheit zu definieren, greifen sie eine dieser totalen Variablenbelegungen heraus und verwenden diese, da ihnen die leere Variablenbelegung nicht zur Verfügung steht. Beide Ansätze kommen zum selben Wahrheitsbegriff und somit zum selben Begriff der logischen Folgerung. Der hier verfolgte Ansatz mit partiellen Variablenbelegungen ist etwas allgemeiner, erscheint uns natürlicher zu sein und passt besser zu unserer Implementierung von Tarski's World. Es ist leicht, endliche partielle Variablenbelegungen im Speicher eines Computers zu repräsentieren, nicht so leicht jedoch, mit unendlichen Variablenbelegungen zu hantieren.

Zur Erinnerung

1. PL1-Strukturen sind mathematische Modelle der Gegenstandsbereiche, über die wir im Rahmen von PL1 Behauptungen machen.

2. Variablenbelegungen sind Funktionen, die Variablen Objekte aus dem Gegenstandsbereich einer PL1-Struktur zuweisen.

3. Eine Variablenbelegung erfüllt eine Wff in einer Struktur, wenn — intuitiv gesehen — die den Variablen zugewiesenen Objekte die Wff in der Struktur wahr machen.

4. Mit Hilfe des Erfüllungsbegriffes können wir definieren, was es heißt, dass ein Satz wahr in einer Struktur ist.

5. Nachdem wir über den Begriff der Wahrheit in einer Struktur verfügen, können wir schließlich die Begriffe der logischen Wahrheit und der logischen Folgerung modellieren.

Übungen

18.7 (Variablenbelegungen modifizieren.) Angenommen, $D = \{a, b, c, d\}$ und g sei die Variablenbelegung, welche nur auf der Variablen x definiert ist und dieser den Wert b zuweist. Geben Sie explizit Folgendes an:

    1. $g[y/c]$
    2. $g[x/c]$
    3. $g[z/b]$
    4. $g[x/b]$
    5. $(g[x/c])[z/d]$
    6. $(g[x/c])[x/d]$

18.8 Betrachten wir die Sprache, deren einziges zweistelliges Prädikatensymbol P ist. Es sei $\mathfrak{M}$ die Struktur mit Gegenstandsbereich $D = \{1, 2, 3\}$, die zudem P als Extension die Gesamtheit der Paare $\langle n, m \rangle$ zuweist, so dass $m = n + 1$. Geben Sie als Erstes für jede der folgenden Wffs an, welche Variablenbelegungen für die Formeln geeignet sind. Geben Sie dann an, welche Variablenbelegungen die Formeln erfüllen. Gehen Sie dabei im Wesentlichen so vor, wie wir die Variablenbelegungen beschrieben haben, welche die Wff $\forall z\, \mathsf{Mag}(x, z)$ auf Seite 147 erfüllen.

    1. $\mathsf{P}(y, z)$
    2. $\exists y\, \mathsf{P}(y, z)$

   3. $\forall z\, P(y,z)$
   4. $P(x,x)$
   5. $\exists x\, \neg P(x,x)$
   6. $\forall x\, P(x,x)$
   7. $P(x,x) \vee P(y,z)$
   8. $\exists x\, (P(x,x) \vee P(y,z))$
   9. $\exists y\, (P(x,x) \vee P(y,z))$
   10. $\forall y\, \exists z\, P(y,z)$
   11. $\forall y\, \exists y\, P(y,z)$

Betrachten Sie nun die Struktur $\mathscr{N}$, welche denselben Gegenstandsbereich besitzt, in der aber die Extension von P die Menge derjenigen Paare $\langle n,m \rangle$ ist, so dass $n \leq m$. Wie müssen Sie Ihre Antworten abändern?

18.9 g sei eine Variablenbelegung in $\mathfrak{M}$, die für die Wff P geeignet ist. Zeigen Sie, dass die ✎* folgenden drei Behauptungen äquivalent sind:
   1. g erfüllt P in $\mathfrak{M}$
   2. g' erfüllt P in $\mathfrak{M}$, wobei g' eine Erweiterung von g ist
   3. g' erfüllt P in $\mathfrak{M}$ im Falle jeder Erweiterung g' von g

Intuitiv gesehen ist dies der Fall, da die Erfüllung einer Formel P durch eine Variablenbelegung nur von den freien Variablen in P abhängen kann, was natürlich erst bewiesen werden muss. Was besagt dieses Resultat in dem Falle, in dem es sich bei P um einen Satz handelt? Formulieren Sie Ihre Antwort mit Hilfe des Wahrheitsbegriffes. [Hinweis: Sie werden dies induktiv über den Aufbau der Wffs beweisen müssen.]

18.10 Beweisen Sie Satz 1.
✎*

Die nächsten beiden Aufgaben sollten in Angriff genommen werden, bevor Sie zu Kapitel 19 kommen. In den Aufgaben geht es um einige entscheidende Einsichten, die beim Beweis des Vollständigkeitstheorems für $\mathscr{F}$ wichtig sein werden.

18.11 (Von PL1-Strukturen zu Bewertungsfunktionen.) In Abschnitt 10.1 (Band I) hatten wir ✎ erläutert, dass im Zusammenhang mit quantifizierten Sätzen solche Sätze, die mit einem Quantor beginnen, vom Standpunkt der Wahrheitstafeln und mithin der Bewertungsfunktionen genau wie atomare Sätze zu behandeln sind. Ist eine PL1-Struktur $\mathfrak{M}$ für eine Sprache L gegeben, definieren wir eine Bewertungsfunktion $h^{\mathfrak{M}}$ wie folgt: Im Falle eines Satzes S, der atomar ist oder mit einem Quantor beginnt, sei

$$h^{\mathfrak{M}}(S) = \text{WAHR genau dann, wenn } \mathfrak{M} \models S$$

Zeigen Sie, dass dieselbe „genau dann, wenn"-Beziehung für alle Sätze gilt.

18.12 (Von Bewertungsfunktionen zu PL1-Strukturen.) h sei eine beliebige Bewertungsfunktion für eine PL1-Sprache ohne Funktionssymbole. Bilden Sie eine PL1-Struktur $\mathfrak{M}_h$ wie folgt. Der Gegenstandsbereich von $\mathfrak{M}$ sei die Menge der Individuenkonstanten der Sprache. Für einen gegebenen Relationsausdruck R (der Einfachheit halber betrachten wir im Folgenden ein zweistelliges R) definieren Sie seine Extension folgendermaßen:

$$\{\langle c, d \rangle \mid h(R(c, d)) = \text{WAHR}\}$$

Schließlich weisen Sie jeder Individuenkonstante sich selbst als Denotat zu.

1. Zeigen Sie, dass für jeden Satz S, der keine Quantoren oder das Identitätssymbol enthält, gilt:

$$\mathfrak{M}_h \models S \text{ gdw. } h(S) = \text{WAHR}$$

   [Hinweis: Verwenden Sie Induktion über den Aufbau der Wffs.]
2. Zeigen Sie, dass das in (1) erzielte Ergebnis sich nicht auf Sätze ausdehnen lässt, die das Identitätszeichen enthalten. [Hinweis: Betrachten Sie ein h, das b = b den Wert FALSCH zuweist.]
3. In Abschnitt 10.1 (Band I) hatten wir besprochen, dass es möglich ist, dass eine Bewertungsfunktion h der Wff Cube(b) den Wert WAHR zuweist und der Wff $\exists x\, Cube(x)$ zugleich FALSCH. Zeigen Sie, dass sich für ein solches h das in (1) erzielte Resultat nicht auf quantifizierte Sätze ausdehnen läßt.

18.13 (Ein wichtiges Problem bzgl. der Erfüllbarkeit.) Öffnen Sie Skolem's Sentences. Wie Sie feststellen werden, stehen je zwei Sätze miteinander in enger Beziehung. Jeder Satz mit gerader Nummer ergibt sich aus dem vorhergehenden durch die Ersetzung einiger Namen durch Variablen, die dann existenziell quantifiziert werden. Die Sätze mit ungerader Nummer implizieren logisch die jeweils folgenden Sätze mit gerader Nummer, natürlich aufgrund der existenziellen Generalisierung. Die Umkehrung gilt nicht. Aber etwas Ähnliches ist der Fall. Um herauszufinden was, öffnen Sie Thoralf's First World und überprüfen Sie die Wahrheitswerte der Sätze in der Welt. Die Sätze mit gerader Nummer stellen sich alle als wahr heraus, während die Sätze mit ungerader Nummer nicht bewertet werden können, da sie Namen enthalten, die im Rahmen der besagten Welt nicht in Gebrauch sind.

Ergänzen Sie Thoralf's First World dadurch, dass Sie die Namen b, c, d und e so vergeben, dass die ungeraden Sätze auch alle wahr werden. Führen Sie dasselbe im Rahmen von Thoralf's Second World aus und speichern Sie die resultierenden Welten unter World 18.13.1 und World 18.13.2. Schicken Sie diese Welten ein.

Erklären Sie schriftlich, unter welchen Bedingungen eine Welt, in der $\exists x\, P(x)$ wahr ist, zu einer Welt erweitert werden kann, in der $P(c)$ wahr ist. Geben Sie Ihre Erklärung Ihrem Seminarleiter.

ABSCHNITT 18.3

KORREKTHEIT DER PL1

Nachdem wir den Begriff der PL1-Folgerung mit Hilfe des Begriffes der PL1-Struktur präzisiert haben, können wir nun das Korrektheitstheorem für PL1 formulieren und beweisen. Ist eine Menge von Sätzen $\mathscr{T}$ gegeben, drücken wir mit $\mathscr{T} \vdash S$ aus, dass S ausgehend von Prämissen in $\mathscr{T}$ im Rahmen des gesamten Systems $\mathscr{F}$ bewiesen werden kann.[1] Wie in Kapitel 17 erwähnt, bedeutet dies nicht, dass alle Sätze aus $\mathscr{T}$ im formalen Beweis von S auch verwendet werden müssen, sondern lediglich, dass es einen Beweis von S gibt, dessen Prämissen alle Elemente aus $\mathscr{T}$ sind. Insbesondere könnte die Menge $\mathscr{T}$ auch unendlich sein (wie im Falle von Beweisen auf der Basis von ZFC oder PA), wohingegen in einem Beweis nur eine endliche Zahl von Prämissen verwendet werden kann. Mit der obigen Notation können wir das Korrektheitstheorem wie folgt formulieren.

Korrektheit von
$\mathscr{F}$

Theorem (Korrektheit von $\mathscr{F}$) Wenn $\mathscr{T} \vdash S$, dann ist S eine PL1-Folgerung aus der Menge $\mathscr{T}$.

Beweis: Der Beweis verfährt ganz ähnlich wie der Beweis des Korrektheitstheorems für $\mathscr{F}_T$, dem aussagenlogischen Teil von $\mathscr{F}$, auf Seite 220 von Band I. Wir werden zeigen, dass jeder Satz, der in einem Schritt im Rahmen eines Beweises p in $\mathscr{F}$ auftritt, eine PL1-Folgerung aus denjenigen Annahmen ist, die zu diesem Schritt in Kraft sind (diese beinhalten die Prämissen von p). Diese Behauptung gilt nicht nur für Sätze auf der Hauptebene des Beweises p, sondern auch für Sätze, die in Unterbeweisen auftreten, unabhängig davon, wie verschachtelt diese auch sein mögen. Das Theorem folgt aus dieser Behauptung, da im Falle eines Satzes S, der auf der Hauptebene des Beweises p auftritt, nur die aus $\mathscr{T}$ stammenden Prämissen als Annahmen in Kraft sind. Somit ist S eine PL1-Folgerung aus $\mathscr{T}$.

Wir wollen einen Schritt in einem Beweis *gültig* nennen, wenn der zugehörige Satz eine PL1-Folgerung aus den Annahmen ist, die zu diesem Schritt in Kraft sind. Unser früherer Korrektheitsbeweis für $\mathscr{F}_T$ war eigentlich eine maskierte Form der Induktion über die Anzahl der Schritte. Da wir dort die Induktion noch nicht besprochen hatten, tarnten wir sie durch die Annahme, dass es einen ungültigen Schritt gibt, und betrachteten den ersten derartigen Schritt. Wenn Sie darüber nachdenken, werden Sie sehen, dass es sich dabei eigentlich um den Induktionsschritt in einem induktiven Beweis handelt. Anzunehmen, dass es

---

[1] Es sei noch einmal darauf hingewiesen, dass das formale Beweissystem $\mathscr{F}$ alle Einführungs- und Beseitigungsregeln enthält, nicht aber die **Con**-Ableitungsprozeduren.

einen ersten ungültigen Schritt gibt, erlaubt uns zugleich anzunehmen, dass alle früheren Schritte gültig sind, worin die Induktionshypothese besteht; dann konnten wir (per indirektem Beweis) zeigen, dass der fragliche Schritt doch gültig ist. Wir könnten hier in gleicher Weise vorgehen, wollen stattdessen aber den Induktionsbeweis explizit durchführen. Wir nehmen daher an, dass wir uns im n-ten Schritt befinden, dass alle früheren Schritte gültig sind, und wollen zeigen, dass auch dieser Schritt gültig ist.

Im Rahmen des Beweises wird eine Fallunterscheidung vorgenommen, je nachdem welche Regel im Schritt n angewendet wird. Im Falle der Regeln für die wahrheitsfunktionalen Junktoren verfährt der Beweis ziemlich analog zu unserem früheren Beweis. Wir werden einen Fall durchgehen, um die Ähnlichkeit zum bereits geführten Korrektheitsbeweis hervorzuheben.

$\rightarrow$ **Elim**: Angenommen, im n-ten Schritt wird der Satz R hergeleitet mittels einer Anwendung von $\rightarrow$ **Elim** auf die Sätze Q $\rightarrow$ R und Q, die bereits früher im Beweis vorkommen. Es sei $A_1, \ldots, A_k$ eine Liste aller Annahmen, die zum Schritt n in Kraft sind. Aufgrund unserer Induktionsannahme wissen wir, dass Q $\rightarrow$ R und Q beide im Rahmen gültiger Schritte hergeleitet wurden, d.h. sie sind PL1-Folgerungen aus denjenigen Annahmen, die zu den jeweiligen Schritten in Kraft sind. Da $\mathscr{F}$ uns nur dann gestattet, auf der Hauptebene des Beweises oder in Unterbeweisen Sätze zur Begründung anzuführen, wenn deren Annahmen noch in Kraft sind, wissen wir des Weiteren, dass die Annahmen, die im Rahmen der Schritte Q $\rightarrow$ R und Q in Kraft sind, ebenfalls zum Schritt R in Kraft sind. Damit befinden sich die für diese Schritte nötigen Annahmen unter $A_1, \ldots, A_k$. Somit sind sowohl Q $\rightarrow$ R als auch Q PL1-Folgerungen aus $A_1, \ldots, A_k$. Wir zeigen nun noch, dass R eine PL1-Folgerung aus $A_1, \ldots, A_k$ ist.

Angenommen, $\mathfrak{M}$ ist eine PL1-Struktur, in der jeder Satz von $A_1, \ldots, A_k$ wahr ist. Dann wissen wir, dass $\mathfrak{M} \models$ Q $\rightarrow$ R und $\mathfrak{M} \models$ Q, da es sich bei diesen Sätzen um PL1-Folgerungen aus $A_1, \ldots, A_k$ handelt. In diesem Fall ergibt sich aber aufgrund der Definition der Wahrheit in einer Struktur, dass auch $\mathfrak{M} \models$ R gilt. Somit ist R eine PL1-Folgerung aus $A_1, \ldots, A_k$. Damit ist auch Schritt n ein gültiger Schritt.

Beachten Sie, dass der einzige Unterschied im obigen Fall zum entsprechenden Fall im Korrektheitsbeweis von $\mathscr{F}_\mathrm{T}$ darin besteht, dass wir uns hier auf PL1-Strukturen anstatt auf die Zeilen einer Wahrheitstafel bezogen haben. Im Falle der übrigen wahrheitsfunktionalen Regeln verfährt man entsprechend. Wir kommen nun zu einer Quantorenregel.

∃ **Elim**: Angenommen, im n-ten Schritt wird der Satz R mittels einer Anwendung von ∃ **Elim** aus dem Satz $\exists x P(x)$ und einen Unterbeweis hergeleitet, der R auf seiner Hauptebene enthält, sagen wir im m-ten Schritt. c sei die im Unterbeweis eingeführte neue Konstante. Mit anderen Worten: $P(c)$ ist die Annahme des Unterbeweises, welcher R enthält:

$$
\begin{array}{ll}
& \vdots \\
j. & \exists x P(x) \\
& \vdots \\
& \boxed{c}\ P(c) \\
& \vdots \\
m. & R \\
& \vdots \\
n. & R
\end{array}
$$

$A_1, \ldots, A_k$ seien die Annahmen, die zu Schritt n in Kraft sind. Gemäß unserer Induktionsannahme handelt es sich bei den Schritten j und m um gültige Schritte, womit $\exists x P(x)$ eine PL1-Folgerung aus den Annahmen ist, die zu Schritt j in Kraft sind und welche eine Teilmenge von $A_1, \ldots, A_k$ bilden; entsprechend ist R eine PL1-Folgerung aus den Annahmen, die zu Schritt m in Kraft sind, welche wiederum eine Teilmenge von $A_1, \ldots, A_k$ *zusammen mit dem Satz* $P(c)$ sind, wobei Letzterer die Annahme des Unterbeweises bildet, in dem m vorkommt.

Was wir noch zeigen müssen ist, dass R auch eine PL1-Folgerung allein aus den Annahmen $A_1, \ldots, A_k$ ist. Dazu nehmen wir an, $\mathfrak{M}$ sei eine PL1-Struktur, in der alle Annahmen $A_1, \ldots, A_k$ wahr sind. Wir müssen zeigen, dass dann auch R in $\mathfrak{M}$ wahr ist. Da $\exists x P(x)$ eine Folgerung aus $A_1, \ldots, A_k$ ist, wissen wir, dass auch dieser Satz in $\mathfrak{M}$ wahr ist. Beachten Sie, dass die Konstante c nicht in einem der Sätze $A_1, \ldots, A_k$, $\exists x P(x)$ oder R auftreten kann, aufgrund der Beschränkung, die uns die Regel ∃ **Elim** für die Wahl vorübergehender Namen auferlegt. Wegen $\mathfrak{M} \models \exists x P(x)$ wissen wir, dass es ein Objekt im Gegenstandsbereich von $\mathfrak{M}$ gibt, sagen wir b, das $P(x)$ erfüllt. $\mathfrak{M}'$ sei identisch mit $\mathfrak{M}$ bis auf die Tatsache, dass $\mathfrak{M}'$ der Individuenkonstanten c das Objekt b zuordnet. Dann gilt aufgrund unserer Wahl für die Interpretation von c klarerweise, dass $\mathfrak{M}' \models P(c)$. Nach Satz 1 auf Seite 151 macht dann $\mathfrak{M}'$ auch jede der Annahmen $A_1, \ldots, A_k$ wahr. Dann gilt aber auch, dass $\mathfrak{M}' \models R$, da R eine PL1-Folgerung aus diesen Sätzen ist. Da c nicht in R vorkommt, ist

R auch in der Ausgangsstruktur $\mathfrak{M}$ wahr, was sich wiederum aus Satz 1 ergibt.

Der Fall von $\forall$ **Intro** ist demjenigen von $\exists$ **Elim** sehr ähnlich, und die übrigen beiden Fälle sind wesentlich einfacher. Wir überlassen Ihnen diese Fälle als Übungsaufgaben.

Das Korrektheitstheorem für $\mathscr{F}$ garantiert uns, dass wir niemals ein ungültiges Argument beweisen werden, wenn wir nur die Regeln von $\mathscr{F}$ verwenden. Ebenfalls warnt es uns, dass wir niemals in der Lage sein werden, ein gültiges Argument zu beweisen, dessen Gültigkeit von den Bedeutungen anderer Prädikate abhängt als dem der Identität. Das Vollständigkeitstheorem für $\mathscr{F}$ ist bei weitem schwieriger zu beweisen als das Korrektheitstheorem für $\mathscr{F}$ oder auch das Vollständigkeitstheorem für $\mathscr{F}_T$. Tatsächlich handelt es sich beim Vollständigkeitstheorem um das bedeutsamste Ergebnis, das wir im Rahmen dieser Einführung beweisen werden; es macht das Hauptanliegen von Kapitel 19 aus.

Übungen

18.14 Beweisen Sie den Induktionsschritt im Korrektheitsbeweis für die Regel $\wedge$ **Intro**.

18.15 Beweisen Sie den Induktionsschritt im Korrektheitsbeweis für die Regel $\rightarrow$ **Intro**.

18.16 Beweisen Sie den Induktionsschritt im Korrektheitsbeweis für die Regel $\exists$ **Intro**.

18.17 Beweisen Sie den Induktionsschritt im Korrektheitsbeweis für die Regel $\forall$ **Intro**.

ABSCHNITT 18.4

DIE VOLLSTÄNDIGKEIT DER FORMAXIOME

In Abschnitt 12.5 (Band I) hatten wir versprochen, Sie davon zu überzeugen, dass die zehn Axiome, die wir zur Axiomatisierung der Formeigenschaften angegeben hatten, vollständig sind, d.h. dass sie die Kluft zwischen PL1-Folgerung und dem intuitiven Begriff der logischen Folgerung für die Klötzchensprache vollständig überbrücken — zumindest soweit es die Rede über die Form betrifft. Der Einfachheit halber listen wir die besagten Axiome noch einmal auf:

Die grundlegenden Formaxiome:

1. $\neg\exists x\,(\text{Cube}(x) \wedge \text{Tet}(x))$

2. $\neg\exists x\,(\text{Tet}(x) \wedge \text{Dodec}(x))$

3. $\neg\exists x\,(\text{Dodec}(x) \wedge \text{Cube}(x))$

4. $\forall x\,(\text{Tet}(x) \vee \text{Dodec}(x) \vee \text{Cube}(x))$

SameShape **Einführungsaxiome:**

5. $\forall x\,\forall y\,((\text{Cube}(x) \wedge \text{Cube}(y)) \rightarrow \text{SameShape}(x,y))$

6. $\forall x\,\forall y\,((\text{Dodec}(x) \wedge \text{Dodec}(y)) \rightarrow \text{SameShape}(x,y))$

7. $\forall x\,\forall y\,((\text{Tet}(x) \wedge \text{Tet}(y)) \rightarrow \text{SameShape}(x,y))$

SameShape **Beseitigungsaxiome:**

8. $\forall x\,\forall y\,((\text{SameShape}(x,y) \wedge \text{Cube}(x)) \rightarrow \text{Cube}(y))$

9. $\forall x\,\forall y\,((\text{SameShape}(x,y) \wedge \text{Dodec}(x)) \rightarrow \text{Dodec}(y))$

10. $\forall x\,\forall y\,((\text{SameShape}(x,y) \wedge \text{Tet}(x)) \rightarrow \text{Tet}(y))$

Wir müssen zeigen, dass jedes Argument, das logisch gültig ist aufgrund der Bedeutungen der Formprädikate (sowie der Quantoren erster Stufe, der Junktoren und der Identität), auch PL1-gültig ist, sobald wir die obigen zehn Axiome als Prämissen hinzunehmen. Um dies nachzuweisen, reicht es aus zu zeigen, dass jede PL1-Struktur $\mathfrak{M}$, welche die Axiome wahr macht, genau einer PL1-Struktur entspricht, welche den vier Formprädikaten die intendierte Interpretation zuweist.[2]

Es ist nicht schwer einzusehen, weshalb dies ausreicht. Nehmen wir nämlich an, dass uns ein Argument A vorliegt, das aufgrund der Bedeutungen der Formprädikate gültig ist. Wir wollen zeigen, dass das Argument A', das aus A resultiert, wenn man die zehn Axiome hinzufügt, PL1-gültig ist. Um dies zu tun, reicht es aus zu zeigen, dass jede PL1-Struktur $\mathfrak{M}$, welche die Ausgangsprämissen und die zehn Axiome wahr macht, genau einer Struktur $\mathfrak{M}'$ entspricht, in der die Prädikate das bedeuten, was sie bedeuten sollen. Aufgrund der angenommenen Gültigkeit des Arguments A in letzteren Strukturen gilt die Konklusion in $\mathfrak{M}'$. Da aber $\mathfrak{M}$ genau $\mathfrak{M}'$ entspricht, gilt die Konklusion auch im Rahmen von $\mathfrak{M}$. Da es sich bei der Struktur $\mathfrak{M}$ um eine beliebige Struktur handelte, welche die Ausgangsprämissen und die zehn Axiome wahr macht, zeigt dies, dass A' PL1-gültig ist.

---

[2]Dabei bedeutet „genau entsprechen" hier, dass die Strukturen *isomorph* (strukturgleich) sind. Diesen Begriff haben wir zwar nicht definiert, der intuitive Begriff sollte aber genügen, um Sie von unserer Behauptung zu überzeugen.

Wir kommen nun zum Beweis der Behauptung über $\mathfrak{M}$ und $\mathfrak{M}'$. Wie gesagt handelt es sich bei $\mathfrak{M}$ um eine beliebige PL1-Struktur, die unsere zehn Formaxiome wahr macht. Es seien jeweils Cu, Do und Te die Extensionen von Cube, Dodec und Tet in $\mathfrak{M}$. Axiom 1 stellt sicher, dass Cu und Te disjunkt sind. Entsprechend sind aufgrund der Axiome 2 und 3 alle drei Mengen disjunkt von den anderen. Axiom 4 garantiert uns, dass jedes Objekt im Gegenstandsbereich D von $\mathfrak{M}$ Element einer dieser drei Mengen ist.

Wie wir in Aufgabe 15.43 festgestellt hatten, ist eine Partition von D eine Menge $\mathcal{P}$ von nicht-leeren Teilmengen von D mit der Eigenschaft, dass jedes Element von D in genau einem Element von $\mathcal{P}$ enthalten ist. Wie wir in dieser Übung gesehen haben, ist jede solche Partition die Menge der Äquivalenzklassen einer Äquivalenzrelation, nämlich der Relation, die zwischen den Objekten besteht, die zum selben Element der Partition gehören. Dies kann direkt auf unseren Fall übertragen werden. Einige der Mengen Cu, Do und Te können leer sein; betrachten wir aber nur diejenigen von ihnen, die nicht-leer sind, zeigt der vorangehende Absatz, dass wir es mit einer Partition von D zu tun haben.

Es sei nun S die Extension von SameShape in $\mathfrak{M}$. Die übrigen sechs Axiome stellen sicher, dass diese Relation die Äquivalenzrelation ist, die durch unsere Partition erzeugt wird. Wir ersetzen nun jedes Element von Cu durch einen Würfel, jedes Element von Do durch ein Dodekaeder und jedes Element von Te durch ein Tetraeder, wobei wir dafür sorgen, dass verschiedene Gegenstände von $\mathfrak{M}$ durch verschiedene Klötzchen ersetzt werden. Dies ist möglich, da wir über eine Partition von D verfügen. Die resultierende Struktur wollen wir $\mathfrak{M}'$ nennen. Die Extension von SameShape in $\mathfrak{M}'$ entspricht genau der von S bis auf die neuen Klötzchen. Somit ist die Bedeutung unserer Prädikate das, was wir haben wollten. Da die Strukturen sonst unverändert sind, erfüllen sie dieselben Sätze der Klötzchensprache.

Übungen

18.18 Es sei $\mathfrak{M}$ eine Struktur, deren Gegenstandsbereich die natürlichen Zahlen sind, wobei Cube, Dodec und Tet als Extensionen die Mengen natürlicher Zahlen haben, welche jeweils von der Form $3n$, $3n + 1$ und $3n + 2$ sind. Können wir SameShape so interpretieren, dass die zehn Formaxiome wahr werden? Falls ja: Auf wie viele verschiedene Arten können wir dies tun?

18.19 $\mathfrak{M}$ sei eine beliebige PL1-Struktur, welche die ersten vier Formaxiome wahr macht. Beweisen Sie, dass es eine einzige Möglichkeit gibt, SameShape so zu interpretieren, dass alle zehn Axiome wahr werden.

Abschnitt 18.5

Skolemisierung

Eine wichtige Rolle, die Funktionssymbole in der Prädikatenlogik erster Stufe spielen, besteht darin, dass sie es ermöglichen, Sätze mit vielen ineinander verschachtelten Quantoren (für bestimmte Zwecke) zu vereinfachen. Um ein entsprechendes Beispiel zu erörtern, betrachten wir den Satz

$$\forall x\, \exists y\, \mathsf{Nachbar}(x,y)$$

Ist ein bestimmter Gegenstandsbereich gegeben (welcher durch eine PL1-Struktur repräsentiert wird, sagen wir $\mathfrak{M}$), dann behauptet dieser Satz, dass jedes b im Gegenstandsbereich zumindest einen Nachbarn c hat. Dies wollen wir folgendermaßen notieren

$$\mathfrak{M} \models \mathsf{Nachbar}(x,y)[b,c]$$

anstelle der formaleren Variante $\mathfrak{M} \models \mathsf{Nachbar}(x,y)[g]$, wobei g diejenige Variablenbelegung ist, die x den Wert b und y den Wert c zuweist. Falls nun der ursprüngliche quantifizierte Satz wahr ist, dann können wir für jedes b einen von bs Nachbarn herausgreifen, etwa seinen nächsten Nachbarn oder seinen Lieblingsnachbarn. Es sei $f(b)$ dieser Nachbar, so dass für jedes b gilt:

$$\mathfrak{M} \models \mathsf{Nachbar}(x,y)[b,f(b)]$$

Wenn wir über ein Funktionssymbol f verfügten, welches unsere Funktion f ausdrückt, würden wir Folgendes behaupten wollen:

$$\mathfrak{M} \models \forall x\, \mathsf{Nachbar}(x,f(x))$$

Damit würde unsere Quantorenfolge „$\forall x\, \exists y$" im Ausgangssatz reduziert auf das einfachere „$\forall x$". Somit müssen wir unsere PL1-Sprache erweitern um ein entsprechendes Funktionssymbol f, das die Funktion f bezeichnet.

Skolemisierung

Skolemfunktion

Skolemsche Normalform

Dieser wichtige Trick ist unter der Bezeichnung *Skolemisierung* bekannt, benannt nach dem norwegischen Logiker Thoralf Skolem. Die Funktion f wird als *Skolemfunktion* für den quantifizierten Ausgangssatz bezeichnet. Den neuen Satz, der das Funktionssymbol, aber keinen Existenzquantor enthält, nennt man auch *Skolemsche Normalform* des Ausgangssatzes.

Beachten Sie, dass wir nicht behauptet haben, dass ein Satz logisch äquivalent zu seiner Skolemisierung ist. Die Lage ist etwas subtiler. Falls unsere Sprache es zuließe, die existenzielle Quantifikation auf Funktionssymbole anzuwenden, könnten wir einen logisch äquivalenten Satz ausdrücken, nämlich

$$\exists f\, \forall x\, \mathsf{P}(x,f(x))$$

Diese Art von Satz jedoch führt uns in den Bereich, der als Logik zweiter Stufe bekannt ist und der jenseits der Reichweite dieser Einführung liegt.

Skolemfunktionen sowie die Skolemsche Normalform sind sehr wichtig für fortgeschrittene Themengebiete der Logik. Eine Anwendung dieser Konzepte werden wir im weiteren Verlauf dieses Kapitels erörtern, wenn wir skizzieren, wie das Resolutionsverfahren auf die Prädikatenlogik mit ihren Quantoren anzuwenden ist.

Einer der Gründe dafür, dass natürliche Sprachen nicht in einem Haufen eingebetteter Quantoren versinken, besteht darin, dass es viele Ausdrücke gibt, die sich wie Funktionssymbole verhalten, so dass wir üblicherweise mit Skolemisierungen zurechtkommen. Possessivausdrücke verhalten sich zum Beispiel wie sehr allgemeine Skolemfunktionen. Üblicherweise fassen wir das Genetiv-s als Anzeichen des Besitzverhältnisses auf wie in *Michaels Fahrrad*. Tatsächlich funktioniert es in viel allgemeinerer Weise als eine Art von Skolemfunktion. Wenn wir beispielsweise entscheiden wollen, wohin die Gruppe essen gehen soll, dann kann *Annes Bistro* auf das Bistro referieren, das Anne am liebsten mag. Wenn wir über Logikbücher sprechen, können wir *Kleenes Buch* verwenden, nicht um auf eines zu referieren, das Kleene gehört, sondern auf eines, das er verfasst hat.

Skolemisierung in natürlichen Sprachen

Zur Erinnerung

(Einfachster Fall der Skolemisierung) Ist ein Satz der Form $\forall x \exists y\, P(x,y)$ im Rahmen einer PL1-Sprache gegeben, skolemisieren wir ihn, indem wir ein Funktionssymbol f wählen, das in der Sprache nicht vorkommt, und zum Satz $\forall x\, P(x, f(x))$ übergehen. Jede Welt, welche die Skolemisierung wahr macht, macht auch den Ausgangssatz wahr. Jede Welt, die den Ausgangssatz wahr macht, kann in eine Welt überführt werden, welche die Skolemisierung wahr macht; dazu interpretieren wir das Funktionssymbol f durch eine Funktion f, welche jedem Objekt b im Gegenstandsbereich ein Objekt c zuweist, so dass sie die Wff $P(x,y)$ erfüllen.

Übungen

18.20 Erörtern Sie die logische Beziehung zwischen den folgenden beiden Sätzen. [Hinweis: Einer ist eine logische Folgerung aus dem anderen, aber beide sind nicht logisch äquivalent.]

$$\forall y \exists z\, \text{ElternteilVon}(z,y)$$
$$\forall y\, \text{ElternteilVon}(\text{besterfreund}(y),y)$$

Erklären Sie, unter welchen Bedingungen der zweite Satz eine Skolemisierung des ersten ist.

18.21   Skolemisieren Sie den folgenden Satz mit Hilfe des Funktionssymbols f.

$$\forall z \, \exists y \, [(1 + (z \times z)) < y]$$

Welche der folgenden Funktionen auf den natürlichen Zahlen könnte als eine Skolemfunktion für diesen Satz verwendet werden?

1. $f(z) = z^2$
2. $f(z) = z^2 + 1$
3. $f(z) = z^2 + 2$
4. $f(z) = z^3$

ABSCHNITT 18.6

UNIFIKATION VON TERMEN

Wir kommen nun zu einem ganz anderen Thema, der Unifikation, bei welcher es hauptsächlich um Sprachen geht, die Funktionssymbole beinhalten. Unifikation ist von entscheidender Bedeutung, wenn wir das Resolutionsverfahren auf die gesamte PL1-Sprache ausdehnen wollen.

Die Grundidee, die der Unifikation zugrunde liegt, kann durch den Vergleich einiger Behauptungen illustriert werden. Nehmen wir zunächst einmal an, dass Anne Ihnen erzählt, dass Michaels Vater einen VW fährt, und dass kein Großvater einen VW fährt. Dies ist zwar nicht wahr, aber beide Behauptungen sind zumindest nicht logisch inkompatibel. Falls Anne noch hinzufügte, dass Michael ein Kind hat (so dass Michaels Vater auch Großvater wäre), könnten wir Ihr vorwerfen, sich selbst zu widersprechen. Vergleichen wir Annes Behauptung mit derjenigen von Susanne, die behauptet, dass Michaels Großvater einen VW fährt und dass kein Vater einen VW fährt. Susanne kann nun sofort vorgeworfen werden, sich selbst zu widersprechen. Wieso? Ganz einfach, weil Großväter unter anderem Väter sind.

Vergleichen wir in etwas abstrakterer Hinsicht die folgenden beiden Paare, wobei P ein einstelliges Prädikatsymbol ist, f und g einstellige Funktionssymbole sind und a eine Individuenkonstante ist.

Erstes Paar:	P(f(a)),	$\forall x \neg P(f(g(x)))$
Zweites Paar:	P(f(g(a))),	$\forall x \neg P(f(x))$

Das erste Paar stellt eine logische Möglichkeit dar. Es ist völlig konsistent anzunehmen, dass das Objekt $f(a)$ die Eigenschaft P besitzt, aber keinem Objekt der Form $f(g(b))$ die Eigenschaft P zukommt. Dies kann jedoch nur dann passieren, wenn a nicht von der Form $g(b)$ ist. Im Gegensatz dazu handelt es sich beim zweiten Paar nicht um eine logische Möglichkeit. Weshalb? Falls nämlich $\forall x \neg P(f(x))$ gilt, so gilt auch die Instanz, die wir durch Ersetzung von g(a) für x erhalten: $\neg P(f(g(a)))$. Dies widerspricht aber P(f(g(a))).

Die Unifikation liefert einen nützlichen Test um festzustellen, ob Mengen von Behauptungen wie die obigen widersprüchlich sind oder nicht. Man sieht sich die involvierten Terme an um festzustellen, ob sie „unifizierbar" sind. Die Terme f(a) und f(g(x)) im ersten Satzpaar sind nicht unifizierbar, wohingegen die Terme im zweiten Paar, f(g(a)) und f(x), unifizierbar sind. Das heißt, dass es im zweiten Fall eine Möglichkeit gibt, x durch einen Term zu ersetzen, so dass die Resultate deckungsgleich sind. Diese Übereinstimmung resultiert in dem Zusammenstoß der beiden Ausgangssätze. Im Falle des ersten Paares von Termen gibt es jedoch keine solche Möglichkeit, die Terme zur Deckung zu bringen. Keine mögliche Ersetzung der Variablen x durch einen Term in f(g(x)) ergibt den Term f(a), da es sich bei a um eine Individuenkonstante handelt.

Unifikation

Diese Beispiele legen die folgende Definition nahe.

Definition Die Terme t_1 und t_2 sind *unifizierbar*, wenn es möglich ist, einige oder alle Variablen in t_1 und t_2 so durch Terme zu ersetzen, dass die aus der Substitution resultierenden Terme syntaktisch identisch sind.

Definition unifizierbarer Terme

Entsprechend heißt eine beliebig große Menge T von Termen unifizierbar, wenn es eine einzelne Substitution von Termen für einige oder alle Variablen gibt, die in Termen von T vorkommen, so dass alle resultierenden Terme identisch sind.

Beachten Sie, dass es nur von syntaktischen Belangen abhängt, ob Terme unifizierbar sind oder nicht. Es geht dabei um Terme, nicht um das, was sie bezeichnen. So sind die Terme vater(Max) und vater(vater(x)) nicht unifizierbar unabhängig davon, ob Max Vater ist oder nicht. Demgegenüber sind die Terme vater(vater(Max)) und vater(y) unifizierbar. Man braucht nur die Variable y durch vater(Max) zu ersetzen. Demnach können wir entscheiden, ob ein Paar von Termen unifizierbar ist, ohne zu wissen, was die Terme bezeichnen.

Wir wollen noch auf einige weitere Beispiele für die Unifikation eingehen. Angenommen, wir verfügen über das zweistellige Funktionssymbol f und zwei einstellige Funktionssymbole g und h. Die folgenden drei Terme sind beispielsweise unifizierbar. Sehen Sie, welche Substitution geeignet ist?

$$f(g(z),x), \quad f(y,x), \quad f(y,h(a))$$

Falls Sie h(a) für die Variable x und g(z) für y ersetzen wollten, lagen Sie richtig. Alle drei Terme werden dadurch in den Term f(g(z),h(a)) überführt. Gibt es andere Substitutionen, die ebenfalls in Frage kämen? Dem ist so. Wir könnten für z einen beliebigen Term wählen und erhielten eine weitere geeignete Substitution. Die von uns gewählte war die einfachste, insofern es sich bei ihr um die allgemeinste handelte. Ausgehend von dieser könnten wir durch eine Ersetzung beliebige andere geeignete Substitutionen erhalten.

allgemeine Unifikatoren

Im Folgenden finden sich einige Beispiele von Paaren, von welchen einige unifiziert werden können, andere aber nicht. Versuchen Sie festzustellen, welche Paare unifizierbar sind und welche nicht, bevor Sie weiterlesen.

$$g(x), \quad h(y)$$
$$h(f(x,x)), \quad h(y)$$
$$f(x,y), \quad f(y,x)$$
$$g(g(x)), \quad g(h(y))$$
$$g(x), \quad g(h(z))$$
$$g(x), \quad g(h(x))$$

Die eine Hälfte ist unifizierbar; zu diesen zählen das zweite, dritte und fünfte Paar. Die anderen sind nicht unifizierbar. Die allgemeinen Unifikatoren der drei unifizierbaren Paare sind in der entsprechenden Reihenfolge:

○ Ersetze y durch $f(x,x)$

○ Ersetze sowohl x als auch y durch eine andere Variable z

○ Ersetze x durch $h(z)$

Das erste Paar ist nicht unifizierbar: Unabhängig davon, was wir unternehmen, beginnt der erste Term stets mit g, während der zweite mit h beginnt. Entsprechend ist das vierte Paar nicht unifizierbar, da der erste Term stets mit einem Paar gs beginnt, wohingegen der zweite stets mit einem g gefolgt von einem h beginnt. (Der Grund dafür, dass das letzte Paar nicht unifizierbar ist, ist etwas subtiler. Sehen Sie ihn?)

Unifikations-algorithmus   Es gibt ein sehr allgemeines Verfahren, um zu überprüfen, ob zwei (oder mehr) Terme unifizierbar sind oder nicht. Dieses wird als Unifikationsalgorithmus bezeichnet. Wir werden das Verfahren im Rahmen dieser Einführung nicht erklären. Wenn Sie die folgenden Übungen durchgearbeitet haben, werden Sie jedoch in Grundzügen verstanden haben, wie der Algorithmus funktioniert.

Übungen

18.22 Welche der folgenden Terme sind unifizierbar mit vater(x) und welche nicht? Wenn sie unifizierbar sind, geben Sie die Substitution an. Wenn nicht, erklären Sie weshalb.
1. Max
2. vater(Susanne)
3. mutter(Max)
4. vater(mutter(Susanne))
5. vater(mutter(y))
6. vater(mutter(x))

18.23 Welche der folgenden Terme sind unifizierbar mit $f(x,g(x))$ und welche nicht? Wenn sie unifizierbar sind, geben Sie den allgemeinen Unifikator an. Wenn nicht, erklären Sie weshalb. (Wie auch sonst handelt es sich hier bei a und b um Namen und nicht um Variablen.)
1. $f(a,a)$
2. $f(g(a),g(a))$
3. $f(g(x),g(g(x)))$
4. $h(f(a,g(a)))$
5. $f(f(a,b),g(f(a,b)))$

18.24
✎

Geben Sie eine Menge mit vier Termen an, welche simultan zum folgenden Term unifiziert werden können:

$$h(f(h(a),g(a)))$$

18.25
✎*

Zeigen Sie, dass es unendlich viele verschiedene Substitutionen gibt, welche die folgenden Termpaare unifizieren. Geben Sie einen allgemeinen Unifikator an.

$$g(f(x,y)), \; g(f(h(y),g(z)))$$

18.26
✎

Wie viele Substitutionen gibt es, welche das folgende Paar unifizieren?

$$g(f(x,x)), \; g(f(h(a),g(b)))$$

NOCH EINMAL ZUR RESOLUTION

In diesem Abschnitt besprechen wir in informeller Weise, wie das Resolutionsverfahren für die Aussagenlogik auf die gesamte Prädikatenlogik erster Stufe erweitert werden kann durch die Kombination der Hilfsmittel, die wir oben entwickelt haben.

Im allgemeinen Fall sind einige Prämissen erster Stufe $P_1, \ldots, P_n$ gegeben sowie eine potenzielle Konklusion Q. Die Frage ist, ob Q eine PL1-Folgerung aus $P_1, \ldots, P_n$ ist. Wie wir gesehen haben, läuft dies auf die Frage hinaus, ob es keine PL1-Struktur gibt, welche ein Gegenbeispiel zum Argument bildet, dass Q aus $P_1, \ldots, P_n$ folgt. Diese Frage wiederum entspricht der Frage, ob der Satz

$$P_1 \wedge \ldots \wedge P_n \wedge \neg Q$$

Erweiterung der Resolution auf PL1

nicht PL1-erfüllbar ist. Somit kann das allgemeine Problem reduziert werden auf das Problem, von einem bestimmten endlichen Satz der PL1, etwa S, festzustellen, ob er PL1-erfüllbar ist.

Das bereits diskutierte Resolutionsverfahren stellt eine Methode dar, dies zu testen, wenn der Satz S keine Quantoren enthält. Interessante Sätze enthalten aber nun einmal Quantoren. Überraschenderweise gibt es eine Methode, den allgemeinen Fall auf den Fall zu reduzieren, in dem keine Quantoren vorkommen.

Wir wollen nun einen Überblick über die Methode geben. Zunächst einmal wissen wir, dass wir stets alle Quantoren in einem Satz S mit Hilfe von logisch gültigen Umformungen an dessen Anfang bringen können, so dass wir davon ausgehen können, dass sich S in pränexer Form befindet.

universelle Sätze

Wir wollen einen Satz *universell* nennen, wenn er sich in pränexer Form befindet und alle seiner Quantoren Allquantoren sind. Ein universeller Satz S ist demnach von der folgenden Form

$$\forall x_1 \ldots \forall x_n P(x_1, \ldots, x_n)$$

Der Einfachheit halber wollen wir annehmen, dass nur zwei Quantoren vorkommen:

$$\forall x \forall y P(x, y)$$

Des weiteren wollen wir annehmen, dass P nur zwei Namen enthält, b und c, und, was sehr wichtig ist, dass in P keine Funktionssymbole vorkommen.

Wir behaupten, dass S PL1-erfüllbar ist genau dann, wenn die folgende Menge $\mathcal{T}$ quantorenfreier Sätze PL1-erfüllbar ist:

$$\mathcal{T} = \{P(b,b), P(b,c), P(c,b), P(c,c)\}$$

Dabei behaupten wir nicht, dass beide äquivalent sind. S impliziert offenbar jeden Satz aus $\mathcal{T}$, so dass $\mathcal{T}$ PL1-erfüllbar ist, wenn dasselbe für S gilt. $\mathcal{T}$ impliziert im Allgemeinen S nicht, aber wenn $\mathcal{T}$ PL1-erfüllbar ist, gilt dasselbe auch für S. Der Grund dafür ist ziemlich offensichtlich. Verfügen wir über eine Struktur, die $\mathcal{T}$ wahr macht, brauchen wir nur die Teilstruktur zu betrachten, die lediglich aus *b* und *c* besteht sowie aus den Beziehungen, die ihnen verbleiben. Diese kleine Struktur mit nur zwei Objekten macht S wahr.

Reduktion auf nicht quantifizierte Sätze

Diese kleine Beobachtung erlaubt uns, die Frage der Unerfüllbarkeit des universellen Satzes S auf einen Satz der PL1 zu reduzieren, der keine Quantoren enthält; und wir wissen bereits, wie wir Letzteres mit Hilfe des Resolutionsverfahrens für die Aussagenlogik lösen können.

Einschränkungen

Es sind allerdings einige Einschränkungen zu beachten. Zunächst einmal ergibt das Resolutionsverfahren für die Aussagenlogik Bewertungsfunktionen. Damit unser Beweis funktioniert, müssen wir daher in der Lage sein, von einer Bewertungsfunktion h für atomare Sätze unserer Sprache überzugehen zu einer PL1-Struktur $\mathfrak{M}_h$ für diese Sprache, welche dieselben atomaren Sätze wahr macht. Das geht für Sätze, die = nicht enthalten, wie wir in Aufgabe 18.12 gesehen haben, nicht aber im Allgemeinen. Damit wir sicher sein können, dass unser Beweis funktioniert, darf der Satz S daher = nicht enthalten.

Skolemisieren

In Übung 18.12 wurde auch verlangt, dass der Satz keine Funktionssymbole enthält. Dies ist wirklich schade, da die Skolemisierung uns eine Methode an die Hand gibt, zu einem beliebigen pränexen Satz S einen anderen Satz zu finden, der universell ist und der genau dann PL1-erfüllbar ist, wenn auch S PL1-erfüllbar ist: Wir müssen nur alle $\exists$ einen nach dem anderen von links nach rechts durch Funktionssymbole ersetzen. Wenn wir also die obige Methode auch für den Fall verallgemeinern könnten, in dem Funktionssymbole zugelassen sind, verfügten wir über eine allgemeine Methode. An dieser Stelle kommt uns der Unifikationsalgorithmus zu Hilfe. Die grundlegende Strategie der Resolution aus der Aussagenlogik muss dabei etwas verstärkt werden.

Resolutionsverfahren für PL1: Angenommen, wir wollen zeigen, dass die Sätze S, S′, S″, ... nicht simultan PL1-erfüllbar sind. Um dies mittels Resolution zu tun, haben wir die folgenden Schritte auszuführen:

Resolutions- verfahren für PL1

1. Bringen Sie jeden Satz S in pränexe Form, wie etwa

$$\forall x_1 \exists y_1 \forall x_2 \exists y_2 \ldots P(x_1, y_1, x_2, y_2, \ldots)$$

   Eine solche alternierende Quantorenfolge kann immer erzeugt werden, indem man leere Quantoren einfügt.

2. Jeder der resultierenden Sätze wird skolemisiert, wie etwa

$$\forall x_1 \forall x_2 \ldots P(x_1, f_1(x_1), x_2, f_2(x_1, x_2), \ldots)$$

   wobei verschiedene Skolemfunktionssymbole für verschiedene Sätze verwendet werden.

3. Bringen Sie dann jede quantorenfreie Matrix P in konjunktive Normalform, wie etwa

$$P_1 \wedge P_2 \wedge \ldots \wedge P_n$$

   wobei jedes P_i eine Disjunktion von Literalen ist.

4. Distribuieren Sie nun die universellen Quantoren in jedem Satz über die Konjunktionen und tilgen Sie die Konjunktionszeichen, womit sich eine Menge von Sätzen ergibt, die von der folgenden Form sind:

$$\forall x_1 \forall x_2 \ldots P_i$$

5. Tauschen Sie die gebundenen Variablen in jedem der resultierenden Sätze so aus, dass keine Variable in zwei von diesen Sätzen vorkommt.

6. Wandeln Sie jeden der resultierenden Sätze in eine Menge von Literalen um, indem Sie die universellen Quantoren und Disjunktionszeichen tilgen. Auf diese Weise gelangen wir zu einer Menge von Resolutionsklauseln.

7. Wenden Sie die Resolution und Unifikation auf diese Menge von Klauseln an.

Anstatt dies detailliert zu erklären, was den Rahmen dieser Einführung sprengen würde, wollen wir einige wenige Beispiele betrachten.

Beispiel. Angenommen, Sie wollen zeigen, dass $\forall x\, P(x, b)$ und $\forall y\, \neg P(f(y), b)$ zusammen nicht PL1-erfüllbar sind, d.h. ihre Konjunktion ist nicht PL1-erfüllbar. Im Falle dieses Beispiels können wir gleich zu Schritt 6 übergehen, wodurch wir zwei Klauseln erhalten, von welchen jede aus einem Literal besteht. Da wir x und f(y) unifizieren können, sehen wir, dass das Resolutionsverfahren im Falle dieser Klauseln zu $\Box$ führt.

Beispiel. Angenommen, wir erfahren, dass die beiden folgenden Sätze wahr sind

$$\forall x\, (P(x,b) \vee Q(x))$$
$$\forall y\, (\neg P(f(y),b) \vee Q(y))$$

und wir wollen den folgenden Satz herleiten:

$$\forall y\, (Q(y) \vee Q(f(y)))$$

Um nachzuweisen, dass dieser Satz eine PL1-Folgerung aus den ersten beiden ist, müssen wir zeigen, dass jene Sätze zusammen mit der Negation der fraglichen Konklusion nicht simultan PL1-erfüllbar sind. Dazu bringen wir diese Negation zunächst einmal in die pränexe Form:

$$\exists y\, (\neg Q(y) \wedge \neg Q(f(y)))$$

Nun wollen wir diesen Satz skolemisieren. Da dem Existenzquantor in unserem Satz kein Allquantor vorangeht, ersetzen wir, um den Satz zu skolemisieren, die Variable y durch ein 0-stelliges Funktionssymbol, d.h. durch eine Individuenkonstante:

$$\neg Q(c) \wedge \neg Q(f(c))$$

Lassen wir die Konjunktion weg, erhalten wir die folgenden beiden Sätze:

$$\neg Q(c)$$
$$\neg Q(f(c))$$

Wir haben nun vier Sätze, auf die wir Schritt 6 anwenden können. Dies ergibt die folgenden vier Klauseln:

1. $\{P(x,b), Q(x)\}$
2. $\{\neg P(f(y),b), Q(y)\}$
3. $\{\neg Q(c)\}$
4. $\{\neg Q(f(c))\}$

Die Anwendung der Resolution auf diese Klauseln zeigt, dass sie nicht PL1-erfüllbar sind. Im Folgenden leiten wir schrittweise die leere Klausel her:

	Resolvente	verwendete Klauseln	Substitution
5.	$\{Q(y), Q(f(y))\}$	1, 2	f(y) für x
6.	$\{Q(f(c))\}$	3, 5	c für y
7.	$\Box$	4, 6	keine erforderlich

Beispiel. Wir wollen ein weiteres Beispiel betrachten, das die gesamte Methode im Einsatz zeigt. Betrachten Sie die beiden deutschen Sätze:

1. *Alle bewundern jemanden, der sie bewundert, wenn sie nicht Meier bewundern.*
2. *Es gibt Personen, die sich gegenseitig bewundern, von welchen zumindest einer Meier bewundert.*

Angenommen, wir wollen das Resolutionsverfahren verwenden, um zu zeigen, dass (2) in einer plausiblen Lesart dieser Sätze eine PL1-Folgerung von (1) ist. Die Lesarten, die wir im Sinn haben, sind die folgenden, wobei wir Bewundert(x, y) durch $A(x, y)$ abkürzen und q für den Namen Meier verwenden:

$(S_1) \quad \forall x\, [\neg A(x, q) \rightarrow \exists y\, (A(x, y) \wedge A(y, x))]$
$(S_2) \quad \exists x\, \exists y\, [A(x, q) \wedge A(x, y) \wedge A(y, x)]$

(Wenn Sie Im Rahmen von Übung 18.27 versuchen herauszufinden, wieso aus S_1 logisch S_2 folgt, werden Sie vielleicht zur Überzeugung kommen, dass es sich beim Obigen nicht um vernünftige Übersetzungen der deutschen Sätze handelt. Das tut hier aber nichts zur Sache.)

Unser Ziel besteht im Nachweis, dass S_1 und $\neg S_2$ nicht gemeinsam PL1-erfüllbar sind. Der Satz $\neg S_2$ ist nach den de Morganschen Gesetzen äquivalent zum folgenden universellen Satz:

$$\forall x\, \forall y\, (\neg A(x, q) \vee \neg A(x, y) \vee \neg A(y, x))$$

Der Satz S_1 ist nicht logisch äquivalent zu einem universellen Satz, so dass wir ihn skolemisieren müssen. Beachten Sie zunächst, dass der Satz äquivalent ist zur folgenden pränexen Form:

$$\forall x\, \exists y\, [A(x, q) \vee (A(x, y) \wedge A(y, x))]$$

Durch Skolemisierung erhalten wir den universellen Satz

$$\forall x\, [A(x, q) \vee (A(x, f(x)) \wedge A(f(x), x))]$$

Bringt man den quantorenfreien Teil dieses Satzes in konjunktive Normalform, ergibt sich:

$$\forall x\, [(A(x, q) \vee A(x, f(x))) \wedge (A(x, q) \vee A(f(x), x))]$$

Dies ist wiederum logisch äquivalent zur Konjunktion der folgenden beiden Sätze:

$$\forall x\, [A(x, q) \vee A(x, f(x))]$$
$$\forall x\, [A(x, q) \vee A(f(x), x)]$$

Als Nächstes tauschen wir die Variablen aus, so dass keine Variable in zwei Sätzen verwendet wird, tilgen die Allquantoren und bilden Klauseln aus den resultierenden Ausdrücken. Dies bringt uns zu den folgenden drei Klauseln:

1. $\{A(x,q), A(x,f(x))\}$
2. $\{A(y,q), A(f(y),y)\}$
3. $\{\neg A(z,q), \neg A(z,w), \neg A(w,z)\}$

Schließlich wenden wir die Resolution an, um die leere Klausel herzuleiten.

	Resolvente	verwendete Klauseln	Substitution
4.	$\{A(q,f(q))\}$	1, 3	q für w, x, z
5.	$\{A(f(q),q)\}$	2, 3	q für w, y, z
6.	$\{\neg A(q,f(q))\}$	3, 5	f(q) für z, q für w
7.	$\square$	4, 6	keine erforderlich

Die Ableitungsprozedur FO Con in Fitch

automatische Deduktion

Das Resolutionsverfahren bietet uns eine Möglichkeit, auf die wir beim Versuch, logische Folgerung nachzuweisen, zurückgreifen können; diese ist dabei grundverschieden vom Führen eines informellen Beweises oder vom Führen eines formalen Beweises in einem System wie $\mathscr{F}$, das die üblichen informellen Schlussweisen modelliert. Worum es beim Resolutionsverfahren eigentlich geht, ist der Versuch, ein Gegenbeispiel zur Behauptung einer PL1-Folgerung zu finden. Falls das Verfahren beim Versuch, ein solches Gegenbeispiel zu bilden, auf ein unüberwindliches Hindernis in der Form von $\square$ stößt, dann erklärt es die Konklusion zu einer PL1-Folgerung aus den Prämissen.

Methoden wie diese erweisen sich als wesentlich geeigneter zur Implementierung auf Computern als der Versuch, einen Beweis in einem System wie $\mathscr{F}$ zu führen. Der Grund dafür ist, dass man die Dinge so in einer systematischen Weise angehen kann, ohne über die semantische Einsicht verfügen zu müssen, die beim Führen von Beweisen erforderlich ist. Letzten Endes können Computer eben nicht wirklich, zumindest noch nicht, wie wir auf die Bedeutungen von Sätzen achten.

FO Con-Ableitungsprozedur

Sie haben gesehen, dass Fitch über eine Ableitungsprozedur namens **FO Con** verfügt, welche auf PL1-Folgerung testet. Zwar verwendet diese Prozedur nicht das Resolutionsverfahren, aber eine sehr geistesverwandte Methode. Im Wesentlichen versucht die Prozedur, eine PL1-Struktur zu erschaffen, die ein Gegenbeispiel zu einer vermeintlich vorliegenden Folgerung darstellt. Falls sie auf ein Hindernis stößt, das dem Erzeugen einer solchen Struktur im Wege steht, dann erklärt sie die Ableitung für gültig. Natürlich gelingt es der Prozedur gelegentlich, ein solches Gegenbeispiel zu finden. In solchen Fällen erklärt sie die Ableitung für ungültig. Und gelegentlich geht ihr einfach der Dampf, der Speicherplatz oder die Zeit aus und sie gibt, wie die besten unter uns, einfach auf.

Übungen

18.27 Beweisen Sie informell, dass S_2 logisch aus S_1 folgt.

18.28 Beweisen Sie informell, dass der Satz, der als pränexe Form von S_1 angegeben wurde, tatsächlich logisch äquivalent zu S_1 ist.

18.29 Üblicherweise kann man bei der Resolution auf viele verschiedene Weisen vorgehen. In unserer Herleitung von □ in den letzten beiden Beispielen haben wir optimale Herleitungen gewählt. Leiten Sie beides auf anderem Wege her.

18.30 Verwenden Sie das Resolutionsverfahren, um zu zeigen, dass es sich beim folgenden Satz um eine logische Wahrheit handelt:

$$\exists x\,(P(x) \to \forall y\,P(y))$$

KAPITEL 19

VOLLSTÄNDIGKEIT UND UNVOLLSTÄNDIGKEIT

Diese Einführung in die Logik erster Stufe erreicht ihren Höhepunkt mit der Diskussion von zwei sehr berühmten und wichtigen Ergebnissen. Es handelt sich um das sogenannte Vollständigkeitstheorem für PL1 und das Unvollständigkeitstheorem. Beide stammen von dem Logiker Kurt Gödel, zweifellos dem bedeutendsten Logiker, der je existierte. Wir legen einen vollständigen Beweis des ersten und eine Erklärung des zweiten Theorems vor, wobei wir vom letzteren bloß eine Beweisskizze liefern.

In diesem Buch haben Sie die wichtigsten Beweistechniken erlernt um zu zeigen, dass eine Aussage logisch aus anderen folgt. Dabei gab es einfache gültige Ableitungsschritte und raffiniertere Beweismethoden wie zum Beispiel der Beweis durch Widerspruch oder die Methode des allgemeinen konditionalen Beweises. Aber die Definition der logischen Folgerung war grundlegend semantischer Art: S folgt logisch aus den Prämissen $P_1, \ldots, P_n$, wenn es unmöglich ist, dass die Prämissen wahr sind, ohne dass die Konklusion auch wahr ist. Dabei taucht die Frage auf, ob die gegebenen Beweismethoden auch hinreichen, um alles zu beweisen, was wir beweisen wollen. Können wir sicher sein, dass wir einen Beweis von S aus $P_1, \ldots, P_n$ finden können, wenn S logisch aus $P_1, \ldots, P_n$ folgt?

Die Antwort darauf lautet sowohl ja wie nein, je nachdem wie wir den Begriff der logischen Folgerung präzisieren und welche Sprache wir betrachten.

Gödels Vollständigkeitstheorem

Die Antwort auf unsere Frage ist ja, wenn wir unter logischer Folgerung die PL1-Folgerung verstehen. Gödels Vollständigkeitstheorem für PL1 versichert uns, dass es, wenn S eine PL1-Folgerung aus einer Menge $\mathscr{T}$ von Sätzen erster Stufe ist, auch einen formalen Beweis von S unter ausschließlicher Verwendung von Prämissen aus $\mathscr{T}$ gibt. Das Hauptziel dieses Kapitels ist es, einen vollen Beweis dieses wichtigen Ergebnisses zu führen. Den ersten derartigen Vollständigkeitsbeweis legte Gödel in seiner Dissertation von 1929 vor. (Sein Beweis bezog sich eigentlich auf ein etwas anderes formales System, das Bertrand Russell und Alfred North Whitehead in ihrem berühmten Werk *Principia Mathematica* verwendeten, aber die formalen Systeme haben dieselbe Stärke.)

Gödels Unvollständigkeitstheorem

Demgegenüber könnten wir auch eine spezifische Sprache der Logik erster Stufe verwenden und an derjenigen Beziehung der logischen Folgerung interessiert sein, *in welcher die Bedeutung der Prädikate der Sprache mitberücksichtigt wird*. Benötigen wir andere Beweismethoden? Wenn ja, können diese irgendwie auf diejenigen zurückgeführt werden, die wir bereits studiert haben? Oder ist es denkbar, dass es einfach kein vollständiges formales System gibt, welches den Begriff der logischen Folgerung für gewisse Sprachen zu erfassen vermag? Wir werden am Ende des Kapitels zu diesen Fragen zurückkehren, wenn wir interpretierte Sprachen und Gödels Unvollständigkeitstheorem diskutieren.

ABSCHNITT 19.1

DAS VOLLSTÄNDIGKEITSTHEOREM FÜR PL1

In den ersten Abschnitten wollen wir einen vollständigen Beweis für das eben erwähnte Vollständigkeitstheorem Gödels führen. Die Ausdrücke „Theorie" und „Menge von Sätzen" wollen wir synonym verwenden. (Einige Autoren behalten den Ausdruck „Theorie" einer Menge von Sätzen erster Stufe vor, welche „unter Beweisbarkeit abgeschlossen" ist, d.h., dass die Menge die Bedingung erfüllt, dass $S \in \mathcal{T}$, wenn $\mathcal{T} \vdash$.) In diesem Abschnitt notieren wir $\mathcal{T} \vdash S$ dafür, dass im gesamten System $\mathcal{F}^1$ ein Beweis von S ausgehend von der Theorie $\mathcal{T}$ existiert. Wie wir in Kapitel 17 schon erwähnt haben, bedeutet dies nicht, dass im formalen Beweis von S alle Sätze in $\mathcal{T}$ verwendet werden müssen, sondern bloß, dass es einen Beweis von S gibt, dessen Prämissen sämtlich Elemente von $\mathcal{T}$ sind. Die Menge $\mathcal{T}$ könnte insbesondere unendlich sein (wie zum Beispiel im Falle von Beweisen auf der Basis von ZFC oder PA), während in jedem einzelnen Beweis nie mehr als eine endliche Zahl von Prämissen verwendet werden kann. Diese Notation erlaubt es uns, das Vollständigkeitstheorem wie folgt zu formulieren.

Theorien

$\mathcal{T} \vdash S$

Theorem (Vollständigkeitstheorem für $\mathcal{F}$). Es sei $\mathcal{T}$ eine Menge von Sätzen einer Sprache erster Stufe L und es sei S ein Satz derselben Sprache. Wenn S eine PL1-Folgerung aus $\mathcal{T}$ ist, dann $\mathcal{T} \vdash S$.

Vollständigkeits-theorem für $\mathcal{F}$

Ebenso wie im Falle der Aussagenlogik erhalten wir den folgenden Satz als unmittelbare Konsequenz des Vollständigkeitstheorems.

Theorem (Kompaktheitstheorem für PL1). Es sei $\mathcal{T}$ eine Menge von Sätzen einer Sprache erster Stufe L. Wenn es für jede endliche Teilmenge von $\mathcal{T}$ eine PL1-Struktur gibt, welche alle Sätze dieser Teilmenge von $\mathcal{T}$ wahr macht, dann gibt es eine PL1-Struktur $\mathfrak{M}$, die alle Sätze von $\mathcal{T}$ wahr macht.

Kompaktheits-theorem

Das Vollständigkeitstheorem für PL1 wurde, wie schon erwähnt, von Kurt Gödel bewiesen. Der Beweis des Vollständigkeitstheorems für die PL1-Folgerung ist, wie wir gleich sehen werden, weit subtiler als derjenige für die tautologische Folgerung. Der Beweis, den wir geben werden, ist einfacher als Gödels ursprünglicher Beweis. Er beruht auf der nach ihrem Entdecker, dem Logiker Leon Henkin, benannten Henkin-Methode.

Henkin-Methode

---

[1] Es sei daran erinnert, dass das formale Beweissystem $\mathcal{F}$ alle Einführungs- und Beseitigungsregeln, nicht aber die **Con**-Verfahren enthält.

Rufen Sie sich Abschnitt 10.1 ins Gedächtnis zurück, demzufolge die Wahrheitstafelmethode nicht differenziert genug ist, um die Bedeutung der Quantoren $\forall$ und $\exists$ oder des Identitätszeichens $=$ mitzuberücksichtigen. In Übung 18.12 veranschaulichten wir dieses Problem. Wir stellten dort fest, dass es zum Beispiel Bewertungsfunktionen gibt, die beiden Sätzen Cube(b) und $\neg\exists x\,\text{Cube}(x)$ den Wahrheitswert wahr zuschreiben (da vom Standpunkt der Aussagenlogik $\exists x\,\text{Cube}(x)$ ein mit Cube(b) unverbundener, atomarer Satz ist), während keine PL1-Struktur diese Sätze beide zugleich wahr zu machen vermag.

Henkins Methode gelingt es auf kluge Weise, die Lücke zwischen den PL1-wahren Sätzen und den Tautologien mit Hilfe einer Menge $\mathscr{H}$ von PL1-Sätzen genau zu bestimmen. In einem zu präzisierenden Sinne erfasst $\mathscr{H}$ genau das, was der Wahrheitstafelmethode hinsichtlich der Quantoren und der Identität entgeht.[2] So enthält $\mathscr{H}$ zum Beispiel den Satz Cube(b) $\rightarrow \exists x\,\text{Cube}(x)$, womit Bewertungsfunktionen wie die oben erwähnte ausgeschlossen werden, welche sowohl Cube(b) als auch $\neg\exists x\,\text{Cube}(x)$ den Wert WAHR zuschreiben.

Hier ist eine Skizze unserer Version von Henkins Beweis.

Zeugenkonstanten hinzufügen: Es sei L eine gegebene Sprache erster Stufe. Wir möchten beweisen, dass für einen Satz S von L, der eine PL1-Folgerung aus einer Menge $\mathscr{T}$ von Sätzen von L ist, gilt, dass $\mathscr{T} \vdash \text{S}$. Der erste Schritt besteht darin, L auf eine besondere Weise um unendlich viele neue Individuenkonstanten, so genannte *Zeugenkonstanten*, anzureichern, so dass eine neue Sprache L_H entsteht.

Zeugenkonstanten

Die Henkin-Theorie: Als Nächstes isolieren wir eine bestimmte Theorie $\mathscr{H}$ in dieser angereicherten Sprache L_H. Diese Theorie besteht aus verschiedenen Sätzen, die keine Tautologien, aber Theoreme der Logik erster Stufe sind, sowie aus weiteren Sätzen, die unter dem Namen *Henkin-Zeugenaxiome* bekannt sind. Letztere haben die Form $\exists x\,\text{P}(x) \rightarrow \text{P}(c)$, wobei c eine Zeugenkonstante ist. Die besondere Konstante wird sorgfältig so ausgewählt, dass sie das Konstruktionslemma von Henkin und das Eliminationstheorem (das als nächstes besprochen wird) wahr macht.

Henkin-Theorie ($\mathscr{H}$)

Das Eliminationstheorem: Die Henkin-Theorie ist hinreichend schwach und das formale System $\mathscr{F}$ hinreichend stark, um den Beweis des folgenden Theorems (Satz 19.4) zu ermöglichen: Es sei p ein formaler Beweis erster Stufe, dessen Prämissen alle entweder Sätze von L oder Sätze aus $\mathscr{H}$ sind, und dessen Konklusion ebenfalls ein Satz von L ist. Dann können die Prämissen aus $\mathscr{H}$ unter Verwendung der Quantorenregeln aus diesem formalen Beweis eliminiert werden. Präziser ausgedrückt: Es gibt einen formalen Beweis p',

Eliminationstheorem

---

[2]Diese Bemerkung wird durch die Übungen 19.3–19.5, 19.17 und 19.18 weiter illustriert, die wir Ihnen wärmstens zu lösen empfehlen, sobald Sie zu ihnen gelangen. Sie werden Ihnen wirklich helfen, den gesamten Beweis zu verstehen.

dessen Prämissen diejenigen Prämissen von p sind, welche Sätze von L sind, und dessen Konklusion gerade die Konklusion von p ist.

Die Henkin-Konstruktion: Schließlich ist die Henkin-Theorie hinreichend stark und der Begriff der PL1-Struktur hinreichend weit, um den Beweis des folgenden Resultats (Abschnitt 19.5) zu ermöglichen: Für jede Bewertungsfunktion h, die allen Wffs in $\mathscr{H}$ WAHR zuweist, gibt es eine PL1-Struktur $\mathfrak{M}_h$ derart, dass für alle Sätze erster Stufe S, denen h WAHR zuweist, $\mathfrak{M}_h \models$ S. Diese Konstruktion der Struktur $\mathfrak{M}_h$ ausgehend von Bewertungsfunktion h wird manchmal *Henkin-Konstruktion* genannt.

Henkin-Konstruktion

Wir zeigen nun, wie alle diese Ergebnisse verwendet werden können, um das Vollständigkeitstheorem zu beweisen. Nehmen wir an, alle Elemente aus $\mathscr{T}$ und S seien Ausdrücke der ursprünglichen Sprache L, und S sei eine PL1-Folgerung aus $\mathscr{T}$. Wir wollen beweisen, dass $\mathscr{T} \vdash$ S. Der Annahme zufolge kann es keine PL1-Struktur geben, in welcher alle Sätze von $\mathscr{T} \cup \{\neg S\}$ wahr sind. Aufgrund der Henkin-Konstruktion kann es keine Bewertungsfunktion h geben, die allen Sätzen in $\mathscr{T} \cup \mathscr{H} \cup \{\neg S\}$ den Wahrheitswert WAHR zuweist; wenn es eine gäbe, dann würde die PL1-Struktur $\mathfrak{M}_h$ alle Sätze der Menge $\mathscr{T} \cup \{\neg S\}$ wahr machen. Deshalb ist S eine tautologische Folgerung von $\mathscr{T} \cup \mathscr{H}$.[3] Das Vollständigkeitstheorem für die Aussagenlogik besagt, dass es einen formalen Beweis p von S ausgehend von $\mathscr{T} \cup \mathscr{H}$ gibt. Das Eliminationstheorem sagt uns, dass wir unter Verwendung der Quantorenregeln p in einen formalen Beweis p' von S ausgehend von den Prämissen in $\mathscr{T}$ umwandeln können. Daher gilt wie gewünscht $\mathscr{T} \vdash$ S.

letzte Schritte

Die nächsten Abschnitte dieses Kapitels dienen dazu, die Details dieser Skizze nachzuliefern. Wir betiteln die Abschnitte so, dass sie den Bezeichnungen in unserer Skizze entsprechen.

ABSCHNITT 19.2

ZEUGENKONSTANTEN HINZUFÜGEN

Zu einer gegebenen PL1-Sprache K wollen wir eine neue Sprache erster Stufe K' konstruieren. Die Sprache K' wird dieselben Zeichen wie K enthalten, außer dass sie eine Menge neuer Individuenkonstanten besitzen wird. Wenn K zum Beispiel unsere Klötzchensprache ist, dann können wir in K' Dinge sagen wie:

---

[3]In diesem Kapitel benutzen wir die in Abschnitt 10.1 definierten Begriffe der Tautologie und der tautologischen Folgerung, in welchen jeder Satz, der mit einem Quantor beginnt, als atomar behandelt wird.

1. $\exists x \, (\text{Small}(x) \wedge \text{Cube}(x)) \rightarrow \text{Small}(c_1) \wedge \text{Cube}(c_1)$

2. $\exists z \, (z \neq a \wedge z \neq b) \rightarrow (c_2 \neq a \wedge c_2 \neq b)$

3. $\exists y \, \text{Between}(y, a, b) \rightarrow \text{Between}(c_3, a, b)$

4. $\exists x \, \exists y \, \text{Between}(a, x, y) \rightarrow \exists y \, \text{Between}(a, c_4, y)$

Zeugen-
konstante für P

Im Allgemeinen können wir für jede Wff P von *L* mit genau einer freien Variablen ein neues Konstantenzeichen c_P bilden, wobei wir sicherstellen, dass wir für verschiedene Wffs verschiedene Namen verwenden. Diese Konstante wird die *Zeugenkonstante* für P genannt.

Sie werden sich vielleicht wundern, wie wir all diese neuen Konstantenzeichen bilden können. Wie können wir diese notieren und wie können wir garantieren, dass unterschiedliche Wffs unterschiedliche Zeugenkonstanten erhalten? Gute Frage! Es gibt verschiedene Möglichkeiten, dies zu bewerkstelligen. Eine besteht einfach darin, ein einzelnes Zeichen c, das nicht in der Sprache *K* vorkommt, zu verwenden und daraus das neue Konstantenzeichen c mit der Wff als Subskript zu formen. Damit wäre zum Beispiel in der Liste oben das Konstantenzeichen c_1 tatsächlich das Zeichen

$$c_{(\text{Small}(x) \wedge \text{Cube}(x))}$$

Dieses Zeichen wäre ziemlich umständlich aufzuschreiben, aber es zeigt wenigstens, wie wir im Prinzip vorgehen könnten.

die Sprache K′

Die Sprache *K′* besteht aus allen Zeichen von *K* plus allen diesen neuen Zeugenkonstanten. Da wir nun über alle diese neuen Konstantenzeichen verfügen, können wir sie in Wffs verwenden. So erlaubt uns die Sprache *K′* zum Beispiel, Sätze der Art

$$\text{Smaller}(a, c_{\text{Between}(x,a,b)})$$

zu bilden. Aber wir haben auch Sätze der Art

$$\exists x \, \text{Smaller}(x, c_{\text{Between}(x,a,b)})$$

so dass wir über ein Zeugenkonstantenzeichen mit dem Subskript

$$\text{Smaller}(x, c_{\text{Between}(x,a,b)})$$

verfügen möchten. Nun gehört diese Wff zwar zu *K′*, nicht aber zu unserer ursprünglichen Sprache *K*, so dass wir bei der Konstruktion von *K′* keine entsprechende Zeugenkonstante hinzugefügt haben.

Ärgerlich. Aber noch ist nicht aller Tage Abend. Was wir tun müssen ist, die beschriebene Konstruktion immer wieder zu wiederholen. Dabei beginnen wir mit einer Sprache *L* und definieren sodann eine unendliche Folge von zunehmend umfassenderen Sprachen

$$L_0 \subseteq L_1 \subseteq L_2 \subseteq \ldots$$

wobei $L_0 = L$ und $L_{n+1} = L'_n$ ist. Das heißt, die Sprache L_{n+1} entsteht so, dass wir die oben beschriebene Konstruktion auf die Sprache L_n anwenden. Die Henkin-Sprache L_H für L besteht schließlich aus allen Zeichen von L_n für jedes $n = 0, 1, 2, 3, \ldots$.

Henkin-Sprache L_H

Jede Zeugenkonstante c_P wird auf einer bestimmten Stufe $n \geq 1$ dieser Konstruktion eingeführt. Nennen wir jene Stufe das *Geburtsdatum* von c_P. Wenn wir das Eliminationstheorem beweisen werden, wird es von zentraler Bedeutung sein, auf die folgende Tatsache zurückgreifen zu können, welche sich ganz offensichtlich aus der Konstruktion von L_H ergibt:

Geburtsdatum einer Zeugen-konstanten

Lemma 1. (Lemma vom Geburtsdatum) Das Geburtsdatum von c_P sei $n + 1$. Wenn Q irgendeine Wff der Sprache L_n ist, dann kommt c_P in Q nicht vor.

Übungen

19.1 Diese Übung und ihre Begleitübung (Übung 19.2) zielen darauf ab, Ihnen einen klareren Eindruck davon zu vermitteln, warum wir die Konstruktion der Zeugenkonstanten iterieren müssen. Es geht dabei um die Konstanten, die wichtig wären, wenn unsere ursprüngliche Menge $\mathcal{T}$ den Satz $\forall x \exists y\, \mathsf{Larger}(x, y)$ enthielte. Schreiben Sie die Zeugenkonstanten für die folgenden Wffs auf, wobei Sie deren Geburtsdatum festhalten. Das Konstantenzeichen a gehört zur ursprünglichen Sprache L.

1. $\mathsf{Larger}(\mathsf{a}, \mathsf{x})$
2. $\mathsf{Larger}(\mathsf{c}_1, \mathsf{x})$, wobei c_1 Ihre Konstante aus 1 ist.
3. $\mathsf{Larger}(\mathsf{c}_2, \mathsf{x})$, wobei c_2 Ihre Konstante aus 2 ist.
4. $\mathsf{Larger}(\mathsf{c}_3, \mathsf{x})$, wobei c_3 Ihre Konstante aus 3 ist.

ABSCHNITT 19.3

Die Henkin-Theorie

Wir haben für jede Wff P mit genau einer freien Variablen Zeugenkonstanten hinzugefügt. Da die freie Variable von P im Folgenden von Bedeutung sein wird, schreiben wir die Wff oft auf eine Weise, welche uns an die freie Variable erinnert, nämlich als $P(x)$.[4] Dementsprechend wird deren Zeugenkonstante nun als $c_{P(x)}$ bezeichnet. Durch die unendliche Iteration unserer Konstruktion haben wir erreicht, dass für jede Wff $P(x)$ von L_H mit genau einer freien Variablen die Zeugenkonstante $c_{P(x)}$ ebenfalls zu L_H gehört. Dies erlaubt uns, den Satz

$$\exists x\, P(x) \rightarrow P(c_{P(x)})$$

---

[4]Eigentlich sollten wir sie als $P(v)$ schreiben, wobei v irgendeine der Variablen unserer Sprache und nicht nur die Variable x sein kann. Wir benutzen hier x als eine repräsentative Variable unserer Sprache.

Zeugenaxiome   in L_H zu bilden. Dieser Satz ist als *Henkin-Zeugenaxiom* für $P(x)$ bekannt. Die intuitive Idee ist, dass $\exists x P(x) \rightarrow P(c_{P(x)})$ aussagt, dass für den Fall, dass überhaupt etwas $P(x)$ erfüllt, der $c_{P(x)}$ genannte Gegenstand gerade ein Beispiel (oder einen „Zeugen") dafür abgibt.

Lemma 2. (Unabhängigkeitslemma) Wenn c_P und c_Q zwei Zeugenkonstanten sind und das Geburtsdatum von c_P kleiner oder gleich jenem von c_Q ist, dann kommt c_Q im Zeugenaxiom von c_P nicht vor.

> **Beweis:** Wenn das Geburtsdatum von c_P kleiner ist als dasjenige von c_Q, dann folgt die Behauptung aus dem Lemma vom Geburtsdatum. Wenn sie dasselbe Geburtsdatum haben, dann folgt sie aus der Tatsache, dass verschiedene Wffs einer Sprache K in K' verschiedene neue Zeugenkonstanten haben.

Henkin-
Theorie $\mathcal{H}$ **Definition** Die *Henkin-Theorie* $\mathcal{H}$ besteht aus allen Sätzen von einer der folgenden fünf Formen, wobei c und d irgendwelche Konstanten und $P(x)$ irgendeine Formel (mit genau einer freien Variablen) der Sprache L_H ist:

H1: Alle Henkin-Zeugenaxiome

$$\exists x P(x) \rightarrow P(c_{P(x)})$$

H2: Alle Sätze der Form

$$P(c) \rightarrow \exists x P(x)$$

H3: Alle Sätze der Form

$$\neg \forall x P(x) \leftrightarrow \exists x \neg P(x)$$

H4: Alle Sätze der Form

$$c = c$$

H5: Alle Sätze der Form

$$(P(c) \wedge c = d) \rightarrow P(d)$$

Bezug zu den   Beachten Sie, dass es eine Parallele gibt zwischen den Sätzen von $\mathcal{H}$ und den
Quantorenregeln   Quantoren- und Identitätsregeln von $\mathcal{F}$:

- ○ H1 entspricht ungefähr $\exists$ **Elim**; jedenfalls werden beide durch dieselbe Intuition gerechtfertigt,

- ○ H2 entspricht $\exists$ **Intro**,

- ○ H3 reduziert $\forall$ auf $\exists$,

○ H4 entspricht = **Intro**, und

○ H5 entspricht = **Elim**.

Worin genau die Entsprechung besteht, ist freilich von Fall zu Fall etwas verschieden. So sind zum Beispiel die Axiome vom Typ H2-H5 alle PL1-Wahrheiten, was natürlich von H1 nicht gilt. Die Zeugenaxiome machen substanzielle Aussagen über die Interpretationen der Zeugenkonstanten. Das folgende Resultat, das zwar für den Vollständigkeitsbeweis nicht erforderlich ist, erklärt jedoch, warum der Rest des Beweises durchaus funktionieren könnte.

Satz 3. Es sei $\mathfrak{M}$ irgendeine PL1-Struktur für L. Dann gibt es eine Möglichkeit, alle Zeugenkonstanten im Gegenstandsbereich von $\mathfrak{M}$ so zu interpretieren, dass alle Sätze aus $\mathcal{H}$ unter dieser Interpretation wahr sind.

> **Beweis:** (Skizze) Die grundlegende Idee des Beweises ist folgende: Wenn $\mathfrak{M} \models \exists x P(x)$, dann können Sie irgendein Element b des Gegenstandsbereichs wählen, welches $P(x)$ erfüllt, und es durch die Zeugenkonstante $c_{P(x)}$ benennen. Wenn hingegen $\mathfrak{M} \models \neg \exists x P(x)$, dann benennen Sie mit $c_{P(x)}$ irgendein bestimmtes Element des Gegenstandsbereichs. Damit ist für die Axiome vom Typ H1 gesorgt. Was die anderen Axiome angeht, so sind sie alle logische Wahrheiten und somit wahr, unabhängig davon, wie wir die neuen Konstanten interpretieren.

Der Beweis von Satz 3 wird in Übung 19.6 veranschaulicht. Der Satz zeigt, dass unsere Strategie funktionieren könnte, weil er uns zu zeigen erlaubt, dass die Theorie $\mathcal{H}$ zwar substanzielle Aussagen über die Zeugenkonstanten enthält, diese aber in der ursprünglichen Sprache L gar nicht formuliert werden können.

Genauer ausgedrückt: Wenn ein Satz S von L eine PL1-Folgerung von $\mathcal{T} \cup \mathcal{H}$ ist, dann ist er schon eine PL1-Folgerung von $\mathcal{T}$ allein (dies sollen Sie in Übung 19.9 zeigen). Dies macht das Eliminationstheorem zumindest plausibel.

Übungen

19.2 Geben Sie die mit den Wffs in Übung 19.1 verbundenen Zeugenaxiome an.
✎

Die folgenden drei Übungen dienen dem Zweck, Ihnen verstehen zu helfen, weshalb die Theorie $\mathcal{H}$ die Kluft zwischen der tautologischen und der PL1-Folgerung ausfüllt. Für diese Übungen nehmen wir an, L sei die Klötzchensprache und $\mathcal{T}$ bestehe aus der folgenden Menge von Sätzen:

$$\mathcal{T} = \{\text{Cube}(a), \text{Small}(a), \exists x(\text{Cube}(x) \wedge \text{Small}(x)) \rightarrow \exists y\, \text{Dodec}(y)\}$$

19.3 Beweisen Sie informell, dass die folgenden beiden Sätze PL1-Folgerungen von $\mathcal{T}$ sind:

1. $\exists x\,(\text{Cube}(x) \wedge \text{Small}(x))$
2. $\exists y\,\text{Dodec}(y)$

19.4 Beweisen Sie informell, dass keiner der folgenden Sätze eine tautologische Folgerung von $\mathcal{T}$ ist:

1. $\exists x\,(\text{Cube}(x) \wedge \text{Small}(x))$
2. $\exists y\,\text{Dodec}(y)$
3. $\text{Dodec}(c_{\text{Dodec}(y)})$

19.5 Beweisen Sie informell, dass die Sätze in Übung 19.4 tautologische Folgerungen aus der Menge $\mathcal{T} \cup \mathcal{H}$ sind.

19.6 Benutzen Sie Tarski's World, um Henkin's Sentences zu öffnen. Verwenden Sie die Konstanten c und d je als Abkürzungen für die Zeugenkonstanten $c_{\text{Cube}(x)}$ und $c_{\text{Dodec}(x) \wedge \text{Small}(x)}$.

(1) Zeigen Sie, dass alle diese Sätze Elemente von $\mathcal{H}$ sind. Identifizieren Sie die Form jedes Axioms anhand unserer Definition von $\mathcal{H}$.

(2) Aufgrund von (1) und Satz 3 kann jede Welt, in welcher c und d nicht als Namen verwendet werden, in eine Welt umgewandelt werden, in welcher all diese Sätze wahr sind. Öffnen Sie Henkin's World. Benennen Sie einige Klötzchen mit c und d derart, dass alle Sätze wahr sind. Schicken Sie diese Welt ab.

19.7 Zeigen Sie, dass es für jedes Konstantenzeichen c von L_H eine davon verschiedene Zeugenkonstante d von solcher Art gibt, dass c = d eine tautologische Folgerung von $\mathcal{H}$ ist. [Hinweis: Betrachten Sie die Wff c = x.]

19.8 Zeigen Sie, dass für jedes zweistellige Relationszeichen R von L und alle Konstanten c, c', d, und d' von L_H der folgende Satz eine tautologische Folgerung von $\mathcal{H}$ ist:

$$(R(c,d) \wedge c = c' \wedge d = d') \to R(c',d')$$

[Hinweis: Beachten Sie, dass $(R(c,d) \wedge c = c') \to R(c',d)$ eines der H5-Axiome von $\mathcal{H}$ ist. Dasselbe gilt für $(R(c',d) \wedge d = d') \to R(c',d')$. Zeigen Sie, dass der gewünschte Satz eine tautologische Folgerung dieser beiden Sätze ist und damit eine tautologische Folgerung von $\mathcal{H}$.]

19.9 Es sei $\mathcal{T}$ eine Theorie von L. Benutzen Sie Satz 3 (aber ohne das Vollständigkeitstheorem oder das Eliminationstheorem zu benutzen) um zu zeigen, dass ein Satz S von L, der eine PL1-Folgerung von $\mathcal{T} \cup \mathcal{H}$ ist, auch eine PL1-Folgerung von $\mathcal{T}$ allein ist.

ABSCHNITT 19.4

DAS ELIMINATIONSTHEOREM

Aus Satz 3 folgt, dass ein Satz S von L, der eine PL1-Folgerung von $\mathcal{T} \cup \mathcal{H}$ ist, auch eine PL1-Folgerung von $\mathcal{T}$ allein ist. (Das haben Sie in Übung 19.9

bewiesen.) Dieses Ergebnis zeigt, dass wir $\mathscr{H}$ auf solche Weise konstruiert haben, dass es keine substanziellen neuen Aussagen hinzufügt, also keine Aussagen, die uns neue PL1-Folgerungen (in L) von $\mathscr{T}$ liefern. Das Eliminationstheorem zeigt, dass unser deduktives System stark genug ist, um uns auf dieser formalen Ebene ein ähnliches Ergebnis zu liefern.

Satz 4. (Eliminationstheorem) Es sei p irgendein formaler Beweis erster Stufe, dessen Konklusion S ein Satz von L ist und dessen Prämissen aus den Sätzen $P_1, \ldots, P_n$ von L sowie aus Sätzen aus $\mathscr{H}$ bestehen. Dann gibt es einen formalen Beweis p' für S allein aus den Prämissen $P_1, \ldots, P_n$.

Eliminations-theorem

Der Beweis dieses Ergebnisses wird im Rahmen dieses Abschnitts geführt. Wir teilen ihn in mehrere Lemmas auf.

Satz 5. (Deduktionstheorem) Wenn $\mathscr{T} \cup \{P\} \vdash Q$, dann $\mathscr{T} \vdash P \rightarrow Q$

Deduktions-theorem

Der Beweis dieses Satzes ist dem Beweis von Lemma 17.2 sehr ähnlich und sei Ihnen als Übung überlassen. Er wird auch durch das Folgende veranschaulicht.

Sie sind dran
. . . .

1. Öffnen Sie Deduction Thm 1. Diese Datei enthält einen formalen Beweis erster Stufe des folgenden Arguments: ◄

$\quad \forall x\,(\mathsf{Dodec}(x) \rightarrow \exists y\,\mathsf{Adjoins}(x,y))$
$\quad \forall x\,\mathsf{Dodec}(x)$
$\quad \overline{\forall x\,\exists y\,\exists z\,(\mathsf{Adjoins}(x,y) \wedge \mathsf{Adjoins}(y,z))}$

Dem Deduktionstheorem zufolge sollten wir das folgende Argument beweisen können:

$\quad \forall x\,(\mathsf{Dodec}(x) \rightarrow \exists y\,\mathsf{Adjoins}(x,y))$
$\quad \overline{\forall x\,\mathsf{Dodec}(x) \rightarrow \forall x\,\exists y\,\exists z\,(\mathsf{Adjoins}(x,y) \wedge \mathsf{Adjoins}(y,z))}$

Wir werden Ihnen zeigen, wie man vorgeht.

2. Öffnen Sie Proof Deduction Thm 1, welches nur die erste Prämisse aus der Datei Deduction Thm 1 enthält. Wir werden in dieser Datei den gewünschten Beweis konstruieren. ◄

3. Beginnen Sie als ersten Schritt im neuen Beweis einen Unterbeweis mit der Prämisse $\forall x\,\mathsf{Dodec}(x)$. ◄

► 4. Kopieren Sie mit Hilfe von **Cut** und **Paste** den gesamten Beweis (jedoch ohne Prämissen) von Deduction Thm 1 in den Unterbeweis, den Sie in Proof Deduction Thm 1 soeben angefangen haben. Nachdem Sie den Beweis eingefügt haben, überprüfen Sie ihn. Sie werden sehen, dass Sie einige Rechtfertigungen hinzufügen müssen, damit alle Schritte abgehakt werden, aber dies können Sie leicht tun.

► 5. Schließen Sie den Unterbeweis ab und verwenden Sie → **Intro**, um die gewünschte Konklusion zu erhalten. Speichern Sie Ihren vervollständigten Beweis unter Proof Deduction Thm 1 ab.

. . . . *Geschafft!*

Der folgende Satz wird unter wiederholter Verwendung von Deduktionstheorem und Modus Ponens bewiesen, um alle P_i zum Verschwinden zu bringen. Die Einzelheiten seien Ihnen als Übung überlassen.

Satz 6. Wenn $\mathscr{T} \cup \{P_1, \ldots, P_n\} \vdash Q$ und zudem für jedes $i = 1, \ldots, n$ gilt, dass $\mathscr{T} \vdash P_i$, dann gilt auch $\mathscr{T} \vdash Q$.

Der wichtigste Schritt in unserem Beweis des Eliminationstheorems ist Lemma 9; Lemma 7 und 8 dienen dem Beweis von Lemma 9. Klug angewendet, erlaubt uns Lemma 9, die Henkin-Zeugenaxiome aus dem Beweis zu eliminieren.

zwei einfache Tatsachen

Lemma 7. Es sei $\mathscr{T}$ eine Menge von Sätzen einer PL1-Sprache L, und es seien P, Q und R Sätze von L.

1. Wenn $\mathscr{T} \vdash P \to Q$ und $\mathscr{T} \vdash \neg P \to Q$, dann $\mathscr{T} \vdash Q$.

2. Wenn $\mathscr{T} \vdash (P \to Q) \to R$, dann $\mathscr{T} \vdash \neg P \to R$ und $\mathscr{T} \vdash Q \to R$.

Beweis: (1) Wir haben bereits gesehen, dass $P \vee \neg P$ ohne jede Prämisse beweisbar ist. Deshalb gilt $\mathscr{T} \vdash P \vee \neg P$. Damit folgt unser Ergebnis aus Satz 6, falls wir zeigen können, dass es für das folgende Argument einen Beweis in $\mathscr{F}$ gibt:

$$
\begin{array}{|l}
P \vee \neg P \\
P \to Q \\
\neg P \to Q \\
\hline
Q
\end{array}
$$

Aber dies ist offenbar aufgrund von ∨ **Elim** der Fall.

Der Beweis von (2) verfährt analog, wobei die Übungen 19.12 und 19.13 verwendet werden.

Das folgende Lemma zeigt, wie gewisse Konstanten in Beweisen unter Verwendung der Beweisregel ∃ **Elim** durch Quantoren ersetzt werden können.

Lemma 8. Es sei $\mathscr{T}$ eine Menge von Sätzen einer PL1-Sprache L, und Q sei *Konstanten* ein Satz. Es sei P(x) eine Wff von L mit einer freien Variablen, welche c nicht *durch Quantoren* enthält. Wenn $\mathscr{T} \vdash P(c) \to Q$ und c weder in $\mathscr{T}$ noch in Q vorkommt, dann gilt *ersetzen* $\mathscr{T} \vdash \exists x P(x) \to Q$.

> **Beweis:** Nehmen wir an, dass $\mathscr{T} \vdash P(c) \to Q$, wobei c eine Konstante ist, die weder in $\mathscr{T}$ noch in Q vorkommt. Es ist leicht einzusehen, dass für jede andere Konstante d, die nicht in $\mathscr{T}$, P(x) oder Q vorkommt, $\mathscr{T} \vdash P(d) \to Q$. Nehmen Sie einfach den ursprünglichen Beweis p und ersetzen Sie c überall durch d; sollte d im ursprünglichen Beweis vorkommen, dann ersetzen Sie es durch eine andere neue Konstante, zum Beispiel c. Geben wir nun einen informellen Beweis der gewünschten Konklusion $\exists x P(x) \to Q$ aus $\mathscr{T}$, wobei wir uns bemühen, ihn so zu führen, dass er in $\mathscr{F}$ leicht zu formalisieren ist.
>
> > Mit Blick auf $\to$ **Intro** nehmen wir $\exists x P(x)$ als Prämisse an und versuchen Q zu beweisen. Zu diesem Zweck verwenden wir die Beweisregel der ∃ **Elim**. Es sei d eine neue Konstante und wir nehmen an, dass P(d). Aber aufgrund unserer ersten Beobachtung wissen wir, dass wir $P(d) \to Q$ beweisen können. Durch Modus Ponens ($\to$ **Elim**) erhalten wir Q wie gewünscht.
>
> Dieser informelle Beweis kann ganz klar innerhalb von $\mathscr{F}$ formalisiert werden, wodurch unser Ergebnis bewiesen ist. (Übung 19.16 veranschaulicht diese Methode.)

Indem wir die Lemmas 7 und 8 kombinieren, können wir den folgenden Satz beweisen, der gerade das Ergebnis ist, welches wir benötigen, um die Henkin-Zeugenaxiome zu eliminieren.

Lemma 9. Es sei $\mathscr{T}$ eine Menge von Sätzen einer PL1-Sprache L, und Q sei ein *Zeugenaxiome* Satz von L. Es sei P(x) eine Wff von L mit einer freien Variablen, welche c nicht *eliminieren* enthält. Wenn $\mathscr{T} \cup \{\exists x P(x) \to P(c)\} \vdash Q$ und c weder in $\mathscr{T}$ noch in Q vorkommt, dann gilt $\mathscr{T} \vdash Q$.

> **Beweis:** Nehmen wir an, dass $\mathscr{T} \cup \{\exists x P(x) \to P(c)\} \vdash Q$, wobei c eine Konstante ist, die weder in $\mathscr{T}$ noch in Q vorkommt. Aufgrund des Deduktionstheorems gilt
>
> $$\mathscr{T} \vdash (\exists x P(x) \to P(c)) \to Q$$

Wegen (2) von Lemma 7 gilt

$$\mathscr{T} \vdash \neg \exists x\, P(x) \to Q$$

und

$$\mathscr{T} \vdash P(c) \to Q$$

Aus dem Letzteren erhalten wir aufgrund von Lemma 8 (1) $\mathscr{T} \vdash \exists x\, P(x) \to Q$. Nach Lemma 7 (1) ergibt sich somit $\mathscr{T} \vdash Q$.

Lemma 9 erlaubt uns, die Henkin-Zeugenaxiome aus den formalen Beweisen zu eliminieren. Wie aber steht es um die anderen Sätze von $\mathscr{H}$? Das nächste Ergebnis erlaubt uns, in Verbindung mit Lemma 6 auch jene zu eliminieren.

andere Elemente
von $\mathscr{H}$
eliminieren

Lemma 10. Es sei $\mathscr{T}$ eine Menge von Sätzen erster Stufe, $P(x)$ eine Wff mit einer freien Variablen, und es seien c und d Konstantenzeichen. Dann sind die folgenden Sätze alle in $\mathscr{F}$ beweisbar:

$$P(c) \to \exists x\, P(x)$$

$$\neg \forall x\, P(x) \leftrightarrow \exists x\, \neg P(x)$$

$$(P(c) \wedge c = d) \to P(d)$$

$$c = c$$

Beweis: Der einzige Fall, der aufgrund der Beweisregeln von $\mathscr{F}$ nicht ganz offensichtlich ist, ist das de Morgan-Bikonditional. Die eine Hälfte dieses Bikonditionals haben wir in Band I (S. 366–368) bewiesen, die andere Hälfte war als Übung 13.44 aufgegeben.

Damit haben wir die Werkzeuge zusammen, die erforderlich sind, um das Eliminationstheorem zu beweisen.

Beweis des
Eliminations-
theorems

Beweis des Eliminationstheorems. Es sei k irgendeine natürliche Zahl und p irgendein formaler Beweis erster Stufe einer Konklusion in L, wobei alle Prämissen entweder Sätze von L oder Sätze aus $\mathscr{H}$ sind; zudem stammen höchstens k-viele Prämissen aus $\mathscr{H}$. Wir zeigen, wie diejenigen Prämissen, die aus $\mathscr{H}$ stammen, zu eliminieren sind. Der Beweis erfolgt durch Induktion über k. Der Basisfall ist der, in welchem $k = 0$. Aber dann gibt es nichts zu eliminieren und wir sind fertig. Es gelte das Ergebnis für k; wir beweisen es für $k + 1$. Der Beweis spaltet sich in zwei Fälle auf.

Fall 1: Wenigstens eine der zu eliminierenden Prämissen, sagen wir P, ist von einer der in Lemma 10 erwähnten Formen. Dann kann P durch Lemma 6 eliminiert werden, so dass wir einen Beweis mit höchstens

k-vielen zu eliminierenden Prämissen erhalten, die wir der Induktionsannahme zufolge tatsächlich eliminieren können.

Fall 2: Alle der Prämissen, die eliminiert werden müssen, sind Henkin-
Zeugenaxiome. Die Grundidee ist, zuerst Zeugenaxiome zu eliminieren,
die junge Zeugenkonstanten einführen, bevor solche mit älteren Zeugenkonstanten eliminiert werden. Wählen Sie eine Prämisse der Form
$\exists x P(x) \rightarrow P(c)$, deren Zeugenkonstante c zu den jüngsten gehört, die in
der Menge der zu eliminierenden Prämissen vorkommen. Das heißt, das
Geburtsdatum *n* von c ist größer oder gleich dem Geburtsdatum von ir-
gendeiner Zeugenkonstante, welche in den Prämissen erwähnt wird. Es
ist möglich, ein solches c zu wählen, weil es nur endlich viele solche
Prämissen gibt. Dem Unabhängigkeitslemma zufolge wird c in keiner
der anderen zu eliminierenden Prämissen erwähnt. Folglich wird c in
keiner der Prämissen oder in der Konklusion erwähnt. Aufgrund von
Lemma 9 kann $\exists x P(x) \rightarrow P(c)$ eliminiert werden. Damit gelangen wir
zu einem Beweis mit höchstens *k*-vielen zu eliminierenden Prämissen,
mit welchen wir aufgrund unserer Induktionsannahme fertig werden.

Übungen

19.10 Sollten Sie den **Sie sind dran** Abschnitt weggelassen haben, gehen Sie zurück und bear-
✐ beiten Sie ihn jetzt. Schicken Sie die Datei Proof Deduction Thm 1 ab.

*Beweisen Sie die folgenden Argumente formal. Da diese Ergebnisse im Beweis der Vollständigkeit
gebraucht werden, verwenden Sie in Ihrem Beweis keine der* **Con**-*Regeln.*

19.11
✐

$$\begin{array}{|l} P \rightarrow Q \\ \neg P \rightarrow Q \\ \hline Q \end{array}$$

19.12
✐

$$\begin{array}{|l} (P \rightarrow Q) \rightarrow R \\ \hline \neg P \rightarrow R \end{array}$$

19.13
✐

$$\begin{array}{|l} (P \rightarrow Q) \rightarrow R \\ \hline Q \rightarrow R \end{array}$$

19.14 Beweisen Sie das Deduktionstheorem (Satz 5). [Hinweis: Der Beweis dieses Theorems ist
✎ demjenigen von Lemma 17.2 sehr ähnlich.]

19.15 Beweisen Sie den Satz 6. [Hinweis: Verwenden Sie eine Induktion über *n* und das Deduk-
✎ tionstheorem.]

19.16 Verwenden Sie Fitch, um Exercise 19.16 zu öffnen. Hier werden Sie einen Beweis erster
Stufe des folgenden Arguments finden:

$$
\begin{array}{|l}
\forall x\,(\mathsf{Cube}(x) \to \mathsf{Small}(x)) \\
\forall x\,\forall y\,(x = y) \\
\hline
\mathsf{Cube}(b) \to \forall x\,\mathsf{Small}(x)
\end{array}
$$

Wandeln Sie diesen Beweis mit Hilfe der Methode von Lemma 8 in einen Beweis von

$$
\begin{array}{|l}
\forall x\,(\mathsf{Cube}(x) \to \mathsf{Small}(x)) \\
\forall x\,\forall y\,(x = y) \\
\hline
\exists y\,\mathsf{Cube}(y) \to \forall x\,\mathsf{Small}(x)
\end{array}
$$

um. Schicken Sie Ihren Beweis als Proof 19.16 ab.

19.17 Öffnen Sie Exercise 19.17. Diese Datei enthält das folgende Argument:

$$
\begin{array}{|l}
\forall x\,(\mathsf{Cube}(x) \to \mathsf{Small}(x)) \\
\exists x\,\mathsf{Cube}(x) \\
\exists x\,\mathsf{Cube}(x) \to \mathsf{Cube}(c) \\
\mathsf{Small}(c) \to \exists x\,\mathsf{Small}(x) \\
\neg(\mathsf{Cube}(c) \to \mathsf{Small}(c)) \to \exists x\,\neg(\mathsf{Cube}(x) \to \mathsf{Small}(x)) \\
\neg\forall x\,(\mathsf{Cube}(x) \to \mathsf{Small}(x)) \leftrightarrow \exists x\,\neg(\mathsf{Cube}(x) \to \mathsf{Small}(x)) \\
\hline
\exists x\,\mathsf{Small}(x)
\end{array}
$$

Verwenden Sie zuerst **Taut Con** um zu zeigen, dass die Konklusion eine tautologische
Folgerung der Prämissen ist. Nachdem Sie sich davon überzeugt haben, löschen Sie diesen
Schritt und beweisen Sie die Konklusion, indem Sie lediglich aussagenlogische Regeln
verwenden.

19.18 Öffnen Sie noch einmal Exercise 19.17. Verwenden Sie die Konstante c als Abkürzung
für die Zeugenkonstante $c_{\mathsf{Cube}(x)}$. Es bestehe $\mathscr{T}$ aus den ersten zwei Prämissen dieses Beweises. Wir sahen in Übung 19.6, dass alle anderen Sätze Elemente von $\mathscr{H}$ sind. Damit
lässt sich das Eliminationstheorem anwenden um zu zeigen, dass Sie Ihren Beweis aus
der vorhergehenden Übung in einen Beweis umwandeln könnten, welcher nur die ersten
beiden Prämissen benötigt. Öffnen Sie Exercise 19.18 und führen Sie einen solchen Beweis. [Wenn Sie Ihren früheren Beweis tatsächlich mit der von uns vorgelegten Methode
umformen wollten, wäre das Resultat ein sehr langer Beweis. Sie tun besser daran, einen
neuen, direkten Beweis zu führen.]

DIE HENKIN-KONSTRUKTION

Satz 3 ermöglicht es uns, ausgehend von einer beliebigen PL1-Struktur für L eine Struktur für L_H zu erhalten, welche dieselben Sätze wahr macht. Aus dieser ergibt sich klarerweise eine Bewertungsfunktion h, welche allen Sätzen von L_H Wahrheitswerte zuweist und dabei die wahrheitsfunktionalen Junktoren berücksichtigt: Man bewerte nur alle in der Struktur wahren Sätze mit WAHR und die anderen mit FALSCH. (Sie werden sich vielleicht daran erinnern, dass wir Sie im Rahmen von Übung 18.11 gebeten hatten, dies zu beweisen.) Der zentrale Schritt im Henkin-Beweis des Vollständigkeitstheorems besteht im Nachweis, dass wir diesen Prozess auch umkehren können.

Theorem (Henkin-Konstruktionslemma) Es sei h eine beliebige Bewertungsfunktion für L_H, welche alle Sätze der Henkin-Theorie $\mathcal{H}$ mit WAHR bewertet. Dann gibt es eine PL1-Struktur $\mathfrak{M}_h$, so dass für alle Sätze S, denen die Bewertungsfunktion h den Wert WAHR zuweist, gilt: $\mathfrak{M}_h \models$ S.

Henkin-Konstruktions-lemma

Beim Beweis dieses Resultats werden wir davon ausgehen, dass unsere Sprache L nur Relationssymbole und Konstanten enthält, aber keine Funktionssymbole. Am Ende des Beweises wollen wir noch einmal zu diesem Punkt zurückkommen und erläutern, wie der Beweis zu modifizieren ist, wenn Funktionssymbole berücksichtigt werden müssen. Der Beweis des Theorems hat zwei Teile. Zuerst müssen wir zeigen, wie man $\mathfrak{M}_h$ ausgehend von h bildet, und dann nachweisen, dass $\mathfrak{M}_h$ tatsächlich alle Sätze wahr macht, die von h mit WAHR bewertet werden. Um $\mathfrak{M}_h$ zu konstruieren, müssen wir drei Dinge tun. Wir müssen den Gegenstandsbereich D von $\mathfrak{M}_h$ definitorisch festlegen, wir müssen jedem n-stelligen Relationssymbol R eine Menge R von n-Tupeln aus D zuweisen, und wir müssen jedem Namen c von L_H ein Element aus D zuweisen. Zunächst wollen wir die Grundidee der Konstruktion vorführen. Da diese Idee nicht richtig funktioniert, werden wir sie modifizieren müssen. Es ist dennoch hilfreich, die fehlerhafte Idee zu betrachten, bevor wir im Detail darauf eingehen, wie der Fehler korrigiert werden kann.

Konstruktion von $\mathfrak{M}_h$

Die (fehlerhafte) Grundidee bei der Konstruktion der PL1-Struktur $\mathfrak{M}$ besteht darin, den Ansatz von Übung 18.12 zu verwenden, dabei aber auf die Tatsache zu bauen, dass h allen Sätzen in $\mathcal{H}$ den Wert WAHR zuweist, um mit den Quantoren fertig zu werden. Im Folgenden beschreiben wir die Konstruktion von $\mathfrak{M}$ detaillierter:

o Als Gegenstandsbereich von $\mathfrak{M}$ verwenden wir die Menge der Konstantenzeichen von L_H.

o Jede Konstante bezeichne sich selbst.

o Als Interpretation eines (sagen wir zweistelligen) Relationssymbols R wählen wir die Menge R von geordneten Paaren $\langle c, d \rangle$ von Konstantenzeichen, so dass h den Satz $R(c, d)$ mit WAHR bewertet.

Problemfall Identität

Damit haben wir fast eine perfekte PL1-Struktur definiert. Das entscheidende Problem ist jedoch, dass die Interpretation von = nicht die eigentliche Identitätsrelation sein wird, wie es unsere Definition einer PL1-Struktur verlangt (Seite 143). Der Grund dafür ist, dass es unvermeidlich verschiedene Konstanten c und d derart gibt, dass h dem Satz c = d den Wert WAHR zuweist. (Siehe Übung 19.7.) Nach der letzten der obigen Klauseln wird so $\langle c, d \rangle$ zur Extension gehören, die $\mathfrak{M}$ dem Symbol = zuweist, nach der ersten Klausel jedoch sind c und d verschiedene Elemente des Gegenstandsbereichs von $\mathfrak{M}$.

Hilfe durch Äquivalenz-klassen

Einem solchen Problem begegnet man in der Mathematik recht häufig. Um es zu lösen, müssen wir das bilden, was Mathematiker einen „Quotienten" von $\mathfrak{M}$ nennen. Das heißt, dass wir Elemente „identifizieren" müssen, die nach $\mathfrak{M}$ verschieden sind. Dies ist gerade die Aufgabe, für die Äquivalenzrelationen und Äquivalenzklassen (die wir in Kapitel 15 besprochen haben) wie geschaffen sind, und aus diesem Grunde haben wir sie auch in unsere Erörterung der Mengentheorie aufgenommen.

Wir definieren eine zweistellige Relation $\equiv$ auf dem Gegenstandsbereich von $\mathfrak{M}$ (d.h. auf den Konstanten von L_H) wie folgt:

$$c \equiv d \text{ genau dann, wenn } h(c = d) = \text{WAHR}.$$

Lemma 11. Bei der Relation $\equiv$ handelt es sich um eine Äquivalenzrelation.

Beweis: Dies folgt unmittelbar aus Übung 19.20.

Daraus folgt, dass wir jeder Konstanten c ihre Äquivalenzklasse zuordnen können:

$$[c] = \{d \mid c \equiv d\}$$

Definition von $\mathfrak{M}_h$

Damit ist es uns möglich, die gewünschte PL1-Struktur $\mathfrak{M}_h$ zu definieren:

○ Der Gegenstandsbereich D der gesuchten PL1-Struktur $\mathfrak{M}_h$ ist die Menge aller solcher Äquivalenzklassen.

○ Jede Konstante c von L_H benenne ihre eigene Äquivalenzklasse $[c]$.

○ Relationssymbole R interpretieren wir wie folgt. Der Einfachheit der Notation halber wollen wir wiederum annehmen, dass R zweistellig ist. Es sei nun die Interpretation von R die Menge

$$\{\langle [c], [d] \rangle \mid h(R(c, d)) = \text{WAHR}\}$$

Wir müssen nun beweisen, dass $\mathfrak{M}_h$ alle und nur die Sätze wahr macht, denen h den Wert WAHR zuweist. Das heißt, wir müssen zeigen, dass für jeden Satz S von L_H gilt, dass $\mathfrak{M}_h \models S$ genau dann, wenn $h(S) = $ WAHR. Es liegt nahe, dies induktiv über die Komplexität des Satzes S zu beweisen.

Für den atomaren Fall gilt, dass wir im Wesentlichen mit der Konstruktion von $\mathfrak{M}_h$ sichergestellt haben, dass unsere Behauptung zutrifft. Eine wichtige Sache bleibt uns aber zu prüfen. Angenommen, wir haben es mit verschiedenen Konstanten c und c$'$ sowie d und d$'$ zu tun, wobei $[c] = [c']$ und $[d] = [d']$. Wir müssen die Möglichkeit ausschließen, dass $h(R(c,d)) = $ WAHR und $h(R(c',d')) = $ FALSCH. Wenn das nämlich der Fall wäre, gehörte $\langle[c'],[d']\rangle$ zur Extension von R (da $\langle[c],[d]\rangle$ dazu gehört und beide identisch sind). Entsprechend würde $\mathfrak{M}_h$ dem atomaren Satz $R(c',d')$ den falschen Wert zuweisen! Dass dieser Fall nicht eintreten kann, zeigt das folgende Lemma.

Lemma 12. Wenn $c \equiv c'$, $d \equiv d'$ und $h(R(c,d)) = $ WAHR, dann gilt auch $h(R(c',d')) = $ WAHR.

> **Beweis:** Nach Übung 19.8 handelt es sich beim Folgenden um eine tautologische Folgerung aus der Henkin-Theorie $\mathscr{H}$:
>
> $$(R(c,d) \wedge c = c' \wedge d = d') \to R(c',d')$$
>
> Da h jedem Element von $\mathscr{H}$ den Wert WAHR zuweist und es ebenfalls jedem Konjunkt von $R(c,d) \wedge c = c' \wedge d = d'$ den Wert WAHR zuweist, muss es auch $R(c',d')$ mit WAHR bewerten.

Dieses Lemma stellt sicher, dass unsere Konstruktion von $\mathfrak{M}_h$ im Falle atomarer Sätze funktioniert. D.h., $\mathfrak{M}_h$ macht einen atomaren Satz wahr genau dann, wenn h diesem Satz den Wert WAHR zuweist. Der Beweis des Henkin-Konstruktionslemmas wird vervollständigt, indem wir nachweisen, dass dieses Resultat auch allgemein gilt.

Lemma 13. Für jeden Satz S von L_H gilt, dass $\mathfrak{M}_h \models S$ genau dann, wenn $h(S) = $ WAHR.

das entscheidende Lemma

> **Beweis:** Die Grundidee bei diesem Beweis besteht darin, induktiv vorzugehen. Wir haben die Struktur $\mathfrak{M}_h$ explizit so definiert, dass sie sicherstellt, dass unsere Behauptung für atomare Sätze gilt. Des Weiteren funktionieren Bewertungsfunktionen im Falle von wahrheitsfunktionalen Junktoren genau so wie die Definition der Wahrheit in einer PL1-Struktur. Somit stellen die Quantoren das einzig mögliche Problem dar, und diesem Fall tragen, wie wir sehen werden, die Quantorenaxiome in $\mathscr{H}$ Rechnung. Die einzige geringfügige Komplikation, die der Umsetzung dieses Planes entgegensteht, besteht darin, dass der Quantor $\forall$ nicht direkt behandelt wird, sondern indirekt mit Hilfe der de Morganschen Sätze in $\mathscr{H}$:
>
> $$\neg\forall x\, P(x) \leftrightarrow \exists x\, \neg P(x)$$

Dies stellt insofern eine Komplikation dar, da nach den naheliegend-sten Maßen für Komplexität, sei es dem der Länge oder dem der An-zahl der logischen Operatoren, $\forall x\,P(x)$ als einfacher eingestuft wird als der Satz $\exists x\,\neg P(x)$. Demgegenüber wird ein induktiver Beweis garantie-ren müssen, dass der letztere Fall geklärt ist, bevor man zum ersteren kommt. Dem Problem können wir aus dem Weg gehen, indem wir eine andere Definition für die Komplexität von Wffs angeben. Dabei legen wir definitorisch fest, dass die Komplexität einer atomaren Wff 0 ist, die Komplexität von $\neg P$ und $\exists x P$ um eins größer ist als die Komplexität von P, die Komplexität von $P \wedge Q$, $P \vee Q$ und $P \to Q$ um eins größer ist als das Maximum der Komplexität von P und Q, die Komplexität von $\forall x P$ aber um *drei* größer ist als die Komplexität von P. In der folgenden kleinen Tabelle werden die Komplexitäten einiger Wffs der Klötzchen-sprache angegeben:

Wff	Komplexität
$\text{Small}(x)$	0
$(x = a)$	0
$\neg(x = a)$	1
$\text{Small}(x) \to \neg(x = a)$	2
$\neg(\text{Small}(x) \to \neg(x = a))$	3
$\exists x\,\neg(\text{Small}(x) \to \neg(x = a))$	4
$\forall x\,(\text{Small}(x) \to \neg(x = a))$	5

Beachten Sie, dass eine Wff $P(x)$ dieselbe Komplexität besitzt wie der Satz $P(c)$. (Siehe z.B. Übung 19.21.) Mit dieser Definition der Komple-xität können wir das Lemma induktiv über die Komplexität von Sätzen beweisen. Wie bereits angemerkt, ist für den Fall, in dem die Komple-xität gleich 0 ist, die Behauptung wahr aufgrund der Art und Weise, wie wir die Struktur $\mathfrak{M}_h$ definiert haben.

Angenommen, das Lemma gilt für alle Sätze mit einer Komplexität $< k$ und S sei von einer Komplexität $\leq k + 1$. Es gibt eine Reihe von Fällen zu berücksichtigen, je nachdem über welchen Hauptjunktor oder -quantor S verfügt. Wir führen nur einen der wahrheitsfunktionalen Fälle vor, da sich diese alle sehr ähneln, und besprechen dann die beiden quantifizier-ten Fälle.

Fall 1. Angenommen, S ist von der Form $P \vee Q$. Falls $\mathfrak{M}_h \models S$, dann ist mindestens einer der Sätze P oder Q wahr. Angenommen, P ist wahr. Da S von einer Komplexität $\leq k + 1$ ist, ist P von einer Komplexität $\leq k$, so dass nach der Induktionsannahme $h(P) = \text{WAHR}$ der Fall ist. Dann ist aber $h(P \vee Q) = \text{WAHR}$, was zu beweisen war. Der Beweis der anderen Richtung erfolgt analog.

Fall 2. Angenommen, S ist von der Form $\exists x\, P(x)$. Wir müssen zeigen, dass $\mathfrak{M}_h \models \exists x\, P(x)$ genau dann, wenn h dem Satz den Wert WAHR zuweist. Nehmen wir zunächst an, dass der Satz wahr in $\mathfrak{M}_h$ ist. Da jedes Objekt im Gegenstandsbereich durch eine Konstante benannt wird, gibt es dann auch eine Konstante c, so dass $\mathfrak{M}_h \models P(c)$. Da aber die Komplexität dieses Satzes kleiner ist als die von S, ergibt sich aufgrund unserer Induktionsannahme, dass $h(P(c)) =$ WAHR. Nun haben wir zu berücksichtigen, dass unsere Theorie $\mathscr{H}$ den Satz

$$P(c) \rightarrow \exists x\, P(x)$$

enthält, so dass h diesem Satz den Wert WAHR zuweist. Dann weist h aber aufgrund der Wahrheitstafel für $\rightarrow$ dem Satz $\exists x\, P(x)$ wie gewünscht den Wert WAHR zu.

Die umgekehrte Richtung für diesen Fall verläuft ganz ähnlich, verwendet aber das Henkin-Zeugenaxiom für $P(x)$. Der Beweis verläuft wie folgt. Angenommen, h weist dem Satz $\exists x\, P(x)$ den Wert WAHR zu. Wir müssen zeigen, dass $\mathfrak{M}_h \models \exists x\, P(x)$. Es sei daran erinnert, dass h dem Zeugenaxiom

$$\exists x\, P(x) \rightarrow P(c_{P(x)})$$

den Wert WAHR zuweist. Somit weist h aufgrund der Wahrheitstafel für $\rightarrow$ dem Satz $P(c_{P(x)})$ den Wert WAHR zu. Somit zeigt unsere Induktion, dass dieser Satz wahr in $\mathfrak{M}_h$ ist. Dann ist aber auch $\exists x\, P(x)$ wahr.

Fall 3. Schließlich nehmen wir an, dass S von der Form $\forall x\, P(x)$ ist. Wir müssen nachweisen, dass dieser Satz in $\mathfrak{M}_h$ wahr ist genau dann, wenn h diesem Satz den Wert WAHR zuweist. Nehmen wir zunächst an, dass S wahr in $\mathfrak{M}_h$ ist. Dann ist $\exists x\, \neg P(x)$ falsch in $\mathfrak{M}_h$. Dann weist aufgrund unserer Induktionsannahme aber h diesem Satz den Wert FALSCH zu. Wie erwähnt, enthält $\mathscr{H}$ aber den Satz

$$\neg\forall x\, P(x) \leftrightarrow \exists x\, \neg P(x)$$

Daraus folgt, dass h dem Satz $\neg\forall x\, P(x)$ den Wert FALSCH zuweist und damit dem Satz $\forall x\, P(x)$ wie erwünscht den Wert WAHR. Der Beweis der anderen Richtung verläuft genauso.

Funktionssymbole Falls unsere Ausgangssprache über Funktionssymbole verfügt, müssen wir noch erklären, wie wir diese im Rahmen unserer Struktur interpretieren wollen. Nehmen wir zum Beispiel an, dass unsere Sprache ein einstelliges Funktionssymbol f enthält. Welche Interpretation sollen wir für f definitorisch festlegen? Insbesondere:

Wenn d ein Konstantenzeichen ist, welche Äquivalenzklasse soll $f([d])$ sein? Hier kommt uns die Zeugenkonstante für den Satz

$$\exists x\,[f(d) = x]$$

zu Hilfe. Wir können $f([d])$ definieren als Äquivalenzklasse $[c_{f(d)=x}]$ der Zeugenkonstante $c_{f(d)=x}$. Da

$$\exists x\,[f(d) = x] \rightarrow f(d) = c_{f(d)=x}$$

Element von $\mathscr{H}$ ist, kann man leicht überprüfen, dass alle Details des Beweises dann so ziemlich ohne Änderung funktionieren.

Damit haben wir die Details unserer Beweisskizze des Vollständigkeitstheorems vollständig ausgefüllt.

Übungen

19.19 Öffnen Sie mit Tarski's World die Datei Henkin Construction. Darin werden acht Sätze aufgelistet. Wir wollen davon ausgehen, dass die in diesen Sätzen verwendeten Prädikate (Cube, Dodec und Small) die gesamten Prädikate von L sind. (Insbesondere verbannen wir =, um die Komplikationen zu vermeiden, die es im Beweis des Henkin-Konstruktionslemmas mit sich brachte.) Es sei h eine beliebige Bewertungsfunktion, die allen diesen Sätzen den Wert WAHR zuweist. Beschreiben Sie die PL1-Struktur $\mathfrak{M}_h$. (Über wie viele Objekte verfügt sie? Wie heißen sie? Welche Form- und Größenprädikate werden auf sie zutreffen?) Bilden Sie mit Tarski's World eine Welt, die durch diese PL1-Struktur repräsentiert wird. Es wird viele solcher Welten geben. Ihre sollte natürlich alle Sätze auf der Liste wahr machen. Schicken Sie Ihre Welt ein.

19.20 Zeigen Sie, dass alle Sätze mit einer der folgenden Formen tautologische Folgerungen von $\mathscr{H}$ sind:
1. $c = c$
2. $c = d \rightarrow d = c$
3. $(c = d \land d = e) \rightarrow c = e$

19.21 Bestimmen Sie die Komplexität der folgenden Wffs im Sinne der Komplexitätsdefinition, die wir im Rahmen des Beweises des Henkin-Konstruktionslemmas zugrunde gelegt haben.

1. $Cube(y)$
2. $y = x$
3. $Cube(y) \rightarrow y = x$
4. $\forall y (Cube(y) \rightarrow y = x)$
5. $\exists x \forall y (Cube(y) \rightarrow y = x)$
6. $y = c_{\forall y(Cube(y) \rightarrow y = x)}$
7. $\forall y (Cube(y) \rightarrow y = c_{\forall y(Cube(y) \rightarrow y = x)})$

19.22 Im induktiven Beweis von Lemma 13 wurde im Rahmen von Fall 1 nur einer der wahrheitsfunktionalen Junktoren, nämlich $\lor$, berücksichtigt. Führen Sie einen analogen Beweis für den Fall, dass S von der Form $P \land Q$ ist.

19.23 Im induktiven Beweis von Lemma 13 wurde im Rahmen von Fall 3 nur eine Richtung des Bikonditionals für $\forall$ bewiesen. Beweisen Sie die andere Richtung.

ABSCHNITT 19.6

DAS THEOREM VON LÖWENHEIM UND SKOLEM

Einer der bemerkenswertesten Aspekte des Vollständigkeitsbeweises ist die Beschaffenheit der PL1-Struktur $\mathfrak{M}_h$. Während man mit unserer Ausgangssprache über physikalische Objekte, Zahlen, Mengen und was es sonst noch so alles gibt sprechen kann, besitzt die PL1-Struktur $\mathfrak{M}_h$, die wir per Henkin-Konstruktion bilden, ganz andere Elemente: Äquivalenzklassen von Konstantenzeichen. Diese Beobachtung erlaubt uns, den Beweis auszuschlachten, um zu einem Ergebnis zu gelangen, das als Theorem von Löwenheim und Skolem für PL1 bekannt ist.

die Struktur $\mathfrak{M}_h$

Im Rahmen unserer Diskussion unendlicher Mengen in Kapitel 15 wiesen wir darauf hin, dass es unterschiedlich große unendliche Mengen gibt. Die kleinsten unendlichen Mengen sind solche, die von derselben Größe wie die Menge der natürlichen Zahlen sind, die also in eine eins-zu-eins-Beziehung zu den natürlichen Zahlen gebracht werden können. Eine Menge heißt *abzählbar*, wenn sie endlich ist oder von derselben Größe wie die Menge der natürlichen Zahlen. Wenn wir uns in die Details des Beweises des Vollständigkeitstheorems vertiefen, können wir das folgende wichtige Theorem beweisen, das auf die Logiker Löwenheim und Skolem zurückgeht. Sie bewiesen es, bevor Gödel das Vollständigkeitstheorem nachwies, allerdings verwendeten sie eine völlig andere Methode. Löwenheim bewies das Theorem für einzelne Sätze, Skolem bewies es für abzählbar unendliche Satzmengen.

Theorem von Löwenheim und Skolem

Theorem (Theorem von Löwenheim und Skolem) Es sei $\mathscr{T}$ eine Menge von Sätzen einer abzählbaren Sprache L. Wenn nun $\mathscr{T}$ durch eine PL1-Struktur erfüllt wird, dann wird $\mathscr{T}$ auch durch eine PL1-Struktur mit abzählbarem Gegenstandsbereich erfüllt.

> **Beweis:** (Skizze) Aufgrund des Korrektheitstheorems gilt: Wenn die Satzmenge $\mathscr{T}$ erfüllbar ist, dann ist $\mathscr{T}$ auch formal konsistent. Der Vollständigkeitsbeweis zeigt nun: Wenn $\mathscr{T}$ formal konsistent ist, dann ist $\mathscr{T}$ auch wahr im Rahmen einer PL1-Struktur von der Form von $\mathfrak{M}_h$ für eine Bewertungsfunktion h für L_H. Nehmen wir an, dass unsere Ausgangssprache L abzählbar ist. Wie groß ist dann die Struktur $\mathfrak{M}_h$? Es ist nicht schwer, die Antwort herauszufinden. Es kann nicht mehr Elemente von $\mathfrak{M}_h$ geben, als es Konstantenzeichen in der Sprache L_H gibt. Jedes solche Symbol kann notiert werden mittels des Symbols c mit Subskripten, in welchen Symbole von L vorkommen, wobei die Subskripte beliebig weit iterierbar sein müssen. Wenn wir die Symbole von L auflisten können, können wir mit Hilfe dieser Liste alle Zeugenkonstanten von L_H in eine alphabetische Reihenfolge bringen. Auf diese Weise können wir nachweisen, dass der Gegenstandsbereich der Struktur $\mathfrak{M}_h$ abzählbar ist.

Skolems Paradox

Skolems Paradox

Das Löwenheim-Skolem-Theorem könnte etwas rätselhaft erscheinen. Betrachten wir zum Beispiel unsere Axiomatisierung ZFC der Mengentheorie. Beim Angeben der Axiome war nicht besonders klar, worin der intendierte Bereich von Strukturen bestehen soll. Grob gesagt geht es um das Universum oder die Universen kleiner kumulativer Mengen. Kein solches Universum ist abzählbar, da jedes neben anderen Mengen zumindest eine unendliche Menge (aufgrund des Unendlichkeitsaxioms) enthält sowie deren Potenzmenge (aufgrund des Potenzmengenaxioms). Die Potenzmenge einer unendlichen Menge ist aber nicht mehr abzählbar. Angenommen, c ist eine unendliche Menge. Wir können im Rahmen von ZFC beweisen, dass die Potenzmenge von c nicht abzählbar ist. Wie kann es dann aber sein, dass die Axiome von ZFC in einer abzählbaren Struktur wahr sind, wie es aus dem Löwenheim-Skolem-Theorem folgt?

Auflösung der Paradoxie

Die Lösung dieses Rätsels liegt in der Beschaffenheit der Struktur, die wir im Beweis des Löwenheim-Skolem-Theorems für den Fall von ZFC konstruieren. Wie wir festgestellt hatten, handelt es sich um eine Struktur $\mathfrak{M}_h$, die aus Äquivalenzklassen von Konstantenzeichen besteht. Sie ist also überhaupt nicht eine der intendierten Strukturen, die uns vorschwebten, als wir die Mengentheorie axiomatisierten. Wenn wir die Struktur betrachten, sehen wir, dass sie Elemente enthält, die vorgeben, Potenzmengen unendlicher Mengen zu sein. Angenommen, b und c sind Elemente des Gegenstandsbereiches und erfüllen (in dieser Reihenfolge) die

Wff „x ist die Potenzmenge von y und y ist unendlich." Die „Menge" b wird dann verschiedene „Elemente" enthalten, von denen jedes aufgefasst werden kann, als entspräche es einer Menge von „Elementen" von c. (Denken Sie daran, dass die Elemente des Gegenstandsbereiches von $\mathfrak{M}_h$ eigentlich Äquivalenzklassen von Konstanten sind. Wenn wir von den „Elementen" von b reden, meinen wir nicht die Elemente dieser Äquivalenzklasse, sondern die Elemente d des Gegenstandsbereiches, so dass d und b die Wff $x \in y$ im Rahmen von $\mathfrak{M}_h$ erfüllen. Aus diesem Grund verwenden wir auch Anführungszeichen im Falle von „Menge", „Element" usw.) Jedoch wird den meisten Mengen von „Elementen" von c nichts in b entsprechen.

Man kann sich auch klar machen, was in $\mathfrak{M}_h$ vorgeht, indem man sich über die Definition einer abzählbaren Menge Gedanken macht. Eine unendliche Menge b ist abzählbar, wenn es eine eins-zu-eins-Abbildung von der Menge der natürlichen Zahlen auf b gibt. Von einem Standpunkt außerhalb von $\mathfrak{M}_h$ können wir sehen, dass es eine solche Funktion gibt, die b aufzählt, aber diese Funktion besitzt keine Entsprechung innerhalb der Struktur $\mathfrak{M}_h$. D.h., es gibt keine „Funktion" innerhalb von $\mathfrak{M}_h$, die b aufzählt.

Die Lehre, die wir aus der Anwendung des Löwenheim-Skolem-Theorems auf ZFC ziehen sollten, besteht darin, dass die mengentheoretische Sprache erster Stufe nicht reichhaltig genug ist, um verschiedene Begriffe erfassen zu können, auf die wir uns implizit beziehen, wenn wir uns über das intendierte Universum der Mengentheorie Gedanken machen. Der eigentliche Schlüsselbegriff, den wir nicht angemessen ausdrücken können, ist der Begriff einer beliebigen Teilmenge einer Menge oder, was auf dasselbe hinausläuft, der Begriff einer Potenzmenge einer Menge. Wenn wir *Potenzmenge* in einer PL1-Sprache definieren, kann kein Axiom der ersten Stufe Strukturen wie $\mathfrak{M}_h$ ausschließen, in welchen „Potenzmenge" etwas vom intendierten Begriff ganz Verschiedenes bedeutet. Auch wenn der Fall subtiler ist, ist er doch vergleichbar mit der Tatsache, dass unsere Formaxiome keine Strukturen ausschließen, in welchen Tet, Cube, Dodec und SameShape soviel bedeuten wie *klein*, *mittelgroß*, *groß* und *gleichgroß*.

Lehre aus dem
Paradox

DAS KOMPAKTHEITSTHEOREM

Wie wir bereits erwähnt haben, gehört zu den unmittelbaren Konsequenzen aus dem Vollständigkeitstheorem das Kompaktheitstheorem (bzw. Endlichkeitstheorem) erster Stufe:

Theorem (Kompaktheitstheorem für PL1) Es sei $\mathscr{T}$ eine Menge von Sätzen einer PL1-Sprache L. Wenn jede endliche Teilmenge von $\mathscr{T}$ in einer PL1-Struktur wahr ist, dann gibt es eine PL1-Struktur $\mathfrak{M}$, die jeden Satz von $\mathscr{T}$ wahr macht.

Kompaktheits-
theorem

Dies folgt aus dem Vollständigkeitstheorem einfach deshalb, da Beweise in $\mathscr{F}$ endlich sind und somit nur auf endlich viele Prämissen zurückgreifen können. Ist $\mathscr{T}$ nicht erfüllbar, dann gibt es (aufgrund des Vollständigkeitstheorems) einen Beweis von $\bot$ ausgehend von Sätzen in $\mathscr{T}$, und dieser Beweis kann nur endlich viele Prämissen aus $\mathscr{T}$ verwenden. Somit kann (aufgrund des Korrektheitstheorems) diese Teilmenge von $\mathscr{T}$ nicht erfüllbar sein.

Wie sich herausstellt, zeigt auch dieses Theorem wie dasjenige von Löwenheim und Skolem einige wichtige expressive Begrenzungen von PL1 auf. Insbesondere können wir zeigen, dass es unmöglich ist, mit Axiomen der PL1-Sprache der Arithmetik die Struktur der natürlichen Zahlen zu charakterisieren.

Nicht-Standard-Modelle

Theorem (Nicht-Standard-Modelle der Arithmetik) Es sei L die Sprache der Peano-Arithmetik. Es gibt eine PL1-Struktur $\mathfrak{M}$, für die Folgendes gilt:

1. $\mathfrak{M}$ enthält in seinem Gegenstandsbereich alle natürlichen Zahlen,

2. $\mathfrak{M}$ enthält auch Elemente, die größer sind als alle natürlichen Zahlen, aber

3. $\mathfrak{M}$ erfüllt genau dieselben L-Sätze wie die natürlichen Zahlen.

Beweis: (Skizze) Der Beweis dieses Resultats ist unter Verwendung des Kompaktheitstheorems recht einfach. Die Sprache der Peano-Arithmetik, so wie wir sie in Kapitel 16 definiert haben, enthält kein Symbol für *größer als*, aber wir können $x > y$ definieren als Abkürzung für die Wff $\exists z\,(z \neq 0 \wedge x = y + z)$. Die Behauptung, ein Element n von $\mathfrak{M}$ sei größer als alle natürlichen Zahlen, läuft darauf hinaus zu behaupten, dass n alle der folgenden Wffs erfüllt:

$$
\begin{aligned}
x &> 0 \\
x &> 1 \\
x &> 1+1 \\
x &> (1+1)+1 \\
&\;\;\vdots
\end{aligned}
$$

$\mathscr{T}$ bestehe aus allen Sätzen von L, die wahre Aussagen über die natürlichen Zahlen machen. Es sei n ein neues Konstantenzeichen, und $\mathscr{S}$ sei die Menge, die aus den folgenden Sätzen besteht:

$$
\begin{aligned}
n &> 0 \\
n &> 1 \\
n &> 1+1 \\
n &> (1+1)+1 \\
&\;\;\vdots
\end{aligned}
$$

Es sei $\mathscr{T}' = \mathscr{T} \cup \mathscr{S}$. Im Rahmen der intendierten Interpretation von L ist die Theorie $\mathscr{T}'$ inkonsistent. Es gibt keine natürliche Zahl, die größer ist als alle Zahlen 0, 1, 2, ... Wenn es aber um die PL1-Folgerung geht, ist $\mathscr{T}'$ völlig konsistent, wie uns die Anwendung des Kompaktheitstheorems zeigt.

Um das Kompaktheitstheorem anwenden zu können, müssen wir zeigen, dass jede endliche Teilmenge $\mathscr{T}_0$ von $\mathscr{T}'$ in einer PL1-Struktur wahr ist. Eine solche Theorie wird verschiedene Sätze von $\mathscr{T}$ enthalten, welche sämtlich wahre Aussagen über die natürlichen Zahlen machen, sowie eine endliche Anzahl von Sätzen von der Form n > k, wobei wir k als Abkürzung für

$$\underbrace{(((1+1)+1)+\cdots+1)}_{k}$$

verwenden. Wir können alle diese Sätze im Bereich der natürlichen Zahlen wahr machen, indem wir das Konstantenzeichen n als Name für eine Zahl m interpretieren, die größer ist als das größte k, für welches n > k in $\mathscr{T}_0$ ist. Somit ergibt sich aufgrund des Kompaktheitstheorems, dass die gesamte Menge $\mathscr{T}'$ in einer PL1-Struktur $\mathfrak{M}$ wahr ist.

Die Axiome von $\mathscr{T}$ stellen sicher, dass $\mathfrak{M}$ eine Kopie der natürlichen Zahlen enthält (und sogar die natürlichen Zahlen selbst, wenn wir die Interpretation von k durch die Zahl k selbst ersetzen). Jedoch verfügt die Struktur $\mathfrak{M}$ über eine „Zahl", die größer als alle diese ist.

Dieses zugegebenermaßen faszinierende Ergebnis sollte uns aber nicht allzu sehr verwirren oder aufbringen. Es zeigt, dass es keine Möglichkeit gibt, eindeutig den intendierten Gegenstandsbereich der Arithmetik nur mit Axiomen zu charakterisieren, die im Rahmen der PL1-Sprache der Arithmetik formuliert sind. Mit Axiomen erster Stufe können wir nicht die Existenz von „natürlichen Zahlen" (d.h. Elementen des Gegenstandsbereichs) ausschließen, die unendlich weit von der Null entfernt sind. Die Unterscheidung zwischen Zahlen, die endlich weit von der Null entfernt sind, was für alle echten natürlichen Zahlen gilt, und solchen „Zahlen", die unendlich weit von der Null entfernt sind, was für Elemente wie n im obigen Beweis gilt, gehört nicht zu den Unterscheidungen, die wir im Rahmen der PL1-Sprache treffen können.

was zeigen Nicht-Standard-Modelle?

Wir können dieses Resultat umformen, indem wir uns fragen, was passieren würde, wenn wir unserer Sprache ein Prädikat NatZahl mit der intendierten Bedeutung *ist eine natürliche Zahl* hinzufügten. Wenn wir nichts unternähmen, um unser deduktives System $\mathscr{F}$ zu ergänzen, dann wäre es unmöglich, hinreichende Bedeutungspostulate hinzuzufügen, um die Bedeutung dieses Prädikats zu erfassen oder alle Folgerungen zu beweisen, die mit diesem Prädikat ausgedrückt werden können. Betrachten wir zum Beispiel die Menge $\mathscr{T}' = \mathscr{T} \cup \mathscr{S}$ aus dem obigen

Beweis, so folgt intuitiv gesehen der Satz ¬NatNum(n) aus $\mathcal{T}'$. Dafür kann es jedoch in $\mathcal{F}$ keinen Beweis geben.

Was würde aber passieren, wenn wir $\mathcal{F}$ um neue Regeln ergänzten, welche das Prädikat NatNum involvieren? Wäre es uns möglich, $\mathcal{F}$ irgendwie zu verstärken, so dass es uns möglich wäre, ¬NatNum(n) ausgehend von $\mathcal{T}'$ zu beweisen? Die Antwort ist, dass unser Versuch zum Scheitern verurteilt ist, falls das gestärkte Beweissystem nur endliche Beweise zuließe und korrekt in Hinblick auf die intendierte Struktur wäre. Irgendein Beweis von ¬NatNum(n) könnte nur endlich viele Prämissen aus $\mathcal{T}'$ verwenden. Diese endliche Teilmenge ist erfüllbar im Bereich der natürlichen Zahlen: Man weise lediglich n eine Zahl zu, die groß genug ist. Demnach ergibt sich aufgrund der Korrektheit des erweiterten Beweissystems, dass ¬NatNum(n) nicht ausgehend von dieser endlichen Teilmenge beweisbar sein kann.

Während es in diesen Beobachtungen um die natürlichen Zahlen geht, zeigen sie doch einen sehr allgemeinen Sachverhalt auf, der jede Sprache betrifft, die implizit oder explizit den Begriff der Endlichkeit ausdrückt. Wenn wir beispielsweise die Sprache der Mengentheorie um ein Prädikat ergänzen, dessen intendierte Bedeutung *ist eine endliche Menge* sein soll, kann mit dem Kompaktheitstheorem gezeigt werden, dass es PL1-Strukturen gibt, in welchen dieses Prädikat auf unendliche Mengen zutrifft; dabei ist es egal, welche Bedeutungspostulate wir für das neue Prädikat spezifizieren.

Um ein etwas lebensnäheres Beispiel zu betrachten, kommen wir zu einer PL1-Sprache, mit der wir über Familienbeziehungen sprechen können. Wenn diese Sprache über ein Prädikat mit der Bedeutung *ist ein Vorfahre von* verfügt, dann werden wir beim Versuch, seine Bedeutung axiomatisch zu erfassen, scheitern, unabhängig davon, wie sehr wir es auch versuchen. Der Begriff *Vorfahre* bringt dabei implizit die Anforderung mit sich, dass die Reihe der Vorfahren endlich ist. Da es aber keine feste endliche Grenze gibt, wie weit entfernt ein Vorfahre sein kann, garantiert das Kompaktheitstheorem, dass es Strukturen gibt, welche unendlich weit entfernte Vorfahren zulassen.

Diese Beispiele werden in den Übungen 19.30 und 19.31 näher untersucht.

Übungen

19.24 Betrachten Sie die folgenden Behauptungen:

Smaller than ist irreflexiv.

Smaller than ist asymmetrisch.

Smaller than ist transitiv.

Larger than ist die Inverse von *smaller than*.

1. Drücken Sie diese Behauptungen im Rahmen einer Satz-Datei von Tarski's World aus.
2. Überzeugen Sie sich davon, dass die (formalen Versionen der) obigen Behauptungen alle von der Ableitungsprozedur **Ana Con** von Fitch als analytische Wahrheiten erwiesen werden.
3. Geben Sie ein informelles Argument dafür an, dass diese Behauptungen eine vollständige Menge von Bedeutungspostulaten für denjenigen Teil der Klötzchensprache bilden, der nur die Prädikate Cube, Smaller und Larger enthält.

Schicken Sie Ihre Tarski's World-Datei ein und geben Sie Ihr informelles Argument Ihrem Seminarleiter. Es gibt keinen Grund, eine Fitch-Datei einzureichen.

Die nächsten drei Übungen beziehen sich auf die folgende Satzliste. Geben Sie in jeder Übung ein informelles Argument an, das Ihre Antwort rechtfertigt.

1. $\forall x \forall y \forall z [(\text{Larger}(x,y) \wedge \text{Larger}(y,z)) \rightarrow \text{Larger}(x,z)]$
2. $\forall x \forall y [\text{Larger}(x,y) \rightarrow \neg \text{Larger}(y,x)]$
3. $\forall x \neg \text{Larger}(x,x)$
4. $\forall x \forall y [\text{Larger}(x,y) \vee \text{Larger}(y,x) \vee x = y]$
5. $\forall y \exists^{\leq 12} x \, \text{Larger}(x,y)$
6. $\forall y \exists x \, \text{Larger}(x,y)$

19.25 Wie groß ist die größte PL1-Struktur, die 1–5 wahr macht?

19.26 Zeigen Sie, dass jede Struktur, die 1–4 und 6 wahr macht, unendlich groß ist.

19.27 Gibt es eine unendlich große Struktur, die 1–3 und 5 wahr macht?

19.28 $\mathscr{T}$ sei eine Menge von Sätzen erster Stufe. Angenommen, es gibt zu jeder natürlichen Zahl n eine Struktur, deren Gegenstandsbereich größer als n ist und die $\mathscr{T}$ erfüllt. Verwenden Sie das Kompaktheitstheorem um zu zeigen, dass es eine Struktur mit unendlichem Gegenstandsbereich gibt, die $\mathscr{T}$ erfüllt. [Hinweis: Betrachten Sie die Sätze, welche für jedes n behaupten: *Es gibt mindestens n-viele Dinge.*]

19.29 L' sei die Sprache der Peano-Arithmetik ergänzt um das Prädikat NatZahl mit der intendierten Interpretation *ist eine natürliche Zahl*. Es sei $\mathscr{T}$ die Menge der Sätze dieser Sprache, welche wahre Behauptungen über die natürlichen Zahlen machen. $\mathscr{S}$ sei so definiert wie im Beweis des Theorems über die Nicht-Standard-Modelle. Zeigen Sie, dass $\neg \text{NatZahl}(n)$ keine PL1-Folgerung aus $\mathscr{T} \cup \mathscr{S}$ ist.

19.30
✎✭✭

Angenommen, wir ergänzen die PL1-Sprache der Mengentheorie um das einstellige Prädikat Endlich, das auf alle und nur die endlichen Mengen zutreffen soll. Des Weiteren nehmen wir an, dass $\mathscr{T}$ aus den Axiomen von ZFC besteht zusammen mit neuen Axiomen, die dieses Prädikat enthalten, wobei wir lediglich darauf bestehen, dass die Axiome im intendierten Mengenuniversum wahr sind. Verwenden Sie das Kompaktheitstheorem um zu zeigen, dass es eine PL1-Struktur gibt, welche $\mathscr{T}$ erfüllt und ein Element c enthält, das Endlich(x) erfüllt, aber unendlich viele Elemente besitzt. [Hinweis: Fügen Sie der Sprache ein Konstantenzeichen c sowie unendlich viele Konstanten $b_1, b_2, \ldots$ hinzu. Bilden Sie eine Theorie $\mathscr{S}$, die besagt, dass die bs alle verschieden und Elemente von c sind. Zeigen Sie, dass $\mathscr{T} \cup \mathscr{S}$ erfüllbar ist.]

19.31
✎✭✭

Verwenden Sie das Kompaktheitstheorem um zu zeigen, dass die PL1-Sprache mit den zweistelligen Prädikaten Elt(x, y) und Vor(x, y), welche *Elternteil von* und *Vorfahre von* bedeuten sollen (in dieser Reihenfolge), nicht axiomatisierbar ist. D.h., dass es keine endliche oder unendliche Menge von Bedeutungspostulaten gibt, welche diejenigen PL1-Strukturen charakterisieren, die logisch mögliche Umstände repräsentieren. [Hinweis: Der entscheidende Punkt ist, dass a ein Vorfahre von b ist genau dann, wenn es eine endliche Kette gibt, welche a und b durch die *Elternteil von*-Relation verknüpft; es ist aber logisch möglich, dass diese Kette beliebig lang ist.]

ABSCHNITT 19.8

GÖDELS UNVOLLSTÄNDIGKEITSTHEOREM

Mit dem Theorem, das die Existenz von Nicht-Standard-Modellen der Arithmetik aufzeigte, weist man eine bestimmte Art der Unvollständigkeit von PL1 nach. Es gibt jedoch eine bei weitem noch grundlegendere Form von Unvollständigkeit, die Kurt Gödel entdeckte, wenige Jahre nachdem er das Vollständigkeitstheorem bewiesen hatte. Dabei handelt es sich um das berühmte Ergebnis, das unter der Bezeichnung *Gödels Unvollständigkeitstheorem* bekannt ist.

Vollständigkeit vs. Unvollständigkeit

Studierende wundern sich gelegentlich darüber, dass Gödel zunächst ein Resultat bewies, das als Vollständigkeitstheorem bezeichnet wird, dann aber kehrtmachte, um das Unvollständigkeitstheorem zu beweisen. Konnte er sich nicht entscheiden? Allerdings wird in beiden Theoremen „Vollständigkeit" in ganz verschiedenen Weisen gebraucht. Beim Vollständigkeitssatz ging es um den Nachweis, dass unsere formalen Beweisregeln die PL1-Folgerung adäquat erfassen. Im Gegensatz dazu geht es beim Unvollständigkeitssatz um den Begriff der formalen Vollständigkeit, den wir bereits eingeführt hatten. Eine Theorie $\mathscr{T}$ hatten wir dabei *formal vollständig* genannt genau dann, wenn für jeden Satz S der zugrunde gelegten Sprache gilt, dass S oder ¬S auf der Grundlage von $\mathscr{T}$ beweisbar ist. (Mittlerweile wissen wir aufgrund von Korrektheit und Vollständigkeit, dass dies äquivalent zu der Behauptung ist, dass S oder ¬S eine PL1-Folgerung von $\mathscr{T}$ ist.)

Zu Beginn des zwanzigsten Jahrhunderts analysierten Logiker die Mathematik, indem sie axiomatische Theorien wie die Peano-Arithmetik und formale Beweissysteme wie $\mathcal{F}$ betrachteten. Das Ziel war dabei, eine formal vollständige Axiomatisierung der Arithmetik zu finden, welche uns erlaubt, alle und nur die wahren Sätze über natürliche Zahlen zu beweisen. Dies war Teil eines ehrgeizigen Projektes, das nach seinem Hauptvertreter David Hilbert als Hilbert-Programm bezeichnet wird. Bis zu den 30er Jahren des zwanzigsten Jahrhunderts hatte man im Rahmen von Hilberts Programm schon viel erreicht. Alle bekannten Theoreme der Arithmetik hatte man aus verhältnismäßig einfachen Axiomatisierungen wie der Peano-Arithmetik herleiten können. Des Weiteren hatte der Logiker Mojżesz Pressburger gezeigt, dass jeder wahre Satz der Sprache, in dem die Multiplikation nicht vorkommt, ausgehend von den relevanten Peano-Axiomen bewiesen werden kann.

Hilbert-Programm

Gödels Unvollständigkeitstheorem zeigte, dass der Fortschritt täuschte, und dass das Ziel des Hilbert-Programms niemals erreicht werden kann. Ein spezieller Fall von Gödels Satz besagt Folgendes:

Theorem (Gödels Unvollständigkeitstheorem für PA) Die Peano-Arithmetik ist nicht formal vollständig.

Gödels Unvollständigkeitstheorem

Der Beweis dieses Theorems, den wir gleich skizzieren wollen, zeigt, dass das Ergebnis einen viel weiteren Anwendungsbereich besitzt als nur Peanos Axiomatisierung oder nur das spezielle formale System $\mathcal{F}$. Tatsächlich zeigt es, dass keine vernünftige Erweiterung von beiden eine formal vollständige Theorie der Arithmetik ergibt, in einem durchaus präzisierbaren Sinne von „vernünftig".

Wir wollen versuchen, Ihnen einen Eindruck vom Beweisverlauf zu geben. Eine zentrale Einsicht besteht darin, dass jedes Symbolsystem repräsentiert werden kann in Form eines Codierungssystems wie dem Morse-Code. Dabei werden Folgen von Punkten und Strichen oder auch Nullen und Einsen dazu verwendet, alle einzelnen Symbole des Systems zu repräsentieren. Mit einem sorgfältig entworfenen Codierungssystem kann jede Symbolfolge repräsentiert werden durch eine Folge von Nullen und Einsen. Wir können uns aber von jeder solchen Folge auch vorstellen, dass sie eine Zahl in binärer Notation bezeichnet. Daher können wir auch natürliche Zahlen verwenden, um Folgen unserer grundlegenden Symbole zu codieren. Als Erstes zeigte Gödel so, dass alle wichtigen syntaktischen Begriffe der Prädikatenlogik erster Stufe in der Sprache der Peano-Arithmetik repräsentiert werden können. Beispielsweise sind die folgenden Prädikate repräsentierbar:

Beweisidee

Codierungssystem

Repräsentierbarkeit

n ist der Code einer Wff,

n ist der Code eines Satzes,

n ist der Code eines Axioms der Peano-Arithmetik,

n und m sind Codes von Sätzen, von welchen der zweite aus dem ersten folgt aufgrund einer Anwendung von $\wedge$ **Elim,** *n ist der Code eines Beweises in $\mathscr{F}$,*

n ist der Code eines Beweises des Satzes, dessen Code m ist.

Die Behauptung, dass diese Prädikate in der Peano-Arithmetik repräsentierbar sind, ist dabei in einem ziemlich starken Sinne zu verstehen: dass uns die Axiome und Beweisregeln erlauben, alle und nur die wahren Instanzen dieser Prädikate zu beweisen. Wenn so *p* ein Beweis für S ist und *n* und *m* ihre Codierungen sind, dann wäre die formale Version des letzten Satzes auf unserer Liste tatsächlich eine PL1-Folgerung aus den Peano-Axiomen.

Eine Menge sorgsamer Arbeit ist für den Nachweis erforderlich, dass diese Begriffe in der Peano-Arithmetik repräsentierbar sind. Diese Arbeit ähnelt sehr derjenigen, die bei der Implementation eines Systems wie $\mathscr{F}$ auf dem Computer anfällt. (Vielleicht war Gödel der erste wirkliche Hacker.) Jedenfalls ist es möglich und wird halbwegs zur Routine, sobald man einmal den Dreh raus hat.

Diagonalisie-rungslemma

Gödels zweite zentrale Einsicht bestand darin, dass es relativ zum Codierungssystem möglich ist, Sätze zu konstruieren, die etwas über sich selbst ausdrücken. Dies ist bekannt als *Diagonalisierungslemma*. Dieses Lemma besagt, dass es für jede Wff P(x) mit einer einzigen freien Variablen möglich ist, eine Zahl *n* zu finden, die den Satz P(n) codiert, welcher behauptet, dass *n* die Wff P(x) erfüllt. Mit anderen Worten: P(n) kann man so auffassen, als besage es soviel wie

Dieser Satz hat die durch P ausgedrückte Eigenschaft.

Je nachdem, welche Eigenschaft P ausdrückt, werden einige derartige Sätze wahr, andere falsch sein. So sind beispielsweise die formalen Entsprechungen von

Dieser Satz ist eine wohlgeformte Formel

und

Dieser Satz hat keine freien Variablen

wahr, während die formalen Versionen von

Dieser Satz ist ein Beweis

und

Dieser Satz ist ein Axiom der Peano-Arithmetik

falsch sind.

Ziehen wir nun die formale Version des folgenden Satzes in Betracht, deren Existenz uns das Diagonalisierungslemma garantiert:

Dieser Satz ist nicht beweisbar ausgehend von den Axiomen der Peano-Arithmetik.

Dieser Satz (der oben stehende, nicht *dieser*) wird nach Gödel mit G bezeichnet. *der Gödelsatz* G
Wir wollen nun zeigen, dass G wahr, aber in PA nicht beweisbar ist.

> **Beweis:** Um zu zeigen, dass G wahr ist, führen wir einen indirekten
> Beweis. Angenommen, G ist nicht wahr. Dann muss der Satz angesichts
> dessen, was er besagt, in PA beweisbar sein. Da aber die Axiome von
> PA wahr sind und $\mathscr{F}$ korrekt ist, muss auch alles, was ausgehend von
> PA bewiesen werden kann, wahr sein. Also ist G wahr. Dies widerspricht
> aber unserer Annahme, dass G nicht wahr ist. Also ist G doch wahr.
>
> Nun wollen wir beweisen, dass G in PA nicht beweisbar ist. Wir haben
> bereits gezeigt, dass G wahr ist. Dann ist aber, berücksichtigt man, was
> der Satz besagt, G nicht beweisbar.

Gödels Unvollständigkeitstheorem folgt unmittelbar hieraus. Wir haben einen
wahren Satz in der Sprache der Peano-Arithmetik gefunden, der ausgehend von
den Peano-Axiomen nicht beweisbar ist. Darüber hinaus kann auch die Negation
dieses Satzes nicht beweisbar sein, da wiederum alle beweisbaren Folgerungen
aus den Peano-Axiomen wahr sind. Somit ist die Peano-Arithmetik nicht formal
vollständig.

Natürlich sind die Peano-Axiome nicht sakrosankt. Nachdem wir nun einen *Anwendungen*
wahren, aber nicht beweisbaren Satz G gefunden haben, könnten wir ihn oder *des Theorems*
einen anderen Satz, der uns erlaubte G nachzuweisen, als neues Axiom hinzu- *auf andere*
ziehen. Das Problem besteht aber nun darin, dass solche Versuche, unsere Axiome *Theorien*
zu verstärken, Gödels Argument nicht entgehen können, da das Argument nicht
auf die Schwäche der Peano-Arithmetik baut, sondern auf ihre Stärke. Solange die
Axiome des erweiterten Systems $\mathscr{T}$ wahr sind und das Prädikat

n codiert ein Axiom von $\mathscr{T}$

in $\mathscr{T}$ repräsentierbar ist, kann Gödels Argument wiederholt werden, und es erzeugt
wiederum einen wahren Satz, der im erweiterten System nicht beweisbar ist.

Gödels Unvollständigkeitssatz ist eines der wichtigsten Theoreme der Logik,
und seine Konsequenzen werden noch immer untersucht. Wir halten die interessierten Leserinnen und Leser dazu an, es genauer zu erkunden. Detaillierte Beweise von Gödels Theorem finden sich in vielen fortgeschrittenen Logik-Lehrbüchern
wie zum Beispiel Smullyans *Gödel's Incompleteness Theorems*, Endertons *Mathematical Introduction to Logic*, und Boolos' und Jeffreys *Computability and Logic*.[5]

---

[5]Anm. d. Übers.: Als deutschsprachige Bücher empfehlen wir H.-D. Ebbinghaus, J. Flum und
W. Thomas, *Einführung in die mathematische Logik*, sowie W. Rautenberg, *Einführung in die Mathematische Logik. Ein Lehrbuch mit Berücksichtigung der Logikprogrammierung*.

Übungen

19.32 Gödel wurde bei seinem Unvollständigkeitstheorem von der berühmten Lügnerparadoxie
✎* inspiriert, welche sich aus dem Satz *Dieser Satz ist nicht wahr* ergibt.

1. Nehmen wir an, dass man mit dem Satz eine eindeutige Behauptung macht. Zeigen Sie, dass die Behauptung wahr ist genau dann, wenn sie nicht wahr ist.
2. Schließen Sie daraus, dass der Satz keine eindeutige Behauptung ausdrücken kann.
3. Eine mögliche Quelle der Mehrdeutigkeit könnte in einer Verschiebung des Gegenstandsbereiches im Laufe des Arguments bestehen. Diskutieren Sie diesen Vorschlag.

19.33 (Undefinierbarkeit der Wahrheit) Zeigen Sie, dass das folgende Prädikat nicht in der Spra-
✎* che der Arithmetik ausgedrückt werden kann:

n ist der Code eines wahren Satzes.

Dieses Theorem geht zurück auf Alfred Tarski. [Hinweis: Nehmen Sie an, das Prädikat wäre ausdrückbar. Wenden Sie dann das Diagonalisierungslemma an, um zu einem Satz zu gelangen, der von sich selbst sagt, er sei nicht wahr.]

19.34 (Löbs Paradox) Betrachten Sie den Satz *Wenn dieses Konditional wahr ist, dann ist Lo-
✎* gik das faszinierendste Thema in der Welt.* Nehmen wir an, dass der Satz eine eindeutige Behauptung macht.

1. Verwenden Sie die Methode des konditionalen Beweises (und Modus ponens), um die Behauptung nachzuweisen.
2. Verwenden Sie Modus ponens, um darauf zu schließen, dass Logik das faszinierendste Thema in der Welt ist.

Wenn das mal kein gutes Ende für einen Logik-Kurs ist!

DIE REGELN IN DER ÜBERSICHT

Aussagenlogische Regeln ($\mathscr{F}_T$)

Konjunktions-Einführung ($\wedge$ Intro)

$$
\begin{array}{l}
P_1 \\
\Downarrow \\
P_n \\
\vdots \\
\rhd \quad P_1 \wedge \ldots \wedge P_n
\end{array}
$$

Konjunktions-Beseitigung ($\wedge$ Elim)

$$
\begin{array}{l}
P_1 \wedge \ldots \wedge P_i \wedge \ldots \wedge P_n \\
\vdots \\
\rhd \quad P_i
\end{array}
$$

Disjunktions-Einführung ($\vee$ Intro)

$$
\begin{array}{l}
P_i \\
\vdots \\
\rhd \quad P_1 \vee \ldots \vee P_i \vee \ldots \vee P_n
\end{array}
$$

Disjunktions-Beseitigung ($\vee$ Elim)

$$
\begin{array}{l}
P_1 \vee \ldots \vee P_n \\
\vdots \\
\quad P_1 \\
\quad \vdots \\
\quad S \\
\Downarrow \\
\quad P_n \\
\quad \vdots \\
\quad S \\
\vdots \\
\rhd \quad S
\end{array}
$$

207

Negations-Einführung
(¬ Intro)

Negations-Beseitigung
(¬ Elim)

⊥-Einführung
(⊥ Intro)

⊥-Beseitigung
(⊥ Elim)

Konditional-Einführung
(→ Intro)

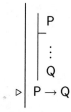

Konditional-Beseitigung
(→ Elim)

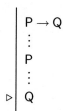

Bikonditional-Einführung
($\leftrightarrow$ Intro)

$$
\begin{array}{c|l}
 & \quad P \\
 & \quad \vdots \\
 & \quad Q \\
 & \quad Q \\
 & \quad \vdots \\
 & \quad P \\
\rhd & P \leftrightarrow Q
\end{array}
$$

Bikonditional-Beseitigung
($\leftrightarrow$ Elim)

$$
\begin{array}{c|l}
 & P \leftrightarrow Q \text{ (oder } Q \leftrightarrow P) \\
 & \vdots \\
 & P \\
 & \vdots \\
\rhd & Q
\end{array}
$$

Reiteration
(Reit)

$$
\begin{array}{c|l}
 & P \\
 & \vdots \\
\rhd & P
\end{array}
$$

Regeln für PL1 ($\mathscr{F}$)

Identitäts-Einführung
(= Intro)

$$
\begin{array}{c|l}
\rhd & n = n
\end{array}
$$

Identitäts-Beseitigung
(= Elim)

$$
\begin{array}{c|l}
 & P(n) \\
 & \vdots \\
 & n = m \\
 & \vdots \\
\rhd & P(m)
\end{array}
$$

Existenzquantor-Einführung (∃ Intro)

$$S(c)$$
$$\vdots$$
$$\triangleright\ \exists x\, S(x)$$

Existenzquantor-Beseitigung (∃ Elim)

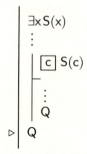

c kommt dabei nicht außerhalb des Unterbeweises vor, in dem es eingeführt wurde.

Genereller konditionaler Beweis (∀ Intro)

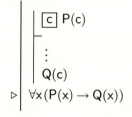

Allquantor-Beseitigung (∀ Elim)

$$\forall x\, S(x)$$
$$\vdots$$
$$\triangleright\ S(c)$$

Allquantor-Einführung (∀ Intro)

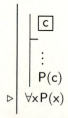

c kommt dabei nicht außerhalb des Unterbeweises vor, in dem es eingeführt wurde.

Ableitungsprozeduren (Con-Regeln)

Fitch verfügt auch über drei Ableitungsprozeduren von zunehmender Leistungs-fähigkeit. Bei ihnen handelt es sich allerdings nicht um Regeln im technischen Sinne.

Tautologische Folgerung
(Taut Con)

Taut Con erlaubt Ihnen, beliebige Sätze herzuleiten, welche aus den zur Be-gründung angeführten Sätzen folgen, wenn man nur die Bedeutungen der wahr-heitsfunktionalen Junktoren berücksichtigt.

PL1-Folgerung
(FO Con)

FO Con erlaubt Ihnen, beliebige Sätze herzuleiten, welche aus den zur Begrün-dung angeführten Sätzen folgen, berücksichtigt man die Bedeutungen der wahr-heitsfunktionalen Junktoren, der Quantoren und des Identitätsprädikates.

Analytische Folgerung
(Ana Con)

Theoretisch sollte **Ana Con** es Ihnen gestatten, beliebige Sätze herzuleiten, welche aus den zur Begründung angeführten Sätzen folgen, berücksichtigt man die Bedeu-tungen der wahrheitsfunktionalen Junktoren, der Quantoren, des Identitätsprädika-tes und der Prädikate der Klötzchensprache. Die Implementierung von **Ana Con** in Fitch bezieht allerdings wegen der mit den Prädikaten Adjoins und Between verbundenen Komplexität deren Bedeutungen nicht mit ein.

GLOSSAR

Allgemeingültigkeit: Siehe Gültigkeit.

Allquantor ($\forall$): Der Allquantor wird verwendet, um universelle Behauptungen auszudrücken. In etwa entspricht er deutschen Ausdrücken wie *alles, alle Dinge, jedes Ding* usw. (Siehe auch Quantor.)

Ambiguität: Siehe Mehrdeutigkeit.

Analytische Folgerung: Ein Satz S ist eine analytische Folgerung aus bestimmten Prämissen, wenn S aus den Prämissen folgt aufgrund der Bedeutungen der wahrheitsfunktionalen Junktoren, des Identitätssymbols, der Quantoren und der Prädikatsymbole etc., die in S und den Prämissen vorkommen.

Antezedens: Das Antezedens eines Konditionals ist seine erste Teilformel. So ist im Falle von P $\rightarrow$ Q die Formel P das Antezedens und Q das Konsequens.

Äquivalenzklasse: Eine Äquivalenzklasse ist die Menge aller Gegenstände, die äquivalent zu einem gewählten Objekt hinsichtlich einer bestimmten Äquivalenzrelation sind. Genauer gesagt: Ist R eine Äquivalenzrelation auf der Menge S, kann eine Äquivalenzklasse zu jedem beliebigen $x \in D$ wie folgt definiert werden:

$$\{y \in D \mid \langle x, y \rangle \in R\}$$

Äquivalenzrelation: Eine Äquivalenzrelation ist eine zweistellige Relation, die reflexiv, symmetrisch und transitiv ist.

Argument: Das Wort „Argument" wird in der Logik mehrdeutig verwendet.

1. Einmal besteht ein Argument in einer Folge von Aussagen, von welchen eine (die Konklusion) aus den anderen (den Prämissen) folgen oder von Letzteren gestützt werden soll.

2. Ein „Argument" im anderen Sinne des Wortes bezieht sich auf den oder die Term(e), auf die ein Prädikat im Rahmen einer atomaren Wff angewandt wird. So sind x und a in der atomaren Wff ÄlterAls(x, a) die Argumente des zweistelligen Prädikates ÄlterAls.

Atomarer Satz: Atomare Sätze sind die einfachsten Sätze der PL1. Sie bestehen aus einem Prädikat gefolgt von der richtigen Anzahl (siehe Stelligkeit) von Namen (oder komplexen Termen, falls die Sprache auch Funktionssymbole enthält). Atomare Sätze der PL1 entsprechen den einfachsten Sätzen des Deutschen.

Aussage: Aussagen werden von Personen gemacht, die deklarative Sätze äußern. Manchmal werden Aussagen auch Propositionen genannt.

Aussagenlogische Äquivalenz: Siehe Tautologische Äquivalenz.

Aussagenlogische Folgerung: Siehe Tautologische Folgerung.

Aussagenlogische Wahrheit: Siehe Tautologie.

Ausschließendes Oder: Hiermit ist die Verwendung von *oder* im Deutschen im Sinne von *entweder... oder...* gemeint, welche einen wahren Satz ergibt, wenn genau eines der beiden durch sie verknüpften Disjunkte wahr ist, aber nicht beide. Wenn beispielsweise der Kellner sagt „Sie können Suppe oder Salat haben," ist die Disjunktion in der Regel ausschließend zu verstehen. Ausschließende Disjunktionen können im Rahmen von PL1 ausgedrückt werden, der grundlegende disjunktive Junktor von PL1 ist aber die einschließende, nicht die ausschließende Disjunktion.

Axiom: Ein Axiom ist eine Proposition (oder Aussage) über einen Gegenstandsbereich, welche als wahr akzeptiert und verwendet wird, um weitere wahre Behauptungen über diesen Gegenstandsbereich herzuleiten.

Beweis: Ein Beweis ist eine schrittweise Herleitung, dass ein Satz (die Konklusion) logisch aus anderen Sätzen (den Prämissen) folgt. Ein formaler Beweis wird im Rahmen eines formalen deduktiven Systems geführt; ein informeller Beweis wird in der Regel ohne die Vorzüge eines formalen Systems in umgangssprachlichem Deutsch formuliert.

Beweis des Nicht-Folgens: In einem Beweis des Nicht-Folgens zeigen wir, dass ein Argument ungültig ist, indem wir ein Gegenbeispiel anführen. Um nachzuweisen, dass ein Satz S nicht aus gegebenen Prämissen folgt, müssen wir somit zeigen, dass es möglich ist, dass die Prämissen unter bestimmten Umständen wahr sind, unter welchen S falsch ist.

Beweis durch Fallunterscheidung: In einem Beweis durch Fallunterscheidung wird eine Aussage S ausgehend von einer Disjunktion bewiesen, indem S ausgehend von jedem einzelnen Disjunkt bewiesen wird.

Beweis durch Induktion: Siehe Induktiver Beweis.

Beweis durch Widerspruch: Um ¬S durch Widerspruch zu beweisen, setzen wir S als Annahme voraus und beweisen einen Widerspruch. Mit anderen Worten: Wir setzen als Annahme die Negation dessen, was wir beweisen wollen, voraus und zeigen, dass diese Annahme zu einem Widerspruch führt.

Bewertungsfunktion: Eine Funktion, welche jedem atomaren Satz einer PL1-Sprache einen der Wahrheitswerte WAHR oder FALSCH zuweist. Mit solchen Funktionen wird der informelle Begriff einer Welt oder einer Menge von Sachverhalten modelliert.

Boolescher Junktor: Die logischen Junktoren der Konjunktion, Disjunktion und Negation erlauben uns, komplexe Aussagen aus einfacheren Aussagen zu bilden, und werden nach dem Logiker George Boole auch als Boolesche Junktoren bezeichnet. Die Konjunktion entspricht dem deutschen *und*, die Disjunktion entspricht *oder* und die Negation entspricht der Wendung *es ist nicht der Fall, dass*. (Siehe auch Wahrheitsfunktionaler Junktor.)

Boolescher Operator: Siehe Boolescher Junktor.

Deduktives System: Ein deduktives System besteht aus einer Menge von Regeln zusammen mit Angaben darüber, wie mit den Regeln formale Beweise geführt werden können. Das im Text definierte System $\mathscr{F}$ stellt ein Beispiel eines deduktiven Systems dar, es gibt allerdings auch noch viele andere.

Determinator: Als Determinator bezeichnet man solche Wörter wie *alle, einige, die meisten* usw., welche verbunden mit Nomen quantifizierte Nominalphrasen bilden wie *alle Hunde, einige Pferde* und *die meisten Schweine*.

Disjunkt: Eine Teilformel einer Disjunktion. Beispielsweise sind A und B die Disjunkte von A ∨ B.

Disjunktion: Ein elementarer Boolescher Junktor, welcher dem deutschen *oder* entspricht. Eine Disjunktion ist wahr, wenn zumindest eines der Disjunkte wahr ist. (Siehe auch Einschließendes Oder und Ausschließendes Oder.)

Disjunktive Normalform (DNF): Ein Satz befindet sich in disjunktiver Normalform, wenn er eine Disjunktion aus einer oder mehreren Konjunktion(en) ist, welche aus einem oder mehreren Literal(en) bestehen.

Eigenname: Siehe Individuenkonstante.

Einschließendes Oder: Wird *oder* im einschließenden Sinne verwendet, ist die resultierende Disjunktion wahr, wenn zumindest eines ihrer Disjunkte wahr ist. Die Disjunktion in PL1-Sprachen drückt *oder* in diesem Sinne aus. (Vgl. Ausschließendes Oder.)

Erfüllung: Ein Objekt mit der Bezeichnung a erfüllt eine atomare Wff S(x) genau dann, wenn S(a) wahr ist, wobei S(a) aus der Ersetzung aller freien Vorkommnisse von x durch den Namen a in S(x) resultiert. Für Wffs mit mehr als nur einer freien Variablen wird die Erfüllungsrelation entsprechend definiert mit Hilfe des Begriffs einer Variablenbelegung.

Existenzquantor (∃): In PL1 wird der Existenzquantor durch das Symbol ∃ ausgedrückt. Er wird verwendet, um Aussagen auszudrücken, welche die Existenz eines Objektes im Gegenstandsbereich behaupten. Im Deutschen drücken wir existenziell quantifizierte Aussagen mit Hilfe von Ausdrücken wie *etwas, mindestens ein Gegenstand, ein* usw. aus. (Siehe auch Quantor.)

Exklusion: Siehe Ausschließendes Oder.

Exkusives Oder: Siehe Ausschließendes Oder.

Formaler Beweis: Siehe Beweis.

Freie Variable: Eine freie Variable ist ein Vorkommnis einer Variablen, das nicht gebunden ist. (Siehe Gebundene Variable.)

Gebundene Variable: Eine gebundene Variable ist das Vorkommnis einer Variablen, welches sich im Skopus eines Quantors mit derselben Variablen befindet. Beispielsweise ist in $\forall x P(x, y)$ die Variable x gebunden, während y „ungebunden" oder „frei" ist.

Gegenbeispiel: Ein Gegenbeispiel zu einem Argument ist ein möglicher Sachverhalt, in welchem alle Prämissen des Argumentes wahr sind, die Konklusion aber falsch ist. Bereits das Aufzeigen eines einzigen Gegenbeispiels ist hinreichend, um zu zeigen, dass ein Argument nicht logisch gültig ist.

Gegenstandsbereich: Wenn wir mit einem Satz etwas aussagen, setzen wir implizit immer einen Gegenstandsbereich voraus. Dem kommt auch beim Verständnis von Quantifikationen in PL1 eine wichtige Rolle zu, da wir uns zur Bewertung von quantifizierten Aussagen auf eine Menge von Objekten beziehen müssen. So hängt beispielsweise der Wahrheitswert der Aussage „Jeder Studierende bestand die Abschlussprüfung" vom zugrunde gelegten Gegenstandsbereich ab. Dem Satz kann ein anderer Wahrheitswert zukommen, je nachdem, ob unser Gegenstandsbereich die Studierenden der ganzen Welt umfasst oder nur diejenigen einer bestimmten Universität oder nur die Teilnehmer eines bestimmten Kurses.

Generalisierter Quantor: Als generalisierte Quantoren bezeichnet man eine umfassendere Gruppe quantifizierender Ausdrücke, von welchen sich nicht alle auf den einfachen Gebrauch von ∀ (alle) und ∃ (einige) reduzieren lassen; Beispiele sind Ausdrücke wie *Die meisten Studierenden, Wenige Lehrerinnen* und *Genau drei Klötzchen*.

Gültigkeit: Von „Gültigkeit" wird in der Logik in zweierlei Hinsicht gesprochen:

1. als Eigenschaft von Argumenten: Ein Argument ist gültig, wenn die Konklusion unter allen Umständen wahr sein muss, in welchen die Prämissen wahr sind. (Vgl. Logische Gültigkeit; Logische Folgerung.)

2. als Eigenschaft von Sätzen: Ein Satz einer PL1-Sprache heißt gültig, wenn er logisch wahr ist nur aufgrund der Bedeutungen seiner Junktoren, Quantoren und des Identitätssymbols. (Siehe PL1-Wahrheit.)

Hinreichende Bedingung: Eine hinreichende Bedingung einer Aussage S ist eine Bedingung, deren Erfüllung garantiert, dass S zutrifft. Falls es beispielsweise zum Bestehen des Kurses genügt, die Abschlussprüfung zu bestehen, dann ist das Bestehen der Abschlussprüfung eine hinreichende Bedingung zum Bestehen des Kurses. (Vgl. Notwendige Bedingung.)

Indirekter Beweis: Siehe Beweis durch Widerspruch.

Individuenkonstante: Individuenkonstanten bzw. (Eigen-)Namen sind diejenigen Symbole einer PL1-Sprache, die Objekte oder Individuen bezeichnen. In PL1-Sprachen wird davon ausgegangen, dass jede Individuenkonstante der Sprache genau ein Objekt bezeichnet.

Induktive Definition: Mit Hilfe induktiver Definitionen können wir bestimmte Arten von Mengen definieren, welche nicht explizit im Rahmen von PL1 definiert werden können. Zu den induktiv definierten Mengen zählen beispielsweise die Menge der Wffs, die Menge formaler Beweise und die Menge natürlicher Zahlen. Induktive Definitionen bestehen aus einer Basisklausel, mit welcher Basis-Elemente der zu definierenden Menge festgelegt werden, einer oder mehreren Induktionsklauseln, welche Regeln angeben, wie weitere Elemente der Menge ausgehend von bereits gegebenen erzeugt werden können, und einer Abschlussklausel, die festlegt, dass alle Elemente der Menge zu den Basiselementen gehören oder aus diesen mit Hilfe (möglicherweise wiederholter Anwendung) der Induktionsklauseln gewonnen werden können.

Induktiver Beweis: Mit induktiven Beweisen werden Behauptungen über induktiv definierte Mengen nachgewiesen. Um von einer solchen Menge zu zeigen, dass alle ihre Elemente eine gemeinsame Eigenschaft besitzen, benötigen wir einen Basis-Schritt (den Induktionsanfang), welcher zeigt, dass allen Basis-Elementen die fragliche Eigenschaft zukommt. Zudem benötigen wir einen Induktionsschritt, der zeigt: Wenn gegebene Elemente die fragliche Eigenschaft besitzen, dann kommt sie auch allen Elementen zu, welche aus den gegebenen Elementen mit Hilfe der Induktionsklauseln erzeugt werden können. (Siehe Induktive Definition.)

Infix-Notation: Im Rahmen der Infix-Notation wird ein (zweistelliges) Prädikats- oder Funktionssymbol zwischen seinen beiden Argumenten notiert. Beispielsweise wird im Falle von $a < b$ und $a = b$ die Infix-Notation verwendet. (Vgl. Präfix-Notation.)

Informeller Beweis: Siehe Beweis.

Junktor: Ein Operator, mit dem neue Aussagen aus einfacheren Aussagen gebildet werden können. Typische Beispiele sind die Konjunktion, Negation und das Konditional.

Konditional: Unter der Bezeichnung „Konditional" fasst man eine große Gruppe deutscher Wendungen zusammen. Dazu zählen etwa *wenn..., dann..., ..., weil...,..., es sei denn ...* und ähnliche Verknüpfungen, welche eine Art konditionaler Beziehung zwischen den beiden Teilaussagen ausdrücken. Nur einige dieser Wendungen sind wahrheitsfunktional und können mit Hilfe des materialen Konditionals von PL1 ausgedrückt werden. (Siehe Materiales Konditional.)

Konditionaler Beweis: Unter einem konditionalen Beweis versteht man ein Beweisverfahren, mit welchem eine konditionale Aussage $P \rightarrow Q$ dadurch bewiesen werden kann, dass man vorübergehend P annimmt und mit Hilfe dieser zusätzlichen Annahme Q beweist.

Konjunkt: Eine Teilformel einer Konjunktion. Beispielsweise sind A und B die Konjunkte von $A \wedge B$.

Konjunktion: Der Boolesche Junktor, der dem deutschen *und* entspricht. Eine Konjunktion von Sätzen ist wahr genau dann, wenn jedes Konjunkt wahr ist.

Konjunktive Normalform (KNF): Ein Satz befindet sich in konjunktiver Normalform, wenn er eine Konjunktion aus einer oder mehreren Disjunktion(en) ist, welche aus einem oder mehreren Literal(en) bestehen.

Konklusion: Die Konklusion eines Arguments ist die Aussage, die aus den anderen Aussagen, den Prämissen, folgen soll. In den meisten formalen Systemen wird die Konklusion nach den Prämissen notiert, in natürlichen Sprachen liegen die Dinge jedoch nicht immer ganz so einfach.

Konsequens: Das Konsequens eines Konditionals ist seine zweite Teilformel. Im Konditional $P \rightarrow Q$ ist Q das Konsequens und P das Antezedens.

Kontextabhängigkeit: Ein Prädikat, Name oder Satz ist kontextabhängig bzw. kontextsensitiv, wenn seine Interpretation von unserer Sicht auf die Welt abhängt. Beispielsweise ist in Tarski's World das Prädikat Larger nicht kontextabhängig, da es unabhängig von unserer Perspektive auf die Welt feststeht, ob ein Klötzchen größer als ein anderes ist. Demgegenüber hängt die korrekte Anwendung des Prädikats LeftOf sehr wohl von unserem Blickwinkel auf die Klötzchenwelt ab. Im Deutschen sind viele Wörter kontextabhängig wie beispielsweise *ich, hier, jetzt, Freund, Zuhause* usw.

Kontextsensitivität: Siehe Kontextabhängigkeit.

Korollar: Ein Korollar ist ein Ergebnis, das mit wenig Aufwand aus einem früheren Theorem gefolgert werden kann. (Siehe Theorem.)

Korrektheit: Das Wort „korrekt" wird in der Logik in zwei verschiedenen Weisen gebraucht:

1. Ein Argument ist korrekt (schlüssig, beweiskräftig), wenn es gültig ist und alle seine Prämissen wahr sind.

2. Ein formales System ist korrekt, falls es in ihm nur möglich ist, gültige Argumente zu beweisen bzw. wenn kein ungültiges Argument in ihm bewiesen werden kann. (Vgl. Vollständigkeit.)

Leere Menge: Die (einzige) Menge ohne Elemente; sie wird oft bezeichnet durch ∅.

Lemma: Ein Lemma ist wie ein Theorem eine bewiesene Aussage, das aber in erster Linie für den Beweis anderer Aussagen wichtig ist. Für sich genommen sind Lemmas häufig von geringerem Interesse als Theoreme. (Siehe Theorem.)

Literal: Ein Literal ist ein atomarer Satz oder die Negation eines solchen.

Logische Äquivalenz: Zwei Sätze sind logisch äquivalent, wenn sie unter allen Umständen bzw. in allen möglichen Situationen denselben Wahrheitswert besitzen.

Logische Folgerung: Ein Satz S ist eine logische Folgerung aus einer Menge von Prämissen, wenn es unmöglich ist, dass alle Prämissen wahr sind, die Konklusion S aber falsch ist.

Logische Gültigkeit: Ein Argument ist logisch gültig, wenn die Konklusion eine logische Folgerung aus den Prämissen ist.

Logische Möglichkeit: Ein Satz oder eine Aussage wird logisch möglich genannt, wenn es keine logischen Gründe gibt, aufgrund derer der Satz nicht wahr sein kann, d.h., falls es eine mögliche Sachlage gibt, in welcher der Satz wahr ist.

Logische Notwendigkeit: Siehe Logische Wahrheit.

Logische Wahrheit: Eine logische Wahrheit ist ein Satz, der logisch aus jeder Menge von Prämissen folgt. Unabhängig davon, um welche Prämissen es sich auch handeln mag, ist es demnach für die Konklusion unmöglich, falsch zu sein. In solchen Fällen spricht man auch von logischer Notwendigkeit.

Materiales Konditional: Eine wahrheitsfunktionale Entsprechung des Konditionals *wenn...,dann....* Das materiale Konditional $P \rightarrow Q$ ist falsch, falls P wahr und Q falsch ist, anderenfalls ist es wahr. (Siehe Konditional.)

Mehrdeutigkeit: Ein Charakterzug natürlicher Sprachen, durch den es möglich ist, dass ein Satz zwei oder mehr Bedeutungen besitzen kann. Beispielsweise kann mit dem Satz *Max ist glücklich oder Claire ist glücklich und Carl ist glücklich* zum einen die Disjunktion behauptet werden, dass Max glücklich ist oder sowohl Claire als auch Carl glücklich sind. Zum anderen kann mit dem Satz die Konjunktion behauptet werden, dass zumindest Max oder Claire glücklich ist und zudem auch Carl glücklich ist. Mehrdeutigkeiten können auch aus der Verwendung von Wörtern mit zwei Bedeutungen resultieren, wie etwa im Falle von Wortspielen. In PL1 werden Mehrdeutigkeiten nicht zugelassen.

Modus ponens: Die lateinische Bezeichnung für die Regel, aufgrund derer wir Q aus P und $P \rightarrow Q$ herleiten können. Die Regel ist auch unter der Bezeichnung $\rightarrow$-Beseitigung bekannt.

Negations-Normalform (NNF): Ein Satz der PL1 befindet sich in Negations-Normalform, wenn alle Vorkommnisse des Negationssymbols sich unmittelbar auf atomare Sätze beziehen. Beispielsweise befindet sich $(\neg A \wedge \neg B)$ in NNF, $\neg(A \vee B)$ hingegen nicht.

Notwendige Bedingung: Eine notwendige Bedingung für eine Aussage S ist eine Bedingung, die erfüllt sein muss, damit S gilt. Wenn Sie beispielsweise die Abschlussprüfung bestehen müssen, um den Kurs zu bestehen, ist Ihr Bestehen der Abschlussprüfung eine notwendige Bedingung für Ihr Bestehen des Kurses. (Vgl. Hinreichende Bedingung.)

Numerischer Quantor: Numerische Quantoren werden verwendet, um numerische Behauptungen auszudrücken. Zu ihnen zählen Quantoren wie etwa *mindestens zwei, genau ein, nicht mehr als fünf* usw.

PL1-Folgerung: Ein Satz S ist eine PL1-Folgerung aus gegebenen Prämissen, falls S aus den Prämissen folgt nur aufgrund der Bedeutungen der wahrheitsfunktionalen Junktoren, des Identitätssymbols und der Quantoren.

PL1-Gültigkeit: Siehe PL1-Wahrheit.

PL1-Struktur: Eine PL1-Struktur ist ein mathematisches Modell der Umstände, welche die Wahrheitswerte der Sätze einer gegebenen PL1-Sprache bestimmen. Eine PL1-Struktur entspricht einer Bewertungsfunktion für die Aussagenlogik, muss darüber hinaus aber noch den Gegenstandsbereich sowie die Objekte, auf welche die Prädikate zutreffen, modellieren.

PL1-Wahrheit: Ein Satz S ist eine PL1-Wahrheit, wenn S bereits aufgrund der Bedeutungen der wahrheitsfunktionalen Junktoren, des Identitätssymbols und der Quantoren eine logische Wahrheit ist. Der Begriff der PL1-Wahrheit ist die prädikatenlogische Entsprechung zum aussagenlogischen Begriff der Tautologie.

Prädikat: Prädikate werden verwendet, um Eigenschaften von Objekten oder Relationen zwischen solchen auszudrücken. Larger und Cube sind Beispiele von Prädikaten in der Klötzchensprache.

Präfix-Notation: Im Rahmen der Präfix-Notation geht das Prädikat- oder Relationssymbol den Termen voran, welche die Objekte benennen, die in der fraglichen Relation stehen bzw. denen die fragliche Eigenschaft zukommt. Beispiele für die Präfix-Notation bilden Sätze wie $\text{ÄlterAls}(a, b)$. (Vgl. Infix-Notation.)

Prämisse: Eine Prämisse eines Argumentes ist eine derjenigen Aussagen, welche die Konklusion des Argumentes stützen bzw. uns zum Akzeptieren der Konklusion bringen sollen.

Pränexe Normalform: Eine Wff einer PL1-Sprache befindet sich in pränexer Normalform, wenn sie keine Quantoren enthält oder sich alle Quantoren „zu Beginn" der Formel befinden.

Proposition: Etwas, das wahr oder falsch ist. Propositionen werden auch Aussagen genannt.

Quantifikationsbereich: Siehe Gegenstandsbereich.

Quantor: Im Deutschen handelt es sich bei quantifizierenden Ausdrücken um Nominalphrasen, in welchen Determinatoren wie *alle, einige, drei* usw. verwendet werden. Quantoren sind diejenigen Ausdrücke einer PL1-Sprache, mit welchen wir quantifizierende Ausdrücke wie *jeder Würfel* ausdrücken können. Im Rahmen von PL1 gibt es lediglich zwei Quantoren, nämlich den Allquantor ($\forall$) und den Existenzquantor ($\exists$). Mit Hilfe dieser beiden Quantoren können wir jedoch auch komplexere quantifizierende Wendungen ausdrücken.

Reductio ad absurdum: Siehe Beweis durch Widerspruch.

Satz: Im Rahmen der Aussagenlogik werden atomare Sätze durch Verknüpfung von Namen mit Prädikaten gebildet. Mit Hilfe der wahrheitsfunktionalen Junktoren können durch die Verknüpfung von Sätzen zusammengesetzte Sätze gebildet werden. Im Falle von PL1-Sprachen ist die Definition etwas komplizierter. Ein Satz der PL1 ist eine Wff ohne freie Variablen.

Schnittmenge ($\cap$)**:** Diejenige Operation, welche angewendet auf die Mengen a und b deren Schnittmenge $a \cap b$ ergibt; deren Elemente sind diejenigen Objekte, welche sowohl zu a als auch zu b gehören.

Skopus: Der Skopus eines Quantors in einer Wff ist derjenige Teil der Wff, der im „Einflussbereich" des Quantors bzw. in dessen „Reichweite" liegt. Klammern kommt bei der Bestimmung des Skopus eines Quantors eine wichtige Rolle zu. Beispielsweise erstreckt sich im Satz

$$\forall x(P(x) \to Q(x)) \to S(x)$$

der Skopus des Quantors nur über $P(x) \to Q(x)$. Falls wir noch ein weiteres Klammernpaar hinzufügten, wie in

$$\forall x((P(x) \to Q(x)) \to S(x))$$

erstreckte sich der Skopus des Quantors über den ganzen Satz.

Stelligkeit: Die Stelligkeit eines Prädikates zeigt die Anzahl der Argumente (im zweiten Sinne des Wortes) an, die das Prädikat benötigt. Ein Prädikat der Stelligkeit 1 wird einstellig oder auch monadisch bzw. unär genannt. Ein Prädikat von der Stelligkeit 2 wird zweistellig oder auch binär genannt. Prädikate können von jeder beliebigen Stelligkeit sein, so dass wir auch 6-stellige oder sogar 113-stellige Prädikate in Betracht ziehen könnten.

Tautologie: Eine Tautologie ist ein Satz, der bereits aufgrund seiner wahrheitsfunktionalen Struktur logisch wahr ist. Dies kann mit Hilfe von Wahrheitstafeln überprüft werden, da ein Satz S genau dann eine Tautologie ist, wenn in jeder Zeile der Wahrheitstafel für S dessen Hauptjunktor WAHR zugewiesen wird.

Tautologische Äquivalenz: Zwei Sätze sind tautologisch äquivalent, wenn sie nur aufgrund der Bedeutungen der wahrheitsfunktionalen Junktoren logisch äquivalent sind. Tautologische Äquivalenz können wir mit Hilfe von Wahrheitstafeln überprüfen, da zwei Sätze Q und S genau dann tautologisch äquivalent sind, wenn den Hauptjunktoren von Q und S in jeder Zeile ihrer gemeinsamen Wahrheitstafel derselbe Wahrheitswert zugeordnet wird.

Tautologische Folgerung: Ein Satz S ist eine tautologische Folgerung aus einigen Prämissen, wenn S aus den Prämissen bereits aufgrund der Bedeutungen der wahrheitsfunktionalen Junktoren folgt. Eine tautologische Folgerung können wir mit Hilfe von Wahrheitstafeln überprüfen, da S genau dann eine tautologische Folgerung aus den Prämissen ist, wenn in allen Zeilen ihrer gemeinsamen Wahrheitstafel, in welchen jeder Prämisse WAHR zugewiesen wird, auch S WAHR zugeordnet wird. Alle tautologischen Folgerungen sind auch logische Folgerungen, aber nicht alle logischen Folgerungen sind tautologische Folgerungen.

Tautologische Wahrheit: Siehe Tautologie.

Term: Terme einer PL1-Sprache sind Variablen und Individuenkonstanten ebenso wie diejenigen Terme, welche sich aus der Verknüpfung eines n-stelligen Funktionssymbols f mit n-vielen Termen ergeben.

Theorem: In formalen Systemen ist ein Theorem eine Aussage, welche ausgehend von einer gegebenen Menge von Axiomen bewiesen wurde. Informell wird die Bezeichnung „Theorem" üblicherweise für Schlussfolgerungen reserviert, welche die Autorin für besonders interessant oder wichtig hält. (Vgl. Korollar und Lemma.)

Variable: Variablen sind Ausdrücke der PL1, welche ein wenig wie Pronomen im Deutschen funktionieren. Sie ähneln Individuenkonstanten, insofern sie die Argumente von Prädikaten sein können. Anders als Individuenkonstanten können sie jedoch durch Quantoren gebunden werden. Üblicherweise werden für Variablen Buchstaben vom Ende des Alphabets, also x, y, z usw., verwendet.

Variablenbelegung: Eine Funktion, welche allen oder einigen Variablen einer PL1-Sprache Objekte zuordnet. Variablenbelegungen werden bei der Definition der Wahrheit von Sätzen in einer PL1-Struktur verwendet.

Vereinigungsmenge ($\cup$)**:** Diejenige Operation, welche die Mengen a und b zur Menge $a \cup b$ vereinigt; deren Elemente sind diejenigen Objekte, welche zu a oder zu b oder zu beiden gehören.

Vollständig determinierte Eigenschaft: Eine Eigenschaft ist vollständig determiniert, wenn für jedes Objekt definitiv feststeht, ob das Objekt die fragliche Eigenschaft besitzt oder nicht. Im Rahmen von PL1 gehen wir stets davon aus, dass wir es mit vollständig determinierten Eigenschaften zu tun haben.

Vollständigkeit: Dieses Wort wird in der Logik etwas überstrapaziert.

1. Ein formales deduktives System wird vollständig genannt, wenn — grob gesprochen — jedes gültige Argument im formalen System be-

wiesen werden kann. Vollständigkeit in diesem Sinne wird in Abschnitt 8.3 (Band I) und anderenorts im Text besprochen. (Vgl. Korrektheit.)

2. Eine Menge von Sätzen der PL1 heißt formal vollständig, wenn für jeden Satz der zugrunde gelegten Sprache gilt, dass der Satz oder seine Negation ausgehend von der Menge bewiesen werden kann (mit Hilfe der Regeln des gegebenen formalen Systems). Vollständigkeit in diesem Sinne wird in Abschnitt 19.8 (Band II) besprochen.

3. Eine Menge wahrheitsfunktionaler Junktoren wird wahrheitsfunktional vollständig genannt, wenn jeder wahrheitsfunktionale Junktor allein mit den Junktoren der gegebenen Menge definiert werden kann. Wahrheitsfunktionale Vollständigkeit wird erörtert im Abschnitt 7.4 (Band I).

Wahrheitsfunktionaler Junktor: Ein Satzoperator (bzw. eine Satzverknüpfung), welcher die Eigenschaft besitzt, dass die Wahrheitswerte der mit ihm gebildeten Sätze ausschließlich durch die Wahrheitswerte der verwendeten Teilsätze bestimmt werden. Beispiele sind die Booleschen Junktoren ($\neg$, $\wedge$, $\vee$) sowie das materiale Konditional und Bikonditional ($\rightarrow$, $\leftrightarrow$).

Wahrheitstafel: Wahrheitstafeln zeigen, wie der Wahrheitswert eines komplexen, mit wahrheitsfunktionalen Junktoren gebildeten Satzes von den Wahrheitswerten seiner Teilsätze abhängt.

Wahrheitswert: Der Wahrheitswert einer Aussage in einer Situation ist WAHR, wenn die Aussage in dieser Situation wahr ist, anderenfalls ist ihr Wahrheitswert FALSCH. Dies ist zwar eine recht informelle Redeweise, jedoch besitzt sie präzise Entsprechungen sowohl im Rahmen der Aussagenlogik als auch im Rahmen von PL1. Im Falle der Aussagenlogik werden Situationen durch Bewertungsfunktionen modelliert, im prädikatenlogischen Falle durch PL1-Strukturen.

Wahrheitswertbelegung: Siehe Bewertungsfunktion.

Widerspruch ($\perp$): Etwas, das unter keinen Umständen wahr sein kann, beispielsweise die Konjunktion einer Aussage mit ihrer Negation. Widersprüche werden durch $\perp$ repräsentiert.

Wohlgeformte Formel (Wff): Wffs sind die „grammatikalischen" Ausdrücke von PL1. Sie werden induktiv definiert. So ist erstens eine atomare Wff ein beliebiges n-stelliges Prädikat gefolgt von n-vielen Termen. Komplexe Wffs werden mit Hilfe von Junktoren und Quantoren gebildet. Die Regeln zur Bildung komplexer Wffs finden Sie auf Seite 238 (Band I). In Wffs können freie Variablen vorkommen. Sätze der PL1 sind Wffs ohne freie Variablen.

INDEX

Im Folgenden bezieht sich eine Seitenangabe nach einer „I" auf den ersten Band, eine Seitenangabe nach einer „II" auf den vorliegenden zweiten Band.

INHALTSVERZEICHNIS VON BAND I